Peter Trudgill
In der Sfakiá

Jean Hannah, Andréas, Peter Trudgill

Peter Trudgill und Jean Hannah kennen sich seit 1978. Das Ehepaar verbindet unter anderem das gemeinsame Interesse an der Sprachwissenschaft und die Liebe zur Sfakia. Der Engländer Peter Trudgill hat zahlreiche Bücher über Linguistik, Dialektologie und die griechische Sprache veröffentlicht und ist zur Zeit Professor für Soziolinguistik an der Universität Agder in Norwegen.
Die Amerikanerin Jean Hannah ist Autorin des Buches *Coping with England,* veröffentlichte gemeinsam mit Peter Trudgill das Arbeitsbuch *International English (Hodder Arnold)* und arbeitet als Lektorin für akademische Texte. Bei ihren regelmäßigen Besuchen in Chora Sfakion gelingt es ihnen, im Gespräch mit den Menschen dort den besonderen Dialekt der Sfakia immer besser zu verstehen und zu sprechen und so immer mehr über diese faszinierende Gegend zu erfahren. Zudem nutzt Jean Hannah die Zeit zum Fotografieren, Schwimmen und Wandern, während sich Peter Trudgill mit Literatur über Griechenland beschäftigt.

Peter Trudgill

In der Sfakiá

Geschichte und Geschichten – Unsere Zeit im wilden Kreta

Aus dem Englischen von
Ulla Fuchs und Katharina Thomas

Bibliografische Information Der Deutschen Bibliothek
Die Deutsche Bibliothek verzeichnet diese Publikation in der Deutschen Nationalbibliografie; detaillierte bibliografische Daten sind im Internet über http://dnb.ddb.de abrufbar.

Titel der 2008 bei Lycabettus Press Athens
erschienenen englischen Originalausgabe:
In Sfakiá. Passing Time in the Wilds of Crete
ISBN 978-960-7269-48-5

Verlag Dr. Thomas Balistier
Egartstraße 19
D-72127 Mähringen
www.kreta-buch.de

2. Auflage Mähringen 2021
Satz & Umschlag: PEAK Agentur für Kommunikation GmbH, Tübingen
Umschlagfoto: Jean Bienvenu, Chania
Herstellung: bookpress.eu, Olsztyn (Polen)

ISBN 978-3-937108-25-4

Inhalt

7 Einführung
9 Prolog – Für wie lange?
11 Nur Steine
23 Das Paradies, gefunden und verloren
35 Geraune im Dunkeln
47 Feuertaufe
63 Drei alte Männer und ein halber
75 Ein Hund namens Einstein
88 Der Esel in den Lupinen
103 Eine wunderbare furchtbare Geschichte
112 Immerzu bergab
123 Der Weg der Sfakiá
135 Wenn es dunkel wird
145 Paroxysmen
167 Unter der Tamariske
177 Von dieser Bucht aus
189 Aristoteles und der Ministerpräsident
201 Wieder nach Süden
218 Der Senat
233 Schlimmer als Murmansk
243 Ich habe ein Problem
254 Epilog – Du bist verrückt
257 Die griechische Phonetik
258 Danksagung

Den Menschen von Chóra Sfakíon

Einführung

Kreta spielt in der europäischen Geschichte eine maßgebliche Rolle, und bis heute ist diese Insel ein sehr besonderer Teil von Griechenland. Und Teile von Kreta unterscheiden sich von anderen, ganz besonders die Sfakiá an der abgelegenen Südküste. Die Protagonisten dieser Geschichte sind die Menschen der Sfakiá, in Vergangenheit und Gegenwart, die eindrucksvolle Landschaft und – ich zögere, einen derart mystischen Begriff zu verwenden obwohl er für mich real ist – der Geist der Sfakiá. Die Menschen agieren und verschwinden wieder von der Bühne. Und unter dem Einfluss von Tourismus und Modernisierung verändert sich auch die Kulturlandschaft. Auch die Natur ist nicht beständig, denn Erdbeben setzen Berge in Bewegung, wenn auch nur leicht, und Kretas Felsen verwittern, werden abgetragen und ins Meer gespült. Doch der unbezähmbare Geist der Sfakiá lebt weiter, auch im 20. Jahrhundert, nicht nur im Gebaren der Schäfer mit ihren Herden, der Fischer mit ihren Netzen und der in Schwarz gekleideten Großmütter mit ihren Häkelarbeiten. Er lebt auch weiter in der den Sfakioten eigenen *hoheitsvollen Großzügigkeit,* wie es der Journalist und Schriftsteller Adam Hopkins nennt, in ihrer bemerkenswerten Würde und in ihrer schlichten Selbstachtung. Und er lebt weiter in einer schier unglaublichen Gastfreundschaft – jemand sagte einmal, die Sfakioten seien *gastfreundlich bis zum Irrsinn* –, der man begegnet, wenn man das Glück hat, zu ihnen nach Hause eingeladen zu werden, und sogar in den kleinen Gaststätten, Kafenios und Supermärkten, die doch an den Umgang mit Touristen gewöhnt sind.

Sfakioten, die sich fragen, weshalb Touristen hierher kommen, wo doch dieses Land nur aus Steinen besteht, sagen gerne: *móno pétres,* nur Steine, nichts als Steine. Aber sie sagen es mit einer Art Stolz, der ihre Genugtuung in ihre Fähigkeit offenbart, mit einer Umgebung zurechtzukommen, vor der andere bestimmt die Flucht ergriffen hätten.

Das dürre, felsige Land hat die Sfakioten stark geprägt und ihnen die feste Überzeugung vermittelt, dass sie im Vergleich zu anderen Völkern einiges an Nachsicht verdienen, weil sie mit diesen harten Lebensumständen fertig werden müssen. Dem französischen Schriftsteller Raymond Matton erzählte ein Sfakiote eine Schöpfungsgeschichte, wonach Gott den Kretern viele schöne Geschenke machte – Trauben, Oliven, Kirschen, Birnen, Pfirsiche und Orangen –, doch nur Steine übrig hatte, als er endlich in die Sfakiá kam. Als die Sfakioten sich darüber bei Gott beschwerten, antwortete er – und natürlich sprach er in sfakiotischem Dialekt: *Seht ihr denn nicht, dass diese anderen Kreter diese Früchte für euch anbauen?!*

Die Abgeschiedenheit, in der die Sfakioten leben, hat auch zu einem starken Gefühl von Anderssein geführt. Sie heiraten traditionell nur untereinander, und sie haben ihre eigenen Bräuche und Rituale im Zusammenhang mit Geburt, Hochzeit und Tod. Sie sehen sogar anders aus: Es gibt hier viel mehr blonde Menschen als im übrigen Kreta, und es gibt schwarzhaarige Männer mit durchdringenden blauen Augen. Die Abgeschiedenheit hat über die Jahrhunderte bei den Sfakioten auch zur Ausformung eines kämpferischen, unabhängigen Geistes geführt, zu einer anarchischen Freiheitsliebe und zu einem Hass auf Bürokratie und Reglementierung. Die Sfakiá war nie gänzlich unterjocht von den Venezianern und Türken, die das übrige Kreta bis zum Ende des 19. Jahrhunderts für viele hundert Jahre beherrscht haben.

In ihrem Buch über Kreta kommen Oliver Rackham und Jennifer Moody zu dem Schluss, dass das byzantinische Feudalsystem die Kreter in Adlige und Bauern gespalten hat –, *außer in der Sfakiá, wo jedermann ein Adliger war.*

Prolog – Für wie lange?

„Für wie lange?“, sagt Yánnis, „für wie lange müsstest du ins Gefängnis?“

Yánnis ist nach dem Abendessen gut gelaunt. Er hat uns ein exquisites Mahl zubereitet in seinem schönen aber überraschend bescheidenen Haus in dem als Mesochóri bekannten Teil von Chóra Sfakíon. Wir hatten ein kretisches Gericht erwartet wie Ziege, Lamm oder Fisch oder vielleicht Schnecken. Aber nein, er hat uns etwas Italienisches geboten, mit einer raffinierten Sauce, und uns einen exzellenten französischen Rotwein serviert, entgegen kretischem Brauch in Weingläsern mit Stiel. Neil, Jean und ich haben sehr gut gegessen. Wir sind dann vom Tisch zu den Sessel hinüber und haben die Gläser mitgenommen.

Die Beine gespreizt, lehnt Yánnis sich zurück und hält seine Zigarette hoch. Seine Augen sprühen wie immer vor Ideen, Neugier, Begeisterung. Er liebt Gesellschaft, und noch scheinen wir seine Erwartungen zu erfüllen. Er ist ein echter Sfakiote – groß und würdevoll –, aber er ist auch äußerst weltoffen. Als junger Matrose ist Yánnis vor zwanzig Jahren illegal in den USA von Bord gegangen und hat dort gearbeitet, er sagt: *bis sie mich fingen und zurückschickten.* Später kam er wieder und arbeitete legal. Sein englischer Wortschatz ist erstaunlich. Er trifft nicht immer sofort das richtige Wort, aber er ist sehr geduldig im Wortefinden – seine Zuhörer müssen natürlich auch geduldig sein –, und wenn er genau das Wort gefunden hat, das er braucht, ist das Ergebnis sehr beeindruckend.

Yánnis entstammt einer Familie von Schafhirten – einer sehr erfolgreichen wie es heißt; aber er hat diese traditionelle Rolle weit hinter sich gelassen. Er ist Unternehmer, Geschäftsmann, Politiker, Schiffseigner und ein begehrter Junggeselle. Er liest jede Woche das *Time Magazine* und hat eine E-Mail-Adresse, die er sogar benutzt. Yánnis kennt die Welt und hat viel davon ins Dorf mitgebracht. Er hat

Freunde – einschließlich Freundinnen, heißt es – in vielen europäischen Ländern. Gelegentlich macht er Ferien in der Schweiz – wir wissen das, weil wir ihn dort getroffen haben.

Trotzdem hat er im Augenblick etwas Schwierigkeiten, die Kommunalpolitik im modernen Großbritannien zu akzeptieren. Neil erzählt, dass er zu Hause in *East Anglia* ein Stück Land besitzt, das sich gut als Bauplatz für zwei Häuser eignen und ihm das Geld einbringen würde, das er im Augenblick gut gebrauchen könnte. Auch könnte er die Häuser selbst entwerfen und bauen – er lebt derzeit in einem Landhaus aus dem 16. Jahrhundert, das er vor dem Abriss gerettet und auf seinem eigenen Land mehr oder weniger mit den eigenen Händen wieder aufgebaut hat –, und dieses Projekt würde ihm großen Spaß machen. Leider, sagt er, bekäme er keine Baugenehmigung dafür, weil sein Projekt der Kommune nicht in die Pläne passt, die sie für dieses Gebiet hat. Yánnis ist sehr mitfühlend, aber er versteht das Problem ganz und gar nicht.

„Und, warum baust du die Häuser nicht so?“, fragt er in seiner direkten Art.

„Weil, wenn ich das täte, ich für das Bauen ohne Genehmigung rechtlich belangt würde und Bußgeld zahlen müsste“, sagt Neil.

„Was würden sie dir denn aufbrummen?“

Neil nennt einen Betrag.

„Aber das könntest du doch bezahlen!“

„Ja, ich denke schon, aber sie würden dennoch von mir verlangen, dass ich die Häuser abreiße.“

„Und was wäre, wenn du sie nicht abreißt?“

„Tja, dann würden sie mich ins Gefängnis stecken.“

„Du würdest … eingekerkert?“

„Ja, das würde ich.“

„Für wie lange?“, sagt Yánnis. „Für wie lange müsstest du ins Gefängnis?“

Nur Steine

Doch nach Chóra Sfakíon zu gehen empfahl uns jemand, der selbst noch nicht dort war.

Einmal, es ist schon lange her, bin ich an Deck der Fähre von Piräus nach Iráklio aufgewacht und habe in der Morgendämmerung die dunkle Silhouette der kretischen Berge am Horizont auftauchen sehen. Dieses Erlebnis habe ich nie vergessen, und eines Sommers, ein paar Jahre später, ermunterte ich Neil dazu, mit mir auf die Insel zu kommen, und schon im Jahr darauf waren wir an Ostern wieder in Griechenland. In Athen baten wir einen Freund um Vorschläge, was an Neuem wir uns auf Kreta ansehen sollten. Dhimítris kommt vom Epirus, was so weit weg ist von Kreta wie man in Griechenland nur sein kann; aber als wir in seinem Haus in dem noch ziemlich kühlen Vorort Kifissiá am Kaminfeuer saßen, erzählte er uns, während er seine Pfeife paffte, dass die Sfakiá im Südwesten von Kreta in der kretischen und in der griechischen Geschichte eine bedeutende Rolle spielt und für uns bestimmt interessant sei. Die Griechen, sagte er, fanden die Menschen der Sfakiá ziemlich außergewöhnlich. Er sei überhaupt nicht überrascht, fügte er hinzu, wenn die Sfakioten sich auch selbst für außergewöhnlich hielten.

Als wir dann auf dem Weg waren nach Süden, zur Sfakiá, immer weiter hinein in die kretischen Berge, weg von den Bauernhöfen und Obstgärten der grünen Nordküste, tendierten wir dazu zu bedauern, dass wir von einer offensichtlich unzuverlässlichen Quelle Rat angenommen hatten. Die Strecke, die wir mit dem kleinen Mietwagen entlang fuhren, den Neil für uns in Chaniá glücklich erhandelt hatte, war gewunden, steil, ungepflastert und schmal, mit tiefen Schluchten mal auf der einen, mal auf der anderen Seite. Leitplanken, die zumindest das trügerische Gefühl von Sicherheit vermittelt hätten, gab es nicht. Die Steine, aus denen die Straßendecke bestand, waren so locker, dass wir ständig Gefahr liefen, in die Tiefen einer Schlucht abzurutschen, und manchmal mussten wir anhalten und Gesteinsbrocken von der Straße räumen. Es war bewölkt und kühl und es sah nach Regen aus.

Auf der Karte war Chóra Sfakíon ungefähr sieben Zentimeter von der Nordküste entfernt. Wir schätzten, dass das auf eine Strecke von etwa 60 Kilometer hinauslaufen würde, aber wir waren nicht so gut im Kartenlesen, dass wir erkannt hätten, dass wir hinauf mussten auf gut 800 Meter über Meereshöhe und wieder hinunter, um an unser Ziel zu gelangen.

Wir schienen durch Raum und Zeit zu reisen. Es wurde uns zunehmend klarer, als wir langsam in die Weißen Berge hinauffuhren, dass die Sfakiá nicht nur 64 Kilometer südlich von Chaniá lag, sondern auch etwa vierzig Jahre zurück in der Vergangenheit. An Kreuzungen wussten wir nicht, in welcher Richtung wir weiterfahren sollten, und die paar vorhandenen Straßenschilder waren von Kugeln durchsiebt. Die wenigen Menschen, die wir zu Gesicht bekamen, trugen traditionelle kretische Kleidung und winkten uns zu. Kamikaze-Hunde versuchten uns die Reifen zu zerbeißen, und Maultiere, Esel und Hühner liefen uns immer dann über den Weg, wenn wir am wenigsten mit ihnen rechneten.

Während wir weiter bergauf fuhren und dabei nur selten über den zweiten Gang hinauskamen, fiel uns eine Stelle auf, die sehr düster war. Die Katré-Schlucht ist eng und sehr steil, wenn auch nicht besonders tief und nicht mehr als eineinhalb Kilometer lang. Sie ist ein dunkler, trauriger Ort.

Hinter Katré wurde die Straße für kurze Zeit ebener, in einem kleinen Talkessel namens Krápi. Danach ging es wieder steil hinauf, und plötzlich, als wir an ein paar Steineichen vorbei über einen Bergsattel fuhren, eröffnete sich uns eine spektakuläre Aussicht. Die Wolken teilten sich, die Sonne kam hervor, und unter uns sahen wir das große Bergdorf Askífou liegen, das sich entlang der Straße nach

Süden erstreckt. Im Osten lag ein großes Becken fruchtbaren Landes mit kleinen quadratischen Feldern auffallend grün in der Frühlingssonne, und mit einer Festungsruine auf einem kleinen Hügel in der Mitte. Und oberhalb des Dorfes erhoben sich die höchsten Gipfel der Weißen Berge, der *Lefka Ori*, selbst im April noch schneebedeckt, deren höchster 2400 Meter aufragt.

Im Dorf saßen schnurrbärtige, schwarzgekleidete alte Männer vor den Kafenios auf Holzstühlen, die viel zu klein für sie schienen, und starrten uns und das Auto an, als wir an ihnen vorbeifuhren. Fast hatte es den Eindruck, als hielten sie es für unwahrscheinlich, dass wir je wieder zurückkehren würden. Nach dieser Wildnis war es tröstlich, ein paar Zapfsäulen zu sehen und, wenn auch nur kurz, auf Asphalt zu fahren. Und da das Auto nach dem Zigarettenrauch des vorherigen Mieters roch, waren wir froh, dass die Sonne schien und wir die Fenster öffnen und den Duft des Thymians im Wind genießen konnten.

Wenige Minuten später, bereits wieder auf schlechter Wegstrecke, überquerten wir in entspannter Stimmung einen Bergsattel und fuhren dann in das Dörfchen Imbros hinein mit seinen weißgetünchten Flachdach-Häusern, ein paar kleinen Kirchen und an Platanen gebundenen Eseln. Unsere Stimmung wechselte ein wenig, als wir kurz hinter Imbros an einem Felsvorsprung entlang kriechen mussten oberhalb einer soweit wir sehen konnten bodenlosen Schlucht. Die Tatsache, dass sich ein schützendes, wenn auch niedriges Mäuerchen zwischen uns und dem Abgrund befand, tröstete uns etwas – bis uns mindestens zwei Stellen auffielen, wo keine Mauer mehr vorhanden war. Konnten da Autos durchgebrochen sein? An vielen Stellen war die Straße so schmal, dass zwei Autos nur schwer aneinander vorbeigekommen wären, noch weniger Busse oder Lastwagen. Mir schien Neil leidlich entspannt zu sein, deshalb sagte ich ihm nichts davon, dass ich hoffte, es würde uns kein schwerer Laster entgegenkommen.

Zum Glück gelangten wir ohne Zwischenfall durch die Schlucht, und als wir dann südwärts über unzählige Haarnadelkurven abwärts fuhren, sahen wir plötzlich tief unten das Libysche Meer liegen. Die Landschaft wurde immer unwirtlicher, die Bäume gingen in mediterrane Macchia über, und die Aussicht vom Auto aus, so wir uns hinzusehen trauten, war herrlich. Weit draußen im Meer lag die kleine Insel Gávdos, der südlichste Punkt von Europa. Direkt aber sehr tief unten uns konnten wir die quadratischen Umrisse von Frangokástello erkennen, der berühmten venezianischen Festung. Und dann endlich sahen wir Chóra Sfakíon, ein weißer Fleck dort, wo die Berge auf das Meer treffen.

Als wir endlich den Ortsrand von Chóra Sfakíon erreicht hatten, war es uns immer noch schwindlig von der schier endlosen Folge enger Kurven auf der Fahrt bergab und vom Höhenunterschied. Wir fuhren zwischen Pinien hindurch zur *plateía,* zum Dorfplatz. Als wir die enge Uferstraße passiert hatten, die vom Dorfplatz abzweigt, manövrierten wir unser Auto vorsichtig zu dem kleinen Hafen, wo viele bunte Fischerboote lagen, und stellten es an der Hafenmauer ab.

Direkt am Hafen fanden wir ein Zimmer in einem kleinen Hotel, das wohl einmal ein Wohnhaus gewesen war, einschließlich Tamariske und typischer sfakiotischer *kamára* – eine breite bogenförmige Öffnung –, die zu einem kleinen überdachten Innenhof führte. Wie sich herausstellte, wurde das Hotel von zwei liebenswürdigen Brüdern betrieben, die bessere Schäfer als Hoteliers waren. Von unserem Doppelzimmer aus – wir konnten uns natürlich keine Einzelzimmer leisten – hatten wir eine herrliche Aussicht. Als wir auf den Betten saßen und nach draußen blickten, rahmte das Fenster ein Bild ein, das nur aus dem Libyschen Meer und dem wolkenlosen Himmel darüber bestand; und das einzige was wir hörten, waren die Wellen, die nur ein paar Meter unter uns sanft an die Felsen schlugen. Es war ein magischer Moment.

Am Hafen und am Meer entlang gingen wir zum Mittagessen in die Taverne des Bürgermeisters. So früh in der Saison gab es wenig Konkurrenz um die Tische, und wir fanden einen direkt am Wasser, neben einem ziemlich rostigen Geländer. Die Holzstühle waren schmal, die Sitze aus dichtgeflochtenen Binsen oder Stroh waren nicht besonders bequem. Eine Speisekarte gab es nicht, und anscheinend war man nicht einmal verpflichtet, irgend etwas zu bestellen. Der Bürgermeister kam, nicht um sich zu erkundigen, was wir wünschten, sondern ob wir zufälligerweise irgend etwas wünschten. Wir bestellten erst einmal Weißwein. Er kam in einer Karaffe und dazu gab es *mezédhes* – ein Imbiss aus grünen Oliven und kleinen Brocken Fetakäse. Kreter, das lernten wir schnell, trinken niemals Wein, ohne etwas dazu zu essen, und ebenso essen sie selten etwas, ohne dazu Wein zu trinken. Wir fanden, dass beide Gewohnheiten eine gute Idee waren.

Als wir dort saßen, Oliven knabberten und Wein tranken, aufs Meer schauten und die frische Luft atmeten, da begriffen wir, dass wir an einem besonderen Ort angekommen waren. Ich sagte:

„Es ist wunderschön hier. Das Meer ist blau, der Himmel ist blau, die Vögel singen, die Sonne scheint, der Wein ist köstlich, auf den Bergen liegt Schnee, die Blumen blühen – es ist Frühling!"

„Ja", antwortete Neil, „willst du mich heiraten?"

Dhimítris hatte also doch rechtgehabt: Neil und ich behielten das Zimmer im Hotel der Schafhirten während der gesamten zwei Ferienwochen. Der Mietwagen, mit dem wir das westliche Kreta hatten erkunden wollen, blieb vierzehn Tage vor dem Hotel geparkt und bewegte sich nicht vom Fleck. Nirgendwohin. Das war eine Art Ironie des Schicksals. Anders als ich, ist Neil nämlich unendlich geduldig und hat keinen erkennbaren Hang zu Eile. In Chaniá hatte er bei unserer Ankunft eine gute Stunde im kleinsten Hinterhof, den er finden konnte bei einer Autovermietung zugebracht, wo er beim Kaffee den Vermieter davon überzeugte, dass wir wunderbare, äußerst vorsichtige Autofahrer seien und dass wir das Auto sowieso nicht viel fahren würden und schon gar nicht auf ungepflasterten Straßen oder über Berge. Mit anderen Worten, es wäre so früh in der Saison sogar im Interesse des Vermieters, wenn er uns das Auto mehr oder weniger zum halben Preis überlassen würde. Als der endlich zustimmte, erklärte Neil, dass wir mit Kreditkarte bezahlen würden – wozu der Mann erst nach einer weiteren halben Stunde seine Zustimmung gab.

Es gab keine Zeitungen in Chóra Sfakíon, noch nicht einmal griechische. Die Einwohner hatten zwar Fernsehempfang, seit hoch oben bei Anópoli ein Mast stand, aber Radiowellen schafften es nicht über die Weißen Berge, und so bekam man, wenn man das Radio anmachte, nur Arabisches zu hören, das übers Meer aus Libyen und Ägypten kam – die Leute nannten es *Radio Gaddhafi*. Neues an Nachrichten erfuhren wir nur, wenn jemand sich entschied, sie uns mitzuteilen.

Es war himmlisch, für eine Weile nicht zu wissen was in der Welt passiert. Wir kannten niemanden. Und keiner kannte uns, außer dem Bürgermeister und den beiden Jungs im Hotel. Wir wussten von keinen Streitigkeiten und von keinen Problemen. Es war ein kleines Paradies auf Erden. Wir gingen spät zu Bett, das Geräusch der Wellen unter unserem Fenster wurde von Zeit zu Zeit unterbrochen vom unirdischen Geschrei der *zourídhes*, Steinmarder, die sich hinter dem Hotel gegenseitig über die Felsen jagten. Und wir wachten spät auf, im vom Meer reflektierten Sonnenlicht, das über die weißgekalkten Wände unseres Zimmers flimmerte.

Abends aßen wir am Meer, vor der Taverne des Bürgermeisters. Der Wirt war fleißig und freundlich und sehr flink auf den Beinen für einen Mann seiner Größe. Angesichts der Stattlichkeit seiner Haltung fiel es uns nicht schwer, ihm zu glauben, dass er mütterlicherseits von dem berühmten Víglis-Clan abstammte, der in der Abgeschiedenheit der Samariá-Schlucht gelebt hat. Ich konnte schon ein bisschen Griechisch, aber es war besser für uns, dass der Bürgermeister Englisch und Deutsch sprach, wenn er sich auch nicht die Mühe machte, zwischen beiden zu unterscheiden.

Seine Frau, die Chefin in der Küche, bereitete so köstliche einheimische Gerichte zu, wie ein herzhaftes Schmorgericht, das aus *pork mit onions gekocht* bestand, wie der Bürgermeister uns verriet. Wie es typisch für Griechenland ist, ließen wir uns gerne in die Küche bitten, um zu sehen, was gerade gekocht wird und dann unsere Wahl zu treffen. Wir erfuhren auch, dass das Essen üblicherweise lauwarm serviert wird, da die Griechen davon überzeugt sind, dass heißes Essen schlecht für den Magen ist. Und wir waren fasziniert von der Art und Weise, wie das Essen an den Tisch kam: erst das Gemüse, dann der frisch zubereitete Salat, dann die frittierten Kartoffelscheiben und dann das gegrillte Fleisch oder der gegrillte Fisch.

Wenn wir abends nach dem Essen oberhalb vom Strand beim Geländer vor der Taverne des Bürgermeisters saßen, die Ellbogen aufgestützt, fiel es leicht nachzuvollziehen, warum die Sfakioten an ihre Einzigartigkeit glauben mochten.

Da waren wir nun, am äußersten Rand Europas, mit nur dem Meer zwischen unserem Tisch und Afrika. Natürlich wussten wir, dass Griechenland in Südeuropa liegt und dass Kreta die südlichste und größte Insel Griechenlands ist. Doch auf der Karte in der Taverne des Bürgermeisters neben dem Eingang zur Küche konnten wir auch sehen, dass Kreta südlicher liegt als Spanien oder Italien oder sogar Malta und dass die Sfakiá im äußersten Süden dieser südlichsten Insel liegt, weit südlicher als Tanger oder Algier oder Tunis. Wie es uns Dhimítris damals im winterlichen Athen gesagt hat, war die Provinz Sfakiá bis vor kurzem noch sehr isoliert und auf dem Landweg schon immer schwer zugänglich. Sie war, wie wir ja festgestellt haben, noch immer nicht besonders leicht zu erreichen, und wir ahnten schon, dass sie auch psychologisch sehr weit weg von allem war.

Eines Nachmittags überquerten wir am entfernten Ende der Bucht im Osten von Chóra Sfakíon auf einem schmalen Pfad einen steilen Hang über dem Meer und kletterten hinter der winzigen weißen Kirche dort die Felsen hoch bis zum Kap. Auf dem Weg über das raue und schwierige Gelände über der Küste, wo die Macchia uns die Knöchel zerkratzte, standen wir plötzlich vor einem riesigen Schlundloch. Behutsam näherten wir uns dem Rand und stellten fest, dass etwa fünfzehn Meter unter uns eine riesige Meereshöhle lag, wo die Wellen gegen die Felsen schlugen. Weil hier nicht Amerika war, gab es auch keine Schilder, die uns warnten, dass dieser Ort gefährlich ist, oder die Verantwortung ablehnten, sollte man in das Loch fallen, oder uns mitteilten, dass das Kap um 21 Uhr geschlossen wird. Es wäre natürlich auch verrückt, in der Dunkelheit hier weiterzulaufen, wo man nicht sieht, wohin man tritt. Es war ein spektakulärer Anblick, aber unglaublich gefährlich.

Wir gingen weiter auf dem Kap, stiegen einen kleinen Hohlweg hinunter, auf der anderen Seite hinauf und dann wieder hinunter zu einem netten kleinen Strand, genannt *Ammoúdhi*, Sand, mit großen Felsbrocken, die malerisch über die Bucht verteilt waren. Wir vermuteten aufgrund des Namens, dass die meisten Strände in der Sfakiá *nicht* sandig sind, sondern aus dem selben Material wie der Rest dieser Landschaft, nämlich aus Stein. Wir saßen stundenlang dort, nur eine neugierige Ziege leistete uns ab und zu Gesellschaft. Wir taten nichts, sagten nichts, dachten nichts, bis der Gedanke an *pork mit onions gekocht* uns dann doch zum Aufbruch trieb.

Das einzige Mal, dass wir Chóra Sfakíon wirklich verließen, war auch zu Fuß.

„Wo sind denn hier die Frauen?“, fragten wir uns, denn

es waren keine zu sehen, außer einer feministischen Schwedin, die sämtliche Rock- und Popsongs ablehnte, die das Wort *Baby* enthielten, und ein paar netten deutschen Mädchen, jedes in Begleitung von mindestens einem muskelbepackten deutschen Jungen.

Einheimische Frauen sahen wir keine, und das aus Gründen, die wir erst später verstehen sollten. Schließlich trafen wir auf zwei junge sportliche Australierinnen mit beeindruckend großen Rucksäcken.

An einem kühlen und regnerischen Nachmittag, als es am Strand nicht sonderlich verlockend war, überredeten sie uns, mit ihnen in das nahe Dorf Loutró zu wandern. Wir hatten beim Mittagessen so viel Wein getrunken, dass uns die Idee gut erschien. Es gebe keine Straße nach Loutró, sagten sie, und deshalb müssten wir entweder mit dem Boot fahren oder laufen. Und da es so früh in der Saison keinen regelmäßigen Fährverkehr gab, blieb uns nichts anderes übrig, als zu Fuß zu gehen. Es sollte ein Trip werden zurück in die Zeit vor der Erfindung des Autos.

Von der Küste aus stiegen wir eine steile und schmale Steintreppe hinauf, die sich zwischen weißen Häusern unter Maulbeerbäumen und Feigenkakteen hinaufwand bis zu einer Straße, die zum Bergdorf Anópoli hochführt. Nachdem wir auf dieser Straße etwa anderthalb Kilometer westwärts gewandert waren, bis zu einer scharfen Rechtsbiegung, wo die Straße bergauf und weg von der Küste weiter ging, bogen wir links ab auf einen kleinen Pfad, der uns hoch über dem Meer eine abfallende Schieferklippe entlang führte. Ich rekapitulierte in Gedanken irreguläre griechische Verben und war nicht ganz bei der Sache, als wir diesen Pfad entlang wanderten, die Australierinnen immer voraus. Als wir um eine Biegung kamen, hörte ich plötzlich ein merkwürdiges Geräusch hinter mir. Ich drehte mich um und sah Neil sich mit ausgebreiteten Armen an den Hang drücken, Entsetzen in den Augen. Ich drehte mich wieder um, schaute in die Richtung, in die wir gingen und sah, was er gesehen hatte. Der Klippenrand, den wir entlang liefen, fiel fast senkrecht ab. Der Pfad war noch schmaler geworden und hatte sich außerdem einen Überhang zugelegt – jeder Normalgroße musste sich bücken, um sich nicht den Kopf zu stoßen an einem sehr harten Stück Kreta. Unter uns zu unserer Linken ging es steil hinunter zum Meer, und schroffe Felsen lauerten in den Wellen. In Panik schob ich mich so schnell ich konnte an dieser Kante entlang und sah kaum wo ich hintrat, geschweige denn nach unten. Ich stolperte um eine Biegung herum auf einen breiteren Teil des Pfades, wo kein Überhang mehr war, überquerte einen viel weniger abfallenden Hang, und endlich konnte ich wieder normal atmen. Die Australierinnen warteten schon.

„Können wir nicht mit dem Boot zurückfahren?“, bat ich sie flehentlich.

„Wo ist Neil?“, erkundigten sie sich. Ich sah zurück. Von Neil war nichts zu sehen.

„Entweder ist er hinuntergefallen“, sagte ich, „oder er ist umgekehrt.“

Ich hatte keinen beängstigenden Schrei gehört, und ich konnte nicht erkennen, dass Neil unten in den Wellen trieb. Aber könnte ich ihn von hier aus überhaupt sehen, wenn dem so sein sollte? Die Mädchen sahen verwirrt aus.

„Was ist los mit euch Kerlen?“

„Es war scheußlich da hinten“, sagte ich verlegen.

„Wirklich? Es gibt keinen Grund, warum man hinunterfallen sollte!“

„Nein, aber wenn doch …“

„Wir sind hier schon öfter entlanggelaufen“, lachten die Aussies. „Im Sommer laufen täglich Leute mit Rucksack hier entlang – das ist doch kein Problem!“

Wir überquerten einen etwa 500 Meter breiten Geröllhang, der zu einem schönen Strand hinunter führte. Ich war ziemlich wacklig auf den Beinen, und ich sah mich ständig schuldbewusst nach einem Zeichen von Neil um. Es gab keines, doch die Mädels waren unbekümmert. Der Strand war einer der herrlichsten, die ich je gesehen habe. Wenn man im Sand buddelte, wie die Australierinnen es vormachten, bildeten sich Lachen mit frischem trinkbarem Wasser – Wasser von hoch oben aus den Weißen Bergen. Der Strand wurde *Ghliká Nerá* genannt, süße Wasser – die Touristen nennen ihn Süßwasserstrand. Wir gingen quer über den Strand zum Meer, weg genug weg von den Klippen im Hintergrund, wo die Gefahr bestand, von herabfallendem Geröll getroffen zu werden, das die Ziegen losgetreten haben. Am westlichen Ende, am Fuß der Klippe waren einige große Höhlen zu erkennen, die, wie die Australierinnen erzählten, im Sommer gelegentlich von abenteuerlustigen und mittellosen jungen Touristen als kostenloses Urlaubsquartier genutzt wurden.

Ganz am Ende des Strandes führte der Pfad wieder leicht bergauf und dann wieder hinunter. Es kamen noch ein paar kleine Strände, und dann sahen wir endlich Loutró in der Ferne auftauchen. Das winzige Dorf in Nachbarschaft einer Landzunge lag im weiten Bogen einer geschützten Bucht. Eine Handvoll weißer Häuser reichte bis an den Strand. Einige Tavernen gab es dort und unbewohnte verfallene Gebäude weiter oben am Hang. Bei einem Anstieg verloren wir Loutró wieder aus den Augen, doch nach etwa einer Stunde hatten wir die ersten Häuser erreicht. Ich war ungeheuer erleichtert, als ich die *kaíkia,* Fischerboote, entdeckte; einige dümpelten im Hafen vor Anker, andere lagen hochgezogen am Strand. Ich wollte unbedingt in Chóra Sfakíon anrufen, um zu erfahren, ob Neil zurückgekehrt war, aber es stellte sich heraus, dass es in Loutró zwar jede Menge Telefone gab, aber nur eine einzige Leitung, und die war gerade belegt durch ein Gespräch einer älteren Dame mit ihrer Tochter in Brooklyn, New York.

Nachdem die Australierinnen und ich etwas stärkenden griechischen Kaffee zu uns genommen hatten, das über der saphirfarbenen Bucht erkennbare Chóra Sfakíon im Blick, verabredeten wir die Rückfahrt mit einem Fischer, der nur eine Hand hatte – nicht ungewöhnlich in einer Gegend, wo manche Fischer die Angewohnheit haben, mit selbstfabriziertem Dynamit zu fischen. In erhabener Haltung stand er im Heck seines Bootes, ohne von uns Notiz zu nehmen, schien durch die halbgeschlossene Augenlider das Meer zu beobachten, während er das Ruder mit dem bewegte, was von seinem Handgelenk übrig war; mit der ihm verbliebenen Hand rauchte er. Ich ließ meine Finger durchs Wasser gleiten und fragte mich, wie es wohl wäre, an einem Ort zu leben, wo der einzige Kontakt mit der Außenwelt nur mit dem Boot oder über einen zweistündigen Fußweg möglich ist.

Als unser Boot um die Hafeneinfahrt von Chóra Sfakíon bog, entdeckten wir Neil, der lässig vor einer Taverne saß und Kaffe trank und dabei aussah, als ob ihn keinerlei Sorgen drückten und er nie ernstlich vorgehabt hätte, nach Loutró zu wandern. Als wir angelegt hatten, half mir der Fischer auf die Kaimauer hinauf, während die Mädchen allein hinaufsprangen. Er steckte dankend nickend das Geld ein, ohne sich dazu herabzulassen, es nachzuzählen, dann legte er wieder ab. Sfakioten, das hatten wir schon festgestellt, beleidigten die Ehre eines Kunden nicht, indem sie erhaltenes Geld nachzählen. Sie übergeben dicke Notenbündel als Bezahlung für ein Essen mit vielen Gästen, um ihr Geld fast verächtlich in eine Schublade gesteckt zu sehen, ohne eines Blickes gewürdigt worden zu sein – und gleichermaßen zeigt der Kunde seinen Respekt, indem er das Wechselgeld nicht nachzählt.

Neil saß vor einer Taverne, in der wir vorher noch nicht waren und unterhielt sich mit einem relativ kleinen, vergnügt aussehenden Mann in weißer Schürze und mit den Händen in den Hosentaschen.

„Das ist Andréas“, klärte Neil uns auf.

Andréas schmunzelte. „Loutró besser mit Boot als mit Füßen“, sagte er.

Am nächsten Tag verstauten die Australierinnen ihre Rucksäcke im Bus und reisten weiter. Und wir kehrten zu unserem gewohnten Programm zurück.

Nach einigen Tagen war es zu unserem Leidwesen auch für uns Zeit, Chóra Sfakíon zu verlassen und nach Hause zu fahren. Ich war zwar erleichtert, dass das Auto ohne Schwierigkeiten ansprang, obwohl es so lange am Hafen herumgestanden hatte, trotzdem war ich auf der Rückfahrt sehr niedergeschlagen. Das Grün, das plötzlich nördlich der Berge auftauchte, schien viel zu hell und zu aufdringlich nach dem Braun und dem Grau der Sfakiá – und die zweispurigen Asphaltstraßen kamen uns abnormal vor. Die erste Ampel in Chaniá war ein Kulturschock für uns, und alles und jeder schien sich enorm schnell zu bewegen. Ich war zutiefst irritiert von all dieser Geschäftigkeit; und auch der Flughafen schien ein entsetzlicher Anachronismus zu sein.

Und der Lärm und die Hektik von London einige Stunden später waren schier unerträglich. Wie es schien, gab es nur eine einzige Möglichkeit, das Gefühl zu beschwichtigen, ein Paradies der Ruhe verloren zu haben. Bevor Neil und ich wieder eigene Wege gingen, gelobten wir uns, so bald wie möglich wieder in den Frieden der Sfakiá zurückzukehren, und das ganz bestimmt im nächsten Jahr.

Noch tagelang, nachdem ich wieder zu Hause war, umwehte mich Thymianduft, wohin ich auch ging. Da Thymian im Südosten Englands eher selten ist, nahm ich an, dass dieser angenehme Geruch irgendwie den Weg in meine Kleidung gefunden hatte, doch mir wurde bald klar, dass ich ihn mir nur einbildete. Es war eine Art olfaktorisches Wunschdenken.

Das Paradies, gefunden und verloren

In den nächsten Monaten las ich so viel ich konnte über Kreta. Es gelang mir sogar, wenn auch mit einigen Schwierigkeiten, eine Ausgabe des 1837 erschienenen Buches *Rei-*

sen in Kreta des britischen Entdeckers Robert Pashley aufzutreiben. Ich las auch einige Abhandlungen über die verhängnisvolle Schlacht von Kreta im Jahre 1941.

Als ich von Evelyn Waugh den Roman *Ohne Furcht und Tadel* über den Zweiten Weltkrieg las, der teilweise in der Sfakiá spielt, konnte ich besonders diese Schilderung nachvollziehen: *Die Straße war nichts als eine Kerbe um die Flanken des Berges herum; über ihnen ragte die Felswand, und neben ihnen ging es in die Tiefe.* Und ich brütete über griechischen Grammatikbüchern.

Wenn ich mich zu Hause in Norfolk aufhielt, sprach ich mit Neil darüber, wie wir unsere nächste Reise organisieren könnten. Für das kommende Studienjahr hatte ich ein Stipendium für ein Forschungssemester bekommen, um an einem Buch zu arbeiten. Die Sfakiá schien mir ein sehr guter und friedlicher Ort dafür zu sein, und ich dachte an einen längeren Aufenthalt dort, währenddem Neil mich besuchen konnte, wenn es ihm am besten passt.

Aber es kam ganz anders. In jenem Sommer wurde ich eingeladen, an einer *Summer School* an der Universität von Illinois zu lehren. Die Doktoranden waren aufgefordert, sich um die eingeladenen Dozenten zu kümmern, und unter ihnen war eine Doktorandin, die sich so gut um mich kümmerte, dass wir nach den sechs Wochen *Summer School* zusammen nach Kalifornien fuhren und wieder zurück. Ich muss zugeben, dass ich keine Ahnung hatte, wie lange dieser Trip dauern würde, aber ich wollte ihn unbedingt unternehmen – und Jean genauso, wie sich herausstellte. Wir waren ein perfektes Paar – sie hatte ein Auto, aber kein Geld, ich hatte Geld, aber kein Auto.

Am Ende dieser langen Reise musste ich zurück nach Europa, aber der Abschied fiel schwer. So verbrachte ich dann das nächste Jahr nicht schreibend an den Küsten des Mittelmeers, am Fuß der Weißen Berge, sondern gut eineinhalb tausend Kilometer vom Meer entfernt an einem der plattesten und im Januar kältesten Orte der Welt – mitten in Illinois. Wenn ich in zwei Mäntel gehüllt durch den Schnee zur Bibliothek stapfte, bei Temperaturen von minus zwölf Grad (*ein sehr milder Winter*, meinte Jean), war es nur zu leicht, sehnsuchtsvoll an Frühlingstage an einem kretischen Hafen zu denken, an Sonnengeflimmer auf dem Libyschen Meer und an eine braune Landschaft, die nur aus Steinen besteht.

Während der Winter verging, beschlossen wir nach und nach, dass Jean am Ende des Semesters mit mir nach England kommt, um dort mit mir zu leben. Ich konnte mein Glück kaum fassen, und so dachte ich gar nicht daran, irgendwelche Bedingungen zu stellen. Aber als wir darüber sprachen, wie unser gemeinsames Leben aussehen würde, hörte ich mich sagen:

„Du musst versprechen, mit mir in die Sfakiá zu kommen."

„Wo ist das?"

„Im Süden von Kreta, an der Mittelmeerküste, am Fuß der Weißen Berge."

Jean sagte, wenn man in Illinois aufgewachsen ist, dann ist die Aussicht am Meer zu sein sehr aufregend. Sie hatte das Meer oder *the ocean* wie die Amerikaner sagen, nicht gesehen bevor sie 21 war. Und weil sie aus dem platten mittleren Westen kam, waren auch Berge für sie attraktiv. Und so fand sie die Aussicht unwiderstehlich, gleichzeitig am Meer und in den Bergen sein zu können.

Wir heirateten in Illinois im Februar, und Neil war unser Trauzeuge. Ganz selbstverständlich kam er mit in unsere Flitterwochen – schließlich konnten wir ihn schlecht auf eigene Kosten zu unserer Hochzeit über den Atlantik fliegen lassen und danach wieder heimschicken. Wir drei verließen Illinois nach einem Eissturm bei bitterer Kälte und fuhren nach Süden. Etwa alle sechs Stunden hielten wir in den nächsten Tagen an und zogen Mantel oder Jakke oder Pullover aus, als die Eiseskälte von Illinois dem milderen Wetter von Tennessee wich, dann der Sonne von Georgia und schließlich der Hitze des tiefen Südens. In

Florida spazierten wir am Atlantik entlang, an der Hafenpromenade von Key West, und am Golf von Mexiko. Es war eine außerordentlich glückliche Zeit, aber immer wieder, bei einer besonderen Brise auf der Haut oder einem plötzlichen Lichtreflex auf dem Wasser, fragte ich mich, bis ich wieder zur Vernunft kam, warum sich hinter uns keine Berge steil in den Himmel türmten und warum in den auf dem Meer schaukelnden Booten keine einhändigen Fischer standen.

Und so wurde unser Versprechen erst im nächsten Frühjahr erfüllt, zwei Jahre nach unserem Schwur, nach Chóra Sfakíon zurückzukehren. Und dieses Mal konnte Neil nicht mitkommen.

Aber ich war auch diesmal nicht allein. Nach einer vierstündigen Reise von ihrem neuen englischen Zuhause betrat meine junge amerikanische Frau am Flughafen von Chaniá das erste Mal in ihrem Leben griechischen Boden. Sie lächelte und sagte:

„Wie herrlich und warm für einen Märzabend! Und wie grün hier alles ist!"

Das war schon einmal ein guter Anfang, und ich konnte es kaum erwarten, ihr das kleine Paradies zu zeigen, das Neil und ich entdeckt hatten.

Leider hielt der gute Anfang nicht lange vor. Ich war nach der Erfahrung der ersten Reise zu dem Schluss gekommen, dass ein Mietauto ein unnötiger Luxus sei, und außerdem war mir ohne Neil gar nicht danach, über diese Bergpässe zu chauffieren. Ein Taxi, fand ich, würde uns viel entspannter und billiger nach Chóra Sfakíon bringen.

Wie sich dann herausstellte, teilte keiner der Taxifahrer am Flughafen von Chaniá nur im mindesten meine Ansicht. Jean und ich liefen zum Anfang der Taxischlange vor dem kleinen Gebäude, das als Terminal fungierte, stellten die Taschen ab und sagten dem ersten Fahrer, dass wir in die

Sfakiá wollten.

„Sfakiá!", rief der Taxifahrer, „seid ihr verrückt? Das ist zu weit, zu bergig, zu gefährlich, und bald wird es dunkel!"

Er zuckte mit den Schultern und schaute weg. Wir liefen die Schlange entlang und fragten den nächsten Fahrer. Der zog die Augenbrauen hoch, warf den Kopf zurück und schnalzte mit der Zunge.

„Nein", sagte er, „ich fahre nicht."

„Ich bezahle gut", beschwor ich ihn verzweifelt.

„Nein", wiederholte er. Dann war Stille. Ich wusste nicht was ich sagen oder tun sollte. Da drehte sich der Fahrer plötzlich um und rief etwas die Autoschlange hinunter. Eine Antwort kam von einem Taxi, das etwa Nummer sieben in der Schlange war.

„Sfakiá!", rief Fahrer Nummer zwei. Der Motor sprang an und Taxi Nummer sieben rollte aus der Schlange zu uns her.

„Okay", sagte Taxifahrer Nummer zwei, „dieser Mann fährt euch." Dankbar verstauten wir unser Gepäck im Kofferraum und stiegen ein.

„Vielen, vielen Dank", sagte ich zu Taxifahrer Nummer sieben, *efxaristoúme*, wir danken dir. Ich freute mich darüber, dass ich aus den Grammatikbüchern behalten hatte, dass das griechische Wort für *danke* ein Verb ist und in diesem Fall eine Plural-Endung brauchte.

„Kein Problem", antwortete er, und wir starteten in den rasch dunkel werdenden kretischen Abend. Jean nahm meine Hand. Es würde schon alles klappen.

Ich war ein bisschen enttäuscht, dass die Sonne schon sank und der Großteil unserer Reise in der Dunkelheit vonstatten ging. Wir würden nichts von der Landschaft sehen können, die ich so lebendig in Erinnerung hatte und die ich Jean so gerne zeigen wollte. Meine Nervosität nahm zu, als wir landeinwärts fuhren und die Straße anzusteigen begann.

„Nur noch ungefähr eine Stunde von hier“, sagte ich.

Die Katré-Schlucht war immer noch ein düsterer, trister Ort, vor allem bei Dunkelheit. Ich vermute, meine bange Vorahnung hing mit dem zusammen, was Pashley über diesen Ort geschrieben hat – 1821 wurde in dieser Schlucht von kretischen Rebellen ein furchtbares Massaker an Türken verübt. Die Folgen bekam er Jahre später zu sehen – eine Unzahl ausgebleichter menschlicher Gebeine. Als das Taxi die Schlucht entlang fuhr, blickte ich im Schein des Mondes in ihre Tiefen hinunter und war froh, dass keine Skelette mehr zu sehen waren.

Endlich kamen wir in die Ebene von Askífou. Die Lichter des verstreut liegenden Dorfes folgten dem Saum der Berge. Pashley vergleicht dieses weite Becken mit einem Amphitheater.

Als es abwärts ging, sah mich der Fahrer an und fragte: „Wir halten hier zehn Minuten an?“

Ich zögerte. Ich war eigentlich sehr erpicht darauf, bald in Chorá Sfakíon anzukommen. Da wandte er sich an Jean und sagte über die Schulter, in nur leicht fragendem Ton:

„Wir gehen meine Mutter besuchen?“

Okay, deshalb also war er bereit gewesen, uns in der Nacht über die Berge zu fahren! Er war ein Sfakiote, und unser Weg führte am Haus seiner Familie vorbei.

„Natürlich“, stimmten wir zu, „du musst deiner Mutter hallo sagen.“

„Das könnte ein Spaß werden“, sagte Jean zu mir, „da, wo ich herkomme, lernt man nie die Mütter von Taxifahrern kennen.“

„Vielleicht ist das auch gut so“, meinte ich, mich an die ziemlich raubeinigen amerikanischen Taxifahrer erinnernd.

Der Fahrer bog auf einen Pfad ab und hielt nach etwa einhundert Metern an. Er bedeutete uns auszusteigen, und wir folgten ihm ein paar Stufen hinauf zu einer schwach erleuchteten Terrasse.

„Wartet hier“, sagte er, und zeigte auf ein paar Stühle.

Er ging hinein und kam bald mit einer strahlenden älteren Frau zurück, ganz in Schwarz gekleidet, die ein Tablett auf dem kleinen Tisch neben uns abstellte. Die beiden setzten sich zu uns, und nach und nach kamen noch andere Leute aus der Dunkelheit die Stufen herauf zur Terrasse, und es begann eine lebhafte Unterhaltung, der wir nicht folgen konnten, obwohl viele uns ermutigend zulächelten. Die Mutter des Taxifahrers forderte uns auf, uns von dem Tablett zu bedienen – Gläser mit Wasser, ein paar Käsestükke, Honig, in den wir den Käse dippen sollten, und kleine Gläser mit einer hellen Flüssigkeit, die eindeutig alkoholisch war. Die Gesellschaft erhob das Glas, ein Trinkspruch wurde ausgebracht, und wir tranken. Jean zog ein Gesicht und hustete. Ich hätte auch gerne das Gesicht verzogen, aber ich wagte es nicht.

„Nein", sagte der Fahrer, als wir nur nippten, „alles – trinkt alles!" Also folgten wir seinem Beispiel und leerten den Rest in einem Zug. Ich fragte den Fahrer, was wir da gerade trinken.

„*Tsikoudhia*", sagte er, „kretischer Raki."

Die Gläser wurden sofort wieder gefüllt und ein weiter Trinkspruch ausgebracht. Jean gab klugerweise zu erkennen, dass sie nichts mehr trinken könne, aber mir wurde bedeutet, dass ich als echter Mann keine Wahl habe.

Ich hatte jetzt zwei Sorgen. Die erste war, dass ich sicher betrunken werden würde, und die zweite, noch größere, und der Fahrer ebenfalls.

Als wir dann endlich weiterfuhren, nach Umarmungen und lauten Auf-Wiedersehen-Rufen, war ihm nichts davon anzumerken, und wir kamen gut voran, durch Askífou und Imbros, bis die funkelnden Lichter der Küstendörfer auftauchten. Das Meer, da es ein klein wenig heller war als der Nachthimmel, und der Horizont waren gerade noch zu erkennen. Während wir bergab fuhren, trat der Mond hinter einer Wolke hervor, und ich konnte Jean die Silhouette der Insel Gávdos zeigen.

Es kam mir vor, als ob es bergab mehr Serpentinen gab als bei meinem ersten Besuch, und ich befürchtete, dass uns beiden schlecht würde nach dem Tsikoudhiá. Aber bald rollte das Taxi die Uferstraße von Chóra Sfakíon entlang, vorbei an den Kafenions und Tavernen, und hielt schließlich vor dem kleinen Hotel.

Ja, sie hätten ein freies Zimmer – tatsächlich hatten sie wohl viele –, und das Zimmer, das man uns gab, schien dasselbe zu sein, das ich mit Neil geteilt hatte, wenn auch die beiden Einzelbetten diesmal wohl keine so ganz gute Idee waren. Aber die wunderbare Aussicht war dieselbe. Wieder war vom Zimmer aus nichts zu sehen als das Libysche Meer, eingerahmt vom Fenster. Wir gingen auf den Balkon und betrachteten den Mondschein auf dem Wasser.

„Ich verstehe jetzt, was du meinst", sagte Jean. „Ich verstehe wirklich, was du meinst."

Jean war etwas überrascht, dass die Toilette, sie nannte sie *the bathroom*, am Ende des Gangs lag, direkt neben der einzigen Dusche. Und am nächsten Morgen waren wir ziemlich überrascht, dass kein Frühstück vorgesehen war. Neil und ich waren immer so spät aufgestanden, dass Frühstücken gar kein Thema war.

Zu strahlender Morgensonne gingen wir am Hafen entlang zu einer Taverne, wo wir laut unseren Wirtsleuten Frühstück bekommen konnten. Jean sah zu den Bergen hinauf und bemerkte, dass sie nicht sehr grün seien.

„Nein", musste ich zugeben, „alles was sie hier haben sind Steine, nur Steine."

In der Taverne gab es keine Karte, aber wir sahen andere Gäste frühstücken. Die Sonne schien warm genug, dass wir draußen sitzen konnten, aber nicht zu warm, dass es uns in den Schatten trieb. Wir saßen an einem Tisch am Meer. Wieder einmal war das Meer blau, war der Himmel blau, sangen die Vögel, lag auf den Bergen Schnee. Ich wäre gerne Neils Beispiel von vor zwei Jahren gefolgt und hätte, diesmal im Ernst, Jean einen Heiratsantrag gemacht in dieser herrlichen Umgebung, aber es war natürlich zu spät dafür.

Der Wirt kam zu uns an den Tisch, und ich stellte mit Freuden fest, dass es der lustige Andréas war, den ich vor zwei Jahren kennen gelernt hatte.

„Frühstück?", fragte er, mit einem breiten, freundlichen Lächeln.

„Ja, bitte."

„Brot-Butter-Marmelade? Joghurt-Honig? Eier-Speck?"

Jean entschied sich für sfakiotischen Joghurt-Honig, während ich Eier-Speck nicht widerstehen konnte. Und wir bestellten Orangensaft und Nescafé – wir waren noch nicht an den Geschmack von griechischem Kaffee gewöhnt, doch ich wusste schon länger, dass man ihn keinesfalls türkisch nennen durfte. Während wir warteten, sahen wir den Fischern zu, die in ihren bunten Booten mit ihren Netze beschäftigt waren. Die *kaíkia* sahen alle brandneu aus. Ein Eisvogel saß auf einem Felsen, seine tiefblauen und smaragdgrünen Federn glänzten in der Sonne.

Das Frühstück kam, und es war zu erkennen, dass die Eier mit dem appetitlich orangenen Dotter aus lokaler Erzeugung stammten, aber warum in einem Land mit so vielen Orangenbäumen der Orangesaft in einer Packung mit dem Etikett *Hergestellt in Südafrika* kam, war mir ein Rätsel

Nach dem Frühstück richteten wir unsere Blicke vom Meer auf die Taverne. Die Farben waren wie üblich. Die Hauswand war weiß gekalkt, Türen, Fensterrahmen und Läden waren in griechischem Blau gestrichen. Die Markise wie die Tische waren von ungewöhnlichem Grün. Auf der Vorder- und Rückseite gab es eine kleine Küche, die vordere war in einer Art Vorbau untergebracht, und zwischen den beiden Küchen lag ein L-förmiger Speisesaal mit wenigen Tischen. Die anderen standen an diesem angenehmen Frühlingstag draußen wie der unsere, auf der anderen Straßenseite, direkt beim Geländer oberhalb des kleinen Hafens. In der ersten Etage gab es Fremdenzimmer, und das oberste Stockwerk schien Andréas mit seiner Familie zu bewohnen.

Andréas kam wieder zu unserem Tisch herübergeschlendert.

„Noch Kaffee?"

„Warum nicht? Wir haben heute nichts weiter vor – und sicher auch die nächsten zwei Wochen nicht."

Als Andréas sich umdrehte und den Kaffee holen wollte, fragte ihn Jean: „Haben alle deine Zimmer ein eigenes Bad?"

„Alle Zimmer mit Bad", sagte Andréas über die Schulter weg. Ich konnte sehen, dass Jean diese Information zur späteren Verwendung abspeicherte.

Als er den frischen Kaffee brachte, sagte ich zu Andréas, dass das Geländer, an dem wir saßen, wohl ausgetauscht worden sei. Das ziemlich unschöne rostige Metallgeländer, an dem Neil und ich gesessen hatten, war entlang der Hafenseite durch ein schmuckes und viel passenderes Holzgeländer ersetzt worden.

„Du weißt nicht, was passiert?", fragte Andréas. Nein, sagten wir, das wüssten wir nicht.

Er setzte sich zu uns und begann zu erzählen. Im April des vergangenen Jahres, als Neil und ich wieder in Chóra Sfakíon zu sein hofften, hatte es eine gewaltige *fourtoúna* gegeben, einen Sturm, ausgelöst durch einen so starken Südwind, dass alles Wasser in einer gigantischen Welle aus dem Hafen gesogen und dann wieder hineingedrückt worden war. Die Welle zerstörte alle Fischerboote und brach in die Läden und Tavernen auf der Uferpromenade ein. Viele Menschen wurden in den Hafen gespült. Andréas malte uns ein Bild der Zerstörung.

„Dreimal Andréas gehen ins Meer", erzählte er. Wir dachten, er hätte Pech gehabt und sei dreimal von den

Wellen hinausgezogen worden. Später erzählte man uns, dass er sehr mutig war, ein echter sfakiotischer *palikári*, ein Furchtloser, und nachdem er sich selbst gerettet hatte noch zweimal getaucht war, um Kinder zu retten. Dabei hatte er sich den Arm gebrochen. Wunderbarerweise war niemand ertrunken. Deshalb waren also alle Fischerboote und auch das Geländer neu.

So hatte selbst ein Paradies seine Probleme.

Von da an frühstückten wir jeden Tag bei Andréas, und oft setzte er sich zu uns, wenn er das Essen für den Tag vorbereitet hatte. Wir wollten viel von ihm wissen. Wir hatten begonnen herumzuwandern und, wenn auch etwas planlos, Chóra Sfakíon zu erforschen – wenn wir uns anfangs auch vorsahen, da wir nicht immer sicher wussten, ob ein Weg öffentlich war oder zu Privathäusern führte –, und eines Tages erkundigten wir uns bei ihm über die verschiedenen Teile des Dorfes. Dieser Teil hier, sagte er, heißt *Yalós*, Küste – besser gesagt *Ombrós-yalos*, vor der Küste. Der Teil auf dem Hügel wird *Thólos*, Kuppel, genann nach der Kirche dort, deren Kuppel wir von unserem Platz aus gerade noch erkennen konnten, und dazwischen liegt *Mesochóri*, das mittlere Dorf. Diese Orte hatten wir alle gesehen, aber nicht bemerkt, dass es noch einen vierten, größeren Ortsteil gab, *Yor-yitsi* genannt. Andréas zeigte auf ein baumbestandenes, sich keilförmig von der Straße nach Anópoli aus aufwärts erstreckendes Areal entlang der Schlucht, deren Abhänge bei der *platéia*, Dorfplatz, beginnen. Er war uns nicht aufgefallen, denn er war unbewohnt, und die vielen verlassenen Häuser ohne Anstrich verschmolzen mit der Landschaft.

„Können wir dorthin auch gehen?“, fragten wir.

„Na klar.“

Wir konnten entweder einem steilen Fußpfad folgen, der bei der Straße nach Anópoli abbog, oder hinauf nach Thólos wandern und dann eine Schlucht überqueren mit dem Namen *tou Pappá o Lagós*, die Schlucht des Priesters, die so genannt wurde, weil sie der Familie eines hiesigen Geistlichen gehört hatte. Normalerweise sei die Schlucht völlig trocken, sagte Andréas, aber manchmal könnten nach einem Gewitter von den Weißen Bergen Wassermassen herabstürzen, die Unmengen von Matsch, Steinen und Geröll mit sich führen.

Als wir nach dem Führstück den steilen Pfad hinaufstiegen, konnten wir auf dem Bergkamm plötzlich das Meer nicht mehr hören, obwohl es noch deutlich zu sehen war, alles war zauberhaft still. Wir befanden uns in einer vergangenen, vorautomobilen Zeit. Yoryitsi war ein schöner aber entsetzlich trauriger Ort. Man konnte sehen, dass hier einst einige hundert Menschen gelebt hatten, doch heute waren ihre Häuser bloße Skelette, und die einzigen Lebewesen hier waren schreckhafte Schafe, die vor uns davonrannten, und krächzende Raben über uns. Der ganze Hang war zur Bewirtschaftung terrassiert – wir fragten uns, wie viele hundert Stunden Arbeit mochten dazu wohl nötig gewesen sein? Es gab einige Kirchen, zwei verfallene standen nebeneinander, die eine mit Bildtafeln in der Mauer über dem Eingang, die andere mit Relikten geistlicher Malerei. Und unter den Bäumen duckten sich weiße Zyklamen. Es muss ein hartes Leben gewesen sein an den steilen Oliventerrassen, und die einzige Transportmöglichkeit, die sie hatten, waren wohl Esel und Maultier. Aber die Aussicht von hier war sagenhaft – wenn sie denn Zeit hatten, sie zu genießen. Von dort wo wir standen hatte man einen freien Blick über das Meer, vom Kap über das Gebiet östlich von Chóra Sfakíon, wo Neil und ich gewandert sind, bis nach Loutró im Westen. Und Gávdos im Süden mit ihrer kleinen Schwesterinsel Gavdopoúla schimmerte im Dunst.

Wir verließen Yoryítsi über die andere Route, über Thólos und Mesochóri. Direkt über dem Dorfplatz bemerkten wir im Schatten einiger Pinien versteckt ein Denkmal aus Stein. Wir verließen den Pfad, um es uns anzusehen. Zuerst konnten wir nicht glauben was wir da sahen. Es war ein schreckliches Denkmal. Unten, hinter einer Glasscheibe, lagen in einem Kasten Schädel, einige mit deutlich sichtbaren Einschusslöchern. Die darüber in Stein gemeißelte Inschrift war griechisch, geschrieben in der altmodischen *katharévousa.* Ich brauchte sehr lange, bis ich mit Hilfe meines Wörterbuches eine Übersetzung zustande brachte, und ich war gar nicht glücklich, als ich damit fertig war. Da stand:

Landsleute hingerichtet von barbarischen Deutschen.

Unterhalb dieser Inschrift standen die Namen von 26 Dorfbewohnern, darunter Namen, die uns bekannt waren.

Es kam mir in den Sinn, dass während der Saison auf der Straße täglich unzählige Touristen an diesem Denkmal vorbeikamen, und ich sagte zu Jean, es sei vielleicht ganz gut, dass man es vom Bus oder vom Auto aus kaum erkennen konnte und bestimmt nicht seinen Inhalt und die Inschrift lesen konnte, außer man war zu Fuß unterwegs und machte sich die Mühe, den Pfad zu verlassen.

Wir standen gedankenverloren da, fragten uns, welche üble Geschichte aus dem Zweiten Weltkrieg dieses Denkmal wohl erzählt, als ein alter Mann hinter uns herauf kam. Er schlurfte durch die Piniennadeln, nickte ernst und zeigte auf einen Schädel rechts unten im Glaskasten. Dann sagte er in einem Griechisch, das nicht schwer zu verstehen war:

„Das war mein Vater."

Und dann ging er weiter.

Wie dumm von uns, dachte ich, zu erwarten, dass auf der Welt ein Ort, wo Menschen leben ein Paradies sein könnte.

Geraune im Dunkeln

Wir waren ziemlich bedrückt, nachdem wir über dieses düstere Denkmal gestolpert waren und fanden unsere gute Laune erst beim Abendessen wieder. Wir hatten uns angewöhnt, abwechselnd in der Taverne des Bürgermeisters und bei Andréas zu Abend zu essen. Als er mit der Taverne begonnen habe, gestand uns Andréas, habe er noch nicht einmal ein Ei kochen können, jetzt war seine Moussaka die beste, die wir jemals gegessen hatten. Moussaka, *moussakás*, ist kein traditionell kretisches Gericht, und Andréas brüstete sich damit, es in Chóra Sfakíon eingeführt zu haben. Während er quer durch Griechenland unterwegs war während seiner Militärzeit, hatte er viel über Essen gelernt, und als er bei der Handelsmarine um die Welt reiste, hatte er sogar eine eigene Variante von *Fish and Chips* erfunden.

Aber heute Abend waren wir beim Bürgermeister, und wie üblich saßen an den Nachbartischen nette Touristen. Der Duft von gegrilltem Fleisch, der aus der Küche kam, ließ uns das Wasser im Mund zusammenlaufen, und das Stimmengesumme wetteiferte mit dem leisen Plätschern der Wellen, die sich unter uns am Strand brachen. Nach dem Essen unterhielten wir uns mit ein paar Jungs aus Neuseeland, und internationales Gemeinschaftsgefühl machte sich breit – vielleicht ein bisschen zu sehr, dachten wir am nächsten Morgen. Die Jungs spielten Karten, und Jean mit ihrer virtuosen Mischtechnik versetzte ihnen einen Schock, als sie in das Spiel einstieg.

„Ihr Burschen seid ja sehr weit weg von zu Hause“, sagte sie.

„Tja, ihr wisst doch warum, oder?,“ erwiderte einer. „Dieser Ort ist sehr wichtig in der Geschichte der Kiwis. Wir sind hier, um zu sehen, wo unsere Väter und unsere Onkel 1941 waren. Die Leute hier haben das nicht vergessen. Wenn man den Leuten hier sagt, dass man aus Neuseeland kommt, wird es schwer, für irgendetwas zu bezahlen.“

Wir nickten. Ganz gegen unseren Willen waren wir wieder beim Zweiten Weltkrieg gelandet.

Ich hatte während der letzten zwei Jahre viel über diese Zeit gelesen. In der düsteren Katré-Schlucht, an die ich wieder einmal mit Schaudern dachte, hatten im Jahr 1941 die tapferen und zahlenmäßig völlig unterlegenen neuseeländischen Truppen selbstlos und furchtlos die heranrückenden Deutschen lange genug aufgehalten, damit Tausende ihrer alliierten Kameraden nach der Niederlage in der Schlacht um Kreta von der Bucht von Chóra Sfakíon aus über das Meer fliehen konnten.

Das Rückzugsgefecht zur Verteidigung von Chóra Sfakíon und zur Sicherung der Evakuierung über das Meer wurde vor allem von Neuseeländern bestritten, und, den vorwärts drängenden Deutschen am nächsten, von den Australiern. Am 29. Mai 1941 standen die Deutschen nur einige Kilometer vor Chóra Sfakíon. Das Oberkommando der Alliierten hatte entschieden, die Evakuierung nach der Nacht des 31. Mai nicht fortzusetzen. An diesem letzten Abend wurde die vierte neuseeländische Brigade evakuiert. In Anerkennung ihres heroischen Verteidigungskampfes hatten sie das Recht vor allen anderen an Bord der Royal-Navy-Schiffe zu gehen, die von Ägypten herübergekommen waren. Gesichert von Truppen mit aufgepflanzten Bajonetten – die fliehenden britischen Truppen verhielten sich nicht alle nach militärischer Disziplin –, marschierten die Kiwis durch die Reihen der wartenden Männer. Der Militärhistoriker Ian Stewart berichtet:

Als die Dunkelheit zunahm, schloss der Trupp auf und begann mit dem Abstieg von den umgebenden Hügeln. Alle waren rasiert. Jeder hatte eine Waffe. Sie bewegten sich lautlos, vermieden, dass ihre Ausrüstung knarzte und dass sich Steine lösten, während sie den felsigen Pfad hinunter stolperten. Männer standen auf, um sie vorbeikommen zu sehen. Ein Murmeln durchdrang die Dunkelheit: „Es sind die Neuseeländer, die Neuseeländer." Doch die meisten standen stumm und bewegungslos im Schatten, den der aufgehende Mond warf. Ihr Neid verband sich mit Bewunderung. Sie hegten keinen Groll gegenüber diesen Soldaten in der lautlosen Kolonne.

Von diesem Tag an, wie unsere neuen Freunde es gesagt hatten, haben die Neuseeländer einen besonderen Platz in den Herzen der Sfakioten.

Es war irritierend, hier in der Taverne des Bürgermeisters zu sitzen und sich vorzustellen, dass sich genau da wo wir saßen vor nur 40 Jahren etwas so Dramatisches zugetragen hat.

Am nächsten Morgen beschlossen wir, Chóra Sfakíon für eine kleine Weile zu verlassen, mag sein, um den Geistern des Zweiten Weltkriegs zu entfliehen, mit denen wir in den letzten Tagen konfrontiert worden waren.

Als wir fertig gefrühstückt hatten, begegneten wir zu unserer Freude Andréas' Frau, die heruntergekommen war, um mit ihm zu sprechen. Sie sprach kein Englisch, war aber sehr freundlich und setzte sich zu uns, um unsere Namen zu erfahren und woher wir kommen. Andréas sagte uns, dass sie aus Skalotí stamme, das die Küste hinunter am östlichen Rand der Sfakiá liegt, und so nutzte ich die Gelegenheit, sie zu fragen, ob es möglich sei, das venezianische Kastell Frangokástello zu besichtigen, das in dieser Richtung an der Küste lag. Da ich viel darüber gelesen hatte, war ich sehr begierig, das Kastell zu besichtigen – ich hatte mich sogar seit wir hier sind durch ein Buch von Stélios Spanákis über die kretische Geschichte gekämpft, in Griechisch, das auf einigen Seiten von der Burg handelt.

Die Venezianer beherrschten Kreta von 1204 bis 1669, aber es ist ihnen nicht wirklich gelungen, die Sfakiá zu unterwerfen. Die Bergdörfer waren schon immer eine Hochburg kretischer Unabhängigkeit, auch wenn die Venezianer es geschafft hatten, wie später auch die Türken, dort Fuß zu fassen, wo es für sie als Seemacht von Nutzen war. Von Andréas Taverne aus konnte man oberhalb der Pinien, wo das düstere Denkmal stand, die Überreste einer kleineren venezianischen Festung erkennen. (Das wäre bestimmt der ideale Platz, um am Abend die Sonne im Meer untergehen zu sehen.) Nach unseren

Reiseführern stammte sie aus dem 15. und 16. Jahrhundert und war wegen des hartnäckigen Widerstandes der Sfakioten die als letzte errichtete venezianische Festung auf Kreta. Dass sie bei weitem nicht so bedeutend war, wie das Kastell Frangokástello, das etwas entfernt davon an der Küste liegt, das war uns klar.

„Sollen wir hinfahren?“, fragten wir.

„Natürlich“, sagte Andréas. „Aber es ist die falsche Zeit für die Geister.“

„Geister?“ Wir wollten eigentlich den Geistern entkommen, dachte ich.

„Am frühen Morgen kann man sie sehen“, meinte er, „im Nebel um die Festung, wenn die Sonne aufgeht.“

„Wen? Wen können wir sehen?“

„Sie sind schwarz angezogen – schattenhafte Gestalten. Sie bewegen sich langsam vorwärts“, sagte er, „und in Reih und Glied wie Soldaten.“

„Aber wer sind sie?“

„Es sind die *Dhrosoulítes*“, sagte er, „die Menschen von dem *dhrosoúla*.“ Ich nahm mein Wörterbuch: *Dhrosoúla* bedeutete Morgentau. Die Menschen des Morgentaus schienen die nebelhaften Schemen der Griechen zu sein, die dort in einer großen Schlacht gefallen waren.

„Wie können wir dorthin kommen?“, fragten wir Andréas.

„Vielleicht dass Mann da euch mitnehmen.“ Er deutete auf einen gutaussehenden schwarzhaarigen, blauäugigen Sfakioten im Kafenion nebenan. Er rief ihn her. Der Mann hatte in dieser Richtung geschäftlich zu tun und war froh, wie sich ergab, uns mitnehmen zu können.

Wir kletterten in seinen Pick-Up, und los ging es. Das war das erste Mal seit unserer Ankunft, dass wir Chóra Sfakíon verließen.

Das erste Dorf auf dem Weg nach Osten war Komitádhes. Unser Fahrer erzählte uns in zwar bescheidenem aber effektivem Englisch, dass die Leute in Chóra Sfakíon die Bewohner Esel nennen. Das war ein ziemlicher Schimpfname, doch sie rechtfertigen ihn mit einer Geschichte, die auch für sie nicht gerade schmeichelhaft war.

Ein Mann aus Komitádhes kam eines Tages auf den Dorfplatz von Chóra Sfakíon, um Rindfleisch zu verkaufen. Fleisch war ein sehr rares Gut in jenen Tagen, aber Rindfleisch war ein wirklicher Luxus – viele Leute hatten es noch nie probiert. Sie überschlugen sich fast vor Eifer beim Fleischkauf, und taten sich bald zu Hause und in der Taverne gütlich daran. Der Mann aus Komithádes saß mit ihnen zusammen, redete und trank gläserweise Raki. Auf dem Weg nach Hause rief er von Mesochóri herunter, so laut, dass man es bis an die Küste hören konnte:

„Es war Eselfleisch! Ich habe euch Eselfleisch verkauft! Ihr habt Esel gegessen!"

Dann rannte er so schnell er konnte davon und warf als Beweis einen Eselkopf über die Klippe.

Hinter Komithádes kamen wir am Ausgang der Imbros-Schlucht vorbei. Hinter dem Weiler Vraskás ging die Landschaft in eine Art Küstenebene über. Die Ausläufer der Weißen Berge erhoben sich zu unserer Linken. Die Straße wurde wenn auch nicht unbedingt gerade, so doch breiter und weniger kurvenreich; und nach einem Olivenhain, vorbei an bunten Bienenkörben, die am Straßenrand standen, konnten wir über dem schimmernden Meer Gávdos liegen sehen – die Insel der Nymphe Calypso, die Gastgeberin von Odysseus war. In Vouvás, wo die deutsche Armee 1941 zuerst an Land gegangen war, fielen Bougainvilleen in Kaskaden von den flachgedeckten weißen Häusern, und in Nomikianá säumte Oleander die Straße.

Auf Griechisch heißt Oleander *pikrodhápni*, bitterer Seidelbast, aber es gibt auch ein kretisches Wort dafür: *sfáka*. Wie uns der Bürgermeister sagte, sind einige der Meinung, dass daher der Name Sfakiá kommt. Andere würden meinen, der Name komme von dem westkretischen Dialektwort *sfakós*, was Salbei bedeutet. (Es war überraschend für uns, dass *Sfakiá* – wie auch viele andere griechische Ortsnamen – grammatisch gesehen ein Plural ist. Chaniá ist ebenfalls Plural, genauso wie Livanianá, Kalí Lákki, Komitádhes und Nomikianá.)

Nach Nomikianá kamen wir nach Aghios Nektários am Ausgang der Asféndou-Schlucht. Der neue und nicht sehr ansprechende Ort ist wohl in ihrer Nähe entstanden, als 1959 die durchgehende Küstenstraße fertiggestellt war. Das war entschieden besser, als in den Bergen zu stecken wie die ursprüngliche Siedlung Aghios Yórghos (oder Kolokásia), ohne Elektrizität und ohne Transportmöglichkeiten.

Wir hatten davon gelesen, dass viele der älteren Dörfer in die Berge gebaut wurden, damit sie vom Meer aus nicht gesehen werden konnten und so vor den Piraten sicher waren. Komithádes, das vom Meer aus zu sehen war, litt besonders stark unter den Piraten. Noch im 19. Jahrhundert wagte niemand die Küstenebene bei Frangokástello zu bestellen aus Furcht vor Überfällen vom Meer aus.

Von der Hauptstraße bogen wir ab zum Kastell, und nach Überquerung der ausgedehnten Schwemmlandebene parkten wir unterhalb der Mauern von Frangokástello, Kastell der Franken (*Franken,* so nannten Griechen wie auch Araber die Bürger der katholischen Nationen von Westeuropa, in diesem Fall die Venezianer).

Unser Fahrer suchte das nächstgelegene Kafenion auf, und wir machten uns auf den Weg zu den honigfarbenen Mauern der Festung. Das Gebäude stammte zweifelsfrei aus venezianischer Zeit – der Löwe des Heiligen Markus über dem Haupteingang war noch gut zu erkennen. Heute war das Kastell nur noch eine Ruine, doch es war von majestätischer Würde, wie es da in der weiten Ebene stand, weithin sichtbar. Wir gingen außen herum und dann durch den nicht mehr überdachten Innenhof, wo wilder Mohn blühte. Dann schlenderten wir hinunter zum weiten Sandstrand unterhalb der Festung. Familien lagerten dort im Sand, Kinder paddelten im seichten blauen Wasser.

Weil wir unseren Fahrer nicht allzu lange warten lassen wollten, gingen wir zurück, ihm im Kafenion Gesellschaft zu leisten. Wir gewannen den Eindruck, dass er in Frangokástello nicht wirklich zu tun gehabt hatte, er nur hierher gefahren war, um uns eine Freude zu machen. Wir waren peinlich berührt.

„Was schulde ich dir dafür, dass du uns hergefahren hast?", fragte ich in meinem langsamen und bemühten Griechisch.

Práma, antwortete er auf Kretisch, nichts. Jean und ich bestellten uns Kaffee. Als ich später zahlen wollte, bedeutete mir der Kellner, dass unser Fahrer das schon erledigt habe.

Während der folgenden Tage habe ich noch mehr über Frangokástello gelesen. Während des Unabhängigkeitskrieges gegen die Türken auf dem Festland war nach bedeutenden griechischen Siegen klar geworden, dass die Großmächte zwar gewillt waren, eine unabhängige griechische Nation zu etablieren, nicht aber Kreta darin zu unterstützen, Teil dieser unabhängigen Nation zu werden. Einer der Anführer vom Festland, Hadzimichâelis Dalianís, segelte deshalb im Jahr 1828 in der Absicht nach Kreta, den erlahmenden kretischen Aufstand gegen die Türken wiederzubeleben, die Türken zu bezwingen und den Großmächten – Großbritannien, Frankreich und Russland – vollendete Tatsachen zu präsentieren. Er legte in Loutró an und richtete sich mit einer kleinen Streitmacht von 600 Mann – es waren auch ein paar Frauen darunter – in der Festung Frangokástello ein.

Sogleich gab es Probleme mit der Verpflegung, und er war nicht in der Lage, irgendwo auf Kreta Nachschub zu organisieren – außer in der Sfakiá. Eine große türkische Armee mit 8000 Mann unter Mustafa Pasha wurde entsandt, um ihn anzugreifen. Dalianís, dumm und egoistisch, weigerte sich, dem Rat der sfakiotischen Stammesführer zu folgen und sich aus der sumpfigen Ebene in die Berge zurückzuziehen, wo sich ihre zahlenmäßige Unterlegenheit nicht so stark gegen sie richten würde. Er jedoch beschloss sich den Türken entgegenzustellen, was hoffnungslos war.

Aus dem Kastell herauspreschend, attackierte er die nächsten türkischen Truppen und zwang sie zum Rückzug. Doch auf dem Weg zurück zur Festung wurden er und seine Kampfgenossen von 400 türkischen Reitern angegriffen. Auf seinem weißen Pferd bot Dalianís ein deutliches Ziel, und die Türken töteten ihn. Der Kopf wurde ihm abgeschlagen und zu Mustafa gebracht, der aus sicherer Entfernung alles unter Beobachtung gehabt hatte.

Eine Woche lang belagerten die Türken das Kastell. Von den Griechen, die am Ende gezwungen waren, rohes Pferdefleisch zu essen, wurden viele getötet. Sie waren, wie wir jetzt begriffen, die Märtyrer, aus denen die *Menschen des Morgentaus* wurden.

Eines Nachts hatte sich ein mutiger sfakiotischer *palikári* namens Dhiládhis die Kleider abgestreift, war unter Beschuss aus dem belagerten Kastell durch die türkischen Linien gerannt und hatte es geschafft, ins Meer zu hechten und zu entkommen. Wir wussten ja, dass der Strand unterhalb des Kastells breit und sandig war und das Meer sehr seicht. Wahrscheinlich war Dhiládhis von der Festung aus etwa 50 Meter Richtung Osten gelaufen, bis zu den niedrigen Klippen, von wo aus man in tiefes Wasser tauchen konnte.

Von dort ging er weiter.

„Er ist wahrscheinlich hierher gekommen", sagte Andréas, als wir mit ihm in Chóra Sfakíon beisammensaßen. Bestimmt war Hilfe aufgeboten worden. Bewaffnete Männer versammelten sich mit der Absicht, die Belagerung aufzuheben und stießen rasch auf Mustafas Armee. Der erkannte, dass er seinen Vorteil verlieren würde und gestand den belagerten Griechen zu, das Fort mit ihren Waffen zu verlassen – was sie in Richtung der sfakiotischen Berge auch taten.

Die Türken zogen ab und marschierten ostwärts durch Skalotí auf Réthimno zu. Mustafa wählte diesen Weg, weil er die Rache der Sfakioten fürchtete, wenn er sich in die Weißen Berge hineinwagen würde, und vor allem die Katré-Schlucht. Aber sein Plan schlug fehl. Die Türken wurden mehrfach von den Sfakioten angegriffen und flohen beschämt, den größten Teil ihrer Vorräte zurücklassend, um schneller voranzukommen. Das rettete vermutlich vielen das Leben, denn die Sfakioten stürzten sich lieber auf den zurückgelassenen Proviant, als sie weiter zu verfolgen. Dennoch wurden fast 3000 Türken getötet oder verwundet.

Aber diese Gefechte waren alle vergebens. Denn als Griechenland 1830 als neuer, unabhängiger, freier Nationalstaat gegründet war, gehörte Kreta nicht dazu; und es sollte noch 80 Jahre lang nicht dazugehören.

Nach unserem Ausflug zu dem venezianischen Kastell waren wir zum Abendessen wieder zurück bei Andréas. Aber Kriege und Kämpfe wollten uns einfach nicht in Ruhe lassen.

Nach dem Essen setzten sich die Neuseeländer wieder zu uns, und dann kam auch noch Andréas dazu und hörte sich ihre Geschichten aus dem Zweiten Weltkrieg an, stellte einiges richtig und füllte Lücken. 1941, Andréas war acht Jahre alt, endete die Straße vom Norden nach Chóra Sfakíon – genau die holprige Strecke, die Neil und ich fünfunddreißig Jahre später entlangfahren sollten – bei Imbros. Dort mussten die Alliierten auf dem Rückzug alle ihre Fahrzeuge zurücklassen – viele wurden über die Felsen hinabgestoßen, damit sie den Deutschen nicht in die Hände fielen. Weiter ging es auf *kadirími*, wie die befestigten Maultierpfade in der Sfakiá heißen, oder durch die Imbros-Schlucht nach Komitádhes hinunter, der botanisch eher unbedarfte Trupps den Spitznamen Rhododendron-Tal gegeben haben – doch was sie für Rhododendron hielten, war Oleander.

Für den die herrliche Kulisse bewundernden Touristen ist eine Wanderung durch die Imbros-Schlucht, in die ich zusammen mit Neil von der Straße aus hinuntergeschaut hatte, ein schöner und nicht sonderlich anstrengender Spaziergang von ein paar Stunden. Es fiel schwer, sich das Gedränge, das Chaos, das Durcheinander vorzustellen – von Evelyn Waugh plastisch beschrieben, der bei dem Marsch dabei war –, verursacht durch den Rückzug tausender erschöpfter, teilweise verletzter Männer durch die felsige Schlucht. Es waren mindestens 8000 Mann gleichzeitig in der Schlucht, einschließlich gestrandeter Matrosen und, wie Stewart berichtet, zweier griechischer Mädchen in khakifarbenen Shorts, die unbehelligt in der Menge mitliefen. Von Komitádhes aus mussten die Trupps die knapp fünf Kilometer bis Chóra Sfakíon auf Maultierpfaden zurücklegen.

Wegen der deutschen Luftwaffe konnten die aus Ägypten und Libyen zu ihrem Abtransport bestimmten Schiffe sich nur bei Nacht der Küste nähern. Matrosen haben berichtet, dass sie Kreta riechen konnten, noch bevor sie es sahen, wenn sie sich im Dunkeln der Insel näherten – im späten Mai konnte man den Duft der wilden Kräuter, vor allem den des Thymians, der an den Berghängen wächst, schon weit draußen auf dem Meer wahrnehmen. Die Schiffe ankerten außerhalb der Küstengewässer und schickten Landungsboote, um die Trupps aufzunehmen. Doch auch Ortsansässige ruderten mit ihren kleinen Fischerbooten voller fliehender Männer immer und immer wieder hinaus zu den Kriegsschiffen.

„Viele dieser Ruderer waren nur Jungs“, sagte Andréas, „wie mein Freund Barbayánnis. Er war dreizehn.“

Australische Zugführer waren für den Rückzug der erschöpften Neuseeländer abkommandiert. Sie sollten wie die Kiwis Vorrang haben beim Abtransport, aber bis sie sich durch die Massen wartender Truppen zum Strand durchgekämpft hatten, waren die letzten Schiffe weg.

Am Ende der Evakuierung waren mehr als 14.000 britische Soldaten erfolgreich vom Strand von Chóra Sfakíon aus nach Nordafrika übergesetzt worden. Doch Tausende blieben zurück. An die 13.000 wurden getötet oder gefangengenommen. Als die erste Welle der deutschen Truppen nach Chóra Sfakíon herunterkam, um ihre Kapitulation zu erzwingen, zwang ein schlecht geplanter Angriff der Luftwaffe Deutsche wie Engländer dazu, sich in Sicherheit zu bringen.

Von den britischen Soldaten versuchten einige mit Booten oder sogar auf Türen treibend die etwa dreißig Kilometer vor der Küste liegende Insel Gávdos zu erreichen. Andere flohen in die Berge. Wieder andere fanden Unterschlupf bei einheimischen Familien, und diese besondere sfakiotische *philoksenía*, Fremdenliebe, Gastfreundschaft, war es, die unter den Pinien zu dem grausamen Massaker an unbewaffneten Zivilisten geführt hatte, woran das düstere Denkmal erinnert. Viele der fronterfahrenen deutschen Soldaten waren in der Hitlerjugend und wollten durch teuflische Vergeltungsmaßnahmen verhindern, dass den Feinden des Dritten Reiches Hilfe gewährt würde.

Gegen Ende unseres Aufenthalts, als wir eines Abends nur zu dritt draußen vor der Taverne saßen und die meisten Lichter schon erloschen waren, ergänzte Andréas leise seine Geschichte von den Ereignissen im Jahr 1941. In einem Haus in Chóra Sfakíon, als ob nicht schon genug Furchtbares passiert wäre, hatte es eine weitere Tragödie gegeben. Die Familie hielt in ihrem Haus einen britischen Soldaten versteckt. Die Deutschen fanden ihn bei einer Durchsuchung. Der älteste Sohn konnte in die Berge fliehen und wurde dabei angeschossen. Der Vater wurde bei den Pinien kaltblütig erschossen, zusammen mit fünfundzwanzig anderen Männern. Seine Frau konnte den Verlust nicht verwinden und brachte sich in ihrem Gram um. Sie hinterließ viele Kinder. Die älteste Tochter, heute eine Frau in mittleren Jahren, wir hatten sie kennengelernt, musste sich um die jüngeren Geschwister kümmern. Es fiel uns Zuhörern schwer uns zu beherrschen, als Andréas zu der Stelle in ihrer Geschichte kam, wo sie auf einer Kiste stehen musste, um an das Spülbecken zu kommen.

Als Andréas zu Bett gegangen war, blieben wir noch eine Weile sitzen, in stillem Nachsinnen über die folgenschweren Ereignisse, die um uns herum stattgefunden haben. Ein paar fauchende Marder, die so in ihre Kabbeleien vertieft waren, dass sie von dem großen Felsen auf den Zement der Uferstraße hinunterkugelten, rissen uns aus unseren trüben Gedanken.

Als sie davonflitzten, fanden wir, dass es auch für uns Zeit war zu gehen.

Feuertaufe

Nach und nach begriffen wir, dass Chóra Sfakíon kein Paradies war, sondern ein Ort voller Tragik, Mut, Heldentum und Leiden. Aber das tat meiner – und nun unserer – Begeisterung keinen Abbruch. Im Gegenteil. Der Mut des sfakiotischen Volkes in Vergangenheit und Gegenwart vergrößerte nur unsere Bewunderung.

Zu Hause in England und vor allem im Winter studierten wir mit Eifer alles, was wir über unsere Lieblingsland finden konnten. Auch wollten wir uns unbedingt besser mit den Leuten in Chóra Sfakíon verständigen können, und so lernten wir im Selbstunterricht Griechisch so viel wir konnten. In Fachkreisen heißt es, dass beim Erlernen einer Fremdsprache Motivation alles sei, und im düsteren Grau Englands im Dezember war der Gedanke an eine Rückkehr zu den blauen Himmeln der Sfakiá im nächsten Frühjahr die beste Motivation, die man haben konnte.

Wir lasen eine Menge mehr oder weniger gelehrte

Abhandlungen über das Phänomen der *Menschen des Morgentaus.* Die bizarrste war, dass das, was man außerhalb der Mauern von Frangokástello zu sehen meine, eine Art stratosphärische Reflexion von Vorkommnissen auf der anderen Seite des Mittelmeers, in Libyen sei. Am wenigsten abstrus war die Erklärung, dass es eine Art Luftspiegelung oder *fata morgana* sei, die nur unter bestimmten meteorologischen Bedingungen entsteht. Wir wussten jedoch ganz genau, dass diese Aussagen in Chóra Sfakíon auf wenig Zustimmung stoßen würden. Bei unseren Gesprächen war uns klar geworden, dass es für unsere Freunde Geister waren – echte Geister, wenn das kein Widerspruch in sich ist.

Wir wollten auch verstehen, worum genau es bei der fehlgeschlagenen kretischen Rebellion von 1821 gegangen war. Die Türken herrschten auf Kreta seit 1669, seit sie den Venezianern die Macht entrissen hatten, und das bis 1898. In der ersten Zeit waren die Beziehungen zwischen Muslimen und Christen nicht unbedingt schlecht. Tatsächlich behandelten die Türken die orthodoxen Christen in vielem besser, als es die katholischen Venezianer getan hatten, erlaubten beispielsweise die Rückkehr der orthodoxen Bischöfe, die die Venezianer verbannt hatten. Vor Beginn des griechischen Unabhängigkeitskrieges war es keineswegs unüblich, dass ein Muslim für das Kind eines christlichen Freundes die Patenschaft übernahm.

Robert Pashley schreibt von zwei Menschen, deren Name in der kriegerischen Geschichte dieser Insel gefeiert wurde, der Mohammedaner Agriolidhes aus Timbaki in der Messara-Ebene und der Christ Kapitän Russos aus Askífou in der Sfakia, die auf diese Art verbunden waren. Uns fiel der griechische Name des Muslims aus Timbaki auf. Nach Adam Hopkins konvertierte, als die Türken die Macht übernommen hatten, mehr als die Hälfte der Kreter zum Islam, und in städtischen Gebieten war es sogar die Mehrheit. Unter den griechisch sprechenden neuen Muslimen gab es welche, die ihre christlichen Mitbürger tadelten, weil sie Wein tranken und Schweinefleisch aßen; andere Muslime tranken weiterhin Wein wie ihre christlichen Landsleute; wieder andere gaben nur vor, Muslime zu sein, waren aber Christen, die zu Hause heimlich die orthodoxen Riten zelebrierten.

Doch die Sfakiá war anders. Die Osmanen hatten sie als heilige Kolonie den Städten Mekka und Medina überlassen, die hier Steuern einziehen konnten. Aber nirgendwo in der Sfakiá gab es irgendwelche Abtrünnige. Bei einer Erhebung im Jahr 1833 auf Anweisung des ägyptischen Oberherrn auf Kreta Mehmet Ali war die Sfakiá das einzige Gebiet, wo es überhaupt keine muslimischen Familien gab.

Irgendwann kam der Frühling wieder, und Jean bat einen griechischen Freund von uns in England, Andréas einen Brief zu schreiben und anzufragen, ob wir eines der Zimmer über der Taverne haben könnten. Zu unserer Überraschung bekamen wir eine Antwortkarte, und als wir in Chóra Sfakíon ankamen – diesmal mit einem Mietwagen – ,erwartete er uns sogar.

Wir wussten, dass die Nummer zwei sein bestes Zimmer war.

„Jeder möchte Zimmer Nummer zwei", seufzte Andréas. „Ich denke, ich werde anbringen zwei an den Türen von allen Räumen." Seine bevorzugte gedankliche Lösung des Problems, dass alle Gäste das selbe Zimmer wollten, entwarf er später für uns auf einer Tischdecke: ein Gebäude, das sich dreht, sodass jeder einmal Meerblick haben kann.

Es war noch früh in der Saison, und so gab er uns großherzig Zimmer Nummer zwei, ohne zu fragen, wie lange wir bleiben würden. Das Zimmer sah hinunter auf den Hafen, und da es an der Ecke des Gebäudes lag, war es von einer angenehmen Brise durchweht, und man hatte einen freien Blick auf die Berge und aufs Meer – genau das Richtige für Leute aus Illinois.

Am Abend saßen wir auf dem Balkon, erholten uns von der Reise und beobachteten, wie die kleine Fähre aus Aghía Rouméli in den Hafen einlief. Von Andréas wussten wir, dass sein Freund Stélios, ein sfakiotischer Seemann, der Kapitän war.

Wir hatten endlich herausgefunden, was es mit diesem Schiff auf sich hat. Es hatte mit der Samariá-Schlucht zu tun. Die Samariá-Schlucht ist die größte, die längste und die tiefste Schlucht von Europa – an manchen Stellen sind die Felswände mehr als 400 Meter hoch. Pashley nennt sie malerisch ein *kleines Tal*, aber das ist wohl kaum die richtige Bezeichnung für einen so herben, wilden, bedrohlichen Ort. An ihrer breitesten Stelle misst die Schlucht etwa 150 Meter, aber die *Sidheropórtes*, die Eisernen Tore, dort wo sich die Schlucht bis auf drei Meter verengt, sind etwas ganz Besonderes. Während der gesamten türkischen Besetzung ist es keiner türkischen Armee gelungen, bei der Verfolgung von Rebellen weiter als bis zu dieser Stelle vorzudringen.

Die Fähre war hauptsächlich für Touristen gedacht, die diese einzigartige Schlucht kennen lernen wollten. Busse brachten sie am Morgen nach Chóra Sfakíon, so konnten sie die Fähre nach Aghía Rouméli nehmen und den *Samariá Lazy Way Trip* machen, was hieß, dass sie vom Ende der Schlucht so weit in sie hinaufsteigen konnten wie sie wollten, und das war manchmal nicht sehr weit.

Aber längst nicht alle Touristen waren faul, sondern durchwanderten die gesamte Schlucht. Jedes Jahr werden Tausende am frühen Morgen mit dem Bus an den Hotels an der Nordküste abgeholt und zum Eingang der Schlucht bei Omalós gebracht, hoch oben in den Weißen Bergen, westlich von Chaniá. Nachdem sie noch halb schlafend aus den Bussen gescheucht worden waren, stiegen sie einen erstaunlich gut angelegten und inzwischen sehr sicheren Fußpfad hinunter, der sie von dem höchsten landeinwärts gelegenen Punkt der Schlucht nahe der

Omalos-Ebene hinab in die Tiefe führte. Dieser Weg, der *ksylóskalo*, hölzerne Stufen, war im 19. Jahrhundert so berüchtigt für seine Gefährlichkeit, dass Pashley, abgeschreckt von Geschichten über abgestürzte Maultiere, ihn auszulassen und einen anderen, viel längeren Weg zu nehmen beschloss.

Die *Samariá Long Way-Touristen*, wie sie genannt wurden, hatten von *ksylóskalo* eine Strecke von etwa siebzehn Kilometern vor sich, mit einem Gefälle von etwa 1250 Metern zum Libyschen Meer bei Aghía Rouméli. Das war keineswegs ein Spaziergang, und viele machten in der friedvollen, beeindruckenden Tiefe der Schlucht gerne Rast bei den Ruinen des Dorfes Samariá. Das Gelände war uneben, und an vielen Stellen mussten die Wanderer den Fluss überqueren (Spanákis kennt 47), außer im Hochsommer, da ist das Flussbett ausgetrocknet. Die Nationalparkwächter mussten bei aufkommendem Sturm auch die Möglichkeit einer Springflut im Auge behalten. Im Hochsommer war es schrecklich heiß, und es gab viele Strecken ohne Schatten. Der durchschnittliche Tourist brauchte etwa fünf bis sechs Stunden, um die Schlucht in ihrer ganzen Länge zu durchwandern, und viele waren schlecht ausgerüstet.

Während die Touristen die Schlucht hinunter hetzten oder humpelten, fuhren die armen Busfahrer von Omalós zurück nach Norden, dann die Küste entlang und zurück nach Chóra Sfakíon. Der Stress und die Belastung für sie war kaum vorstellbar. Sie mussten unglaublich früh aufstehen, die Touristen an ihren Hotels abholen, durch den schrecklichen Verkehr in Aghios Nikólaos, Iráklio, Réthimno und Chaniá manövrieren und die Eintönigkeit der Nationalstraße entlang der Nordküste überstehen. Dann mussten sie die teils sehr großen Busse die steile und serpentinenreiche Straße nach Omalós hoch steuern, die an manchen Stellen so eng ist, dass keine zwei Autos aneinander vorbeikommen. Nachdem sie ihre Passagiere ausgeladen hatten, mussten sie mit den leeren Bussen wieder zur

Küste und an ihr entlang zurück nach Vrísses, die wiederum steile, serpentinenreiche Straße nach Imbros meistern und, was noch schlimmer war, die unzähligen Kurven nach Chóra Sfakíon hinunter. Dort trafen sie ihre glücklicheren Kollegen, die *Lazy Way-Busfahrer*, die den ganzen Tag hier herumlungerten – auch für sie war es ein fauler Weg.

Die *Long Way-Busfahrer* hatten dann vielleicht ein oder zwei Stunden, um den Bus zu säubern und sich auszuruhen – man konnte sie im unbequemen Gepäckraum ihres Fahrzeugs dösen sehen – bevor sie wieder den ganzen langen Weg zurückfahren mussten, und das oft bei Dunkelheit. Ein Fahrer, der Touristen in Aghios Nikólaos abholte und zurückbrachte, absolvierte eine Rundfahrt von etwa 570 Kilometern. Und das während der Saison Tag für Tag. Dass sie nicht viel lächelten, ist wohl kaum verwunderlich. Einmal fragte ich einen, wie oft er denn einen Ruhetag habe. Er sah mich an, als ob ich verrückt sei.

„Einen Ruhetag?!“, rief er ungläubig, *„einen Ruhetag?!“*

Nach dem Chaos der Ausschiffung und den hunderten Touristen auf dem Weg zu ihren Bussen, wurde es schnell wieder friedlich. Wir saßen auf unserem Balkon und beglückwünschten uns dazu, in Chóra Sfakíon zurück zu sein.

Bald war alles was wir noch hörten das Rauschen des Meeres im Hafen, und der Fleischklopfer, mit dem Andréas in der Küche die Lammkoteletts bearbeitete. Als es dunkler wurde, hörten wir einen beklemmenden Ton von den Hügeln hinter uns widerhallen. Es war ein einziger, klarer, durchdringender Pfeifton, der sich alle zwanzig Sekunden wiederholte – der Schrei der *koukouváya*, der Zwergohreule.

Der Hunger trieb uns schließlich aus unserem Balkonsessel, und wir gingen hinunter in die Taverne. Als Andréas aus der Küche kam, fragten wir ihn, was im vergangenen Jahr so alles passiert war und erkundigten uns nach einigen Leuten in Chóra Sfakíon, die wir kannten. Er sagte uns unter anderem, dass der Bürgermeister nicht mehr Bürgermeister war – es hatte eine Wahl gegeben, und der neue Bürgermeister hieß Yánnis.

Wie es der Zufall wollte, kam dieser Yánnis an der Taverne vorbei, als wir gerade mit dem Essen fertig waren. Andréas rief ihn her und stellte uns vor. Er setzte sich zu uns. Er war eine imponierende Persönlichkeit, groß und gutaussehend und sehr an uns und unseren Gedanken über das Weltgeschehen interessiert. Er sprach ein gutes amerikanisches Englisch. Irgendwann im Laufe des Abends, nach einigen Gläschen *tsikoudhiá*, bot er uns an, uns gegen Ende der Woche zu einer Tauffeier mitzunehmen. Nach ein paar weiteren Gläschen sagten wir zu.

Wir fuhren mit unserem täglichen Programm fort. Wenn wir schwimmen wollten, kraxelten wir hinunter zu einer kleinen felsigen Bucht am westlichen Ende von Chóra Sfakíon, *Vríssi*, Quelle, genannt. Ich blieb nie länger als etwa eine Minute im Wasser. Wahrscheinlich war das Meer im März und Anfang April am kältesten, hat es doch die im Sommer und Herbst gespeicherte Wärme verloren. Außerdem war dieser Strand an seinem nördlichen Ende ganzjährig mit frischem, kühlem Quellwasser gesegnet, das aus den Weißen Bergen kam – ähnlich wie am Süßwasserstrand –, und das Meer war an der Oberfläche kälter als tiefer unten, weil das frische Wasser an die Oberfläche steigt.

In den Felsen unten in der Bucht gab es auch solche Spalten, und von Andréas wussten wir, dass die Fischer weit draußen im Meer Stellen kannten, wo es auch unterseeische Quellen gab. Dort konnten sie frisches Trinkwasser von der Meeresoberfläche schöpfen.

Zu dieser Jahreszeit war das Meerwasser in der kleinen Bucht besonders kalt, weil durch die Schneeschmelze in den Bergen mehr Frischwasser einströmte. Jean schwamm gut hundert Meter hinaus, wo das Wasser wärmer war, weil es dort kein Frischwasser an der Oberfläche gab, aber ich war nicht gut genug im Schwimmen, um das ebenfalls zu wagen.

Dank Vrísses verfügte Chóra Sfakíon über eine sehr gute Frischwasserversorgung. Zapfstelle war die offene Quelle am nördlichen Ende des Strandes, und über zwei Sammelbecken, eines unterhalb der venezianischen Festung, das andere weiter oben, verteilte eine Pumpe das Wasser im ganzen Dorf. Das Quellwasser war sehr frisch und klar, doch nach einem starken Sturm von Süden her konnte es auch eine Spur salzig schmecken.

Klar, dass die Wartung der Pumpe ein wichtiges Amt in Chóra Sfakíon war. Der dänische Sfakiá-Freund Per Willig beschrieb in einem Buch, das ich über Winter gelesen hatte, wie er einmal von einer einheimischen Familie ganz oben in Thólos ein Haus gemietet hatte. Eines Morgens musste er feststellen, dass er kein Wasser hatte, alle Hähne waren versiegt. Weil er nicht wusste was er sonst machen sollte, stapfte er durch Thólos und Mesochóri hinunter zur *plateía*, wo sein Vermieter einen Kiosk für Zigaretten und Postkarten betrieb. Als der von seinem Problem hörte, schickte er ihn zu dem Mann, der für die Wartung der Pumpe zuständig war.

„Guten Morgen!“, begrüßte Per Willig den Pumpenwart. „Ich habe ein Problem in meinem Haus.“

„Was für eines?“

„Es gibt kein Wasser.“

„Kein Problem!“, antwortete der. Per war ziemlich verwirrt.

„Aber das ist ein Problem!“

„Kein Problem!“, war die Antwort.

„Entschuldigung – aber es ist ein Problem, wenn man kein Wasser zum Trinken oder zum Waschen hat.“

„Kein Problem!“

„Was soll das heißen?!“

Der Pumpenwart war sehr geduldig. Langsam und bedächtig erklärte er:

„Da oben hat heute keiner Wasser.“

Die Taufe war eine echte Feuertaufe. Mit seinem außergewöhnlichen Allrad-Pick-Up mit den zwei Sitzreihen im Fahrerhaus chauffierte uns Yánnis über die Berge nach Norden.

„Wisst ihr eigentlich, warum die *Lefka Ori* Weiße Berge genannt werden?“, fragte er uns.

„Wegen des Schnees“, mutmaßten wir.

„Nein, nicht wegen des Schnees, sondern weil ihre Gipfel völlig ohne Vegetation sind, sodass im Sommer die Sonne von ihrer Oberfläche reflektiert wird mit einem“ – er zögerte – „einem Leuchteffekt.“

Außerhalb von Askífou hielt er am Straßenrand an.

„Schaut dort drüben“, sagte er und deutete auf den südöstlichen Teil der Askífou-Ebene, wo das Dörfchen Ghoní, Ecke, auf einem kleinen Hügel lag.

„Dort“, sagte er, „ist der Engpass, durch den die türkische Armee in die Askífou-Ebene eingedrungen ist“, und er fuhr theatralisch fort: „Sie hatten nur Mord und Rache im Sinn.“

„Wann war das?“

„August 1821.“

Ah, schon wieder 1821.

„Sie haben alle Dörfer zerstört“, sagte er zornig mit weit ausholender Geste.

Sie hatten nur Rache im Sinn, denn als Antwort auf die Unabhängigkeitserklärung der Kreter war Omer Yerli – der eigentlich ein zum Islam konvertierter Kroate war – mit einer Armee von tausend Mann in die sfakiotischen Berge marschiert, über Kallikrátis und Asféndou nach Askífou, um die Katré-Schlucht zu umgehen. Bei einer kleinen Bodensenke, Ambelos genannt, wurden sie von Sfakioten angegriffen und bis auf vierundfünfzig umgebracht, die gefangen genommen wurden. Im Jahr 1940 zeigte Charálambos Manoússakas dem einheimischen Schriftsteller Kanákis Yeronimákis, der damals noch ein Kind war, einen Platz im Westen der Ambelos-Senke zwischen Asféndou und Askífou. Als Kind hatte Charálambos gesehen, wie Bauern dort Gebeine der niedergemetzelten Türken zerschlugen, weil sie ihnen beim Pflügen im Weg waren. In der Erinnerung der Sfakioten war diese Schlacht sehr gegenwärtig – auch für Yánnis.

Er erzählte versonnen weiter:

„Sie kamen 1823 nochmal und taten das Gleiche. Nach einer Legende haben die Türken bei diesem Überfall eine schöne sfakiotische Frau mit ihrem kleinen Kind gefangen genommen. Sie wurde, sagen wir mal, zum Gegenstand eines Wettbewerbs zwischen einigen Türken. Manche behaupten, es sei in Anópoli passiert, aber es war in Mourí. Während die Türken sich darum stritten, wer sie haben sollte, schlüpfte sie davon, wie es heißt, und sprang mit ihrem Kind in einen Brunnen; sie tötete sich und ihr Kind, um diesem Schicksal zu entgehen."

Er zögerte ein wenig.

„Und wisst ihr", fuhr er fort, „als sie sprang, sang sie. Sie sang eine *mantinádha* – wir kennen die Worte noch heute."

Er sang sie nicht, aber er trug sie uns vor. Es war ein traditioneller Paarreim. Dann übersetzte er:

„*Lieber mein Blut die Erde rot färben sehen als meine Augen von einem Türken geküsst.*"

Wir saßen eine Weile still da, dann startete er den Motor und wir fuhren weiter, heraus aus diesem Amphitheater.

Yánnis sagte, dass wir nicht zur Taufe in die Kirche mit müssten, es reiche, wenn wir an der Feier teilnehmen. *Feier* schien uns leicht untertrieben, als wir beim *kéntro* in Krápi ankamen, einem halboffenen Gebäude, bestimmt für große Hochzeiten und Tauffeiern. Hunderte Menschen waren dort, vielleicht tausend, und der Lärm war ungeheuer. Ich kannte ein paar Leute, und ein oder zwei der Männer nickten mir grüßend zu. Ich sah mich um und dachte, wie Recht Henry Miller hat, wenn er sagt, die Kreter seien *die bestaussehenden, stattlichsten, würdevollsten Männer*, die er je gesehen habe – sie seien *eine besondere Rasse.*

Die Musik, die gespielt wurde, war außergewöhnlich. Sie unterschied sich sehr von Musik, die ich auf dem Festland gehört hatte, und sie hatte nichts von Alexis Sorbas – es war keine Bouzouki zu sehen. Sie war rhythmisch und melodisch komplex und verwendete andere Tonarten, als man sie in Nordeuropa kennt, die Melodien hatten etwas Orientalisches. Wir schoben uns langsam durch die Menge nach vorne, konnten die Musiker dann besser sehen. Einer spielte die *líra* , Lyra, und zwei die *laoúto,* Laute, wie Yánnis uns erklärte. Die *laoúto* ähnelt der Gitarre und wird meistens geklampft, doch einer der Spieler hatte sich anscheinend auf virtuose melodische Passagen spezialisiert.

Líra, Leier, ist Altgriechisch, doch diese moderne *líra* wurde mit einem Geigenbogen gespielt und war auch ungefähr so groß wie eine Geige, doch von andersartiger, birnenähnlicher Form. Sie stand aufrecht auf dem Knie des Musikers – er musste sie hin und her drehen, um von einer der drei Saiten zur anderen zu gelangen. Ich konnte sehen, dass die Saiten so straff gespannt und so weit vom Steg entfernt waren, dass er die Schwingung unterbrechen musste, indem er von der Seite her mit den Fingernägeln auf sie Druck ausübte, und nicht von oben mit den Fingerspitzen. Es war auch der *líra*-Spieler, der meistens sang.

„Wir haben wirklich Glück“, sagte Yánnis. „Diese Musiker sind große Plattenstars und sie bekommen sehr hohe Gagen für solche Auftritte.“

Yánnis führte uns zu einem der langen Tische, auf denen Essen bereitstand. Die anderen Gäste freuten sich, ausländische Besucher bei ihrem Fest dabei zu haben. Mir wurde von manch großem, gutaussehendem, dunkelhaarigem Hirten kräftig die Hand geschüttelt, einige mit überraschend blauen Augen; und Jean beantwortete die vielen meist in stockendem doch sympathischem Englisch gestellten Fragen, von wo wir seien.

Man servierte uns gewaltige Mengen Reis, *piláfi,* mit gekochtem Lamm, dazu einheimischen roten Wein.

„Je älter der Wein, desto besser ist er", erklärte Yánnis. „Wenn du bei der Taufe deines Kindes einen zehn Jahre alten Wein servieren kannst, wirft das ein gutes Licht auf dich."

Der Wein kam aus dem Fass, hatte einen bräunlichen Farbton und schmeckte ein wenig wie Sherry. Nach drei kleinen Gläsern davon stellte ich fest, dass er sehr stark war.

Gerade war als nächster Gang gebratene Ziege aufgetragen worden, als zu unserem Entsetzen etwas weiter unten am Tisch ein Mann eine Pistole zog und in die Luft schoss. Jean ist zwar Amerikanerin, doch sie hatte noch nie einen Pistolenschuss in einem geschlossenen Raum gehört, und ich genau so wenig – so etwas machen wir nicht in Norfolk. Das Geräusch war ohrenbetäubend und erschreckend. Wir schauten ängstlich zu Yánnis hinüber. Er nagte an einem Ziegenknochen und schien nichts bemerkt zu haben. Noch etwas zittrig trank ich einen Schluck Wein und fragte so unbeteiligt wie ich konnte:

„Yánnis, was war das eben?"

„Was?"

„Der Pistolenschuss."

„Hat jemand geschossen? Ach, das machen wir immer bei Taufen und Hochzeiten. Der Vater des Kindes oder der Brautvater feuert immer ein Gewehr oder eine Pistole ab."

„Warum?"

„Natürlich um zu zeigen, dass er sich freut."

Das Kind, das heute im Mittelpunkt stand, schien ziemlich viele Väter zu haben, nach der Anzahl der Schüsse, die im Laufe des Abends abgefeuert wurden. Eine Kugel durchschlug ein Fenster und hinterließ ein kreisrundes Loch. Ich beschloss, doch nicht die Toilette draußen aufzusuchen.

„Mach dir keine Gedanken!", beruhigte mich Yánnis, der meine Besorgnis bemerkte. „Kein Grund zur Aufregung – der Mann, der die Scheibe zerschossen hat, bezahlt sie auch." Er schenkte mir Wein nach.

Einer der Gründe für die Wichtigkeit von Tauffeiern in der kretischen Gesellschaft sei die Rolle des Taufpaten, erklärte uns Yánnis. Kinder und Jugendliche können sich später im Leben jederzeit um Hilfe und Rat an ihren Taufpaten wenden, weshalb die Eltern die einflussreichsten Leute einladen, die sie kennen, diese Rolle zu übernehmen. Die Beziehung zwischen Paten und Eltern ist auf andere Weise bedeutend. Jemand, der mit einem auf diese Weise *verwandt* ist, wird *síntechnos* genannt. Der etymologische Ursprung dieses Wortes deutet an, dass Eltern und Paten *Kinder zusammen haben* – das altgriechische *téknos* bedeutet Kind, und *sin* bedeutet mit. *Síntechne* ist eine gebräuchliche Anrede auf Kreta. Ich wollte Pashleys *der Mohammedaner Agriolidhes aus Timbaki in der Ebene von Messara, und der Christen-Kapitän Russos aus Askyfou* erwähnen, aber ich überlegte es mir dann doch anders.

„Warum wurdest du nicht gebeten, heute Taufpate zu sein?“, fragten wir Yánnis. Er war schließlich einflussreich, ohne auch nur im geringsten übertreiben zu wollen.

„Weil es ein Mädchen ist“, sagte er. „Ich bin nur für Jungen Taufpate.“

„Warum denn das?“

„Das ist so“, sagt er, nimmt einen Schluck Wein und schenkt uns wieder nach. „Wenn ich für einen Jungen Pate bin und dann für ein Mädchen und die beiden wenn sie erwachsen sind heiraten wollten, dann wäre das nicht möglich.“

„Warum um alles in der Welt denn nicht?“

„Es würde weithin als …“ – er suchte nach Worten – „als Blutschande angesehen.“

Da wir jetzt ein Auto zur Verfügung hatten, konnten wir viel leichter auf Erkundungsfahrt gehen. Zwei Tage nach der Taufe – wir brauchten wenigstens einen, um uns davon zu erholen – fuhren wir Richtung Frangokástello. Wir wollten zu den faszinierenden Ruinen einer Wassermühle, von der wir gehört hatten, die genau an der östlichen Grenze der Sfakiá lag, und uns die Dörfer auf dem Weg anschauen.

„Ihr fahrt hinunter?", fragte Andréas – anscheinend war nach Osten fahren, wie wir es wollten, gleichbedeutend mit *káto*, hinunter, während man nach Westen *mésa*, hinein, fuhr.

Chóra Sfakíon hinter uns lassend, fuhren wir nach Mesochóri hinauf und dann die Küstenstraße entlang. Kurz vor Komithádes bogen wir nach rechts ab und holperten einen Pfad hinunter, von dem wir hofften, dass er zur Panayía-Thimianí-Kirche führt, zur Kirche der Jungfrau Maria der Thymianstätte. Wir hatten Glück. Nach unserem Ausflug mit Yánnis hatten wir ein paar Nachforschungen angestellt und herausgefunden, dass, wie zu erwarten war, der Aufstand der Kreter von 1821 in der Sfakiá begonnen hatte. Am 7. April 1821 hatte ein Treffen der Sfakioten am Süßwasserstrand stattgefunden, gefolgt von einer Versammlung von 1500 bewaffneten Männern bei der Kirche, wo wir uns jetzt befanden, unterstützt von der griechischen Unabhängigkeitsorganisation *Freundesgesellschaft*, und das hatte am 29. Mai zu der Ausrufung des Aufstands geführt. Jean und ich saßen auf der Kirchhofmauer, geschützt vor dem starken Wind, der vom Meer her wehte, und malten uns die Szene aus. Außen an der Mauer befand sich eine Platte, die an dieses Ereignis erinnerte und an Fasoúlis, Dheliyannákis und die anderen berühmten Teilnehmer. Die Kirche war sehr klein, also musste die Versammlung außerhalb stattgefunden haben, vielleicht gerade da wo wir standen. Wir stellten uns vor, dass es viel Geschrei und Streitigkeiten gegeben hat, doch wie wir die Sfakioten kannten, war der Beschluss am Ende einhellig.

Ich war hier noch nie selbst Auto gefahren, und in Komithádes waren zum ersten Mal in der Sfakiá meine Fahrkünste einer der schwierigsten Prüfungen ausgesetzt, der Bewältigung der komplizierten Kurve. Während ich sie anging, wurden wir von den Männern genau beobachtet, die in dem Kafenion direkt an der Kurve saßen und sich ungeheuer amüsiert hätten, wäre ich nicht mit einem Rutsch herumgekommen. Glücklicherweise gaben wir ihnen dieses Mal keinen Anlass dazu, und als wir an ihnen vorbeikamen, nahm ich eine Hand ganz kurz vom Lenkrad und winkte ihnen. Da grüßten sie freundlich zurück.

Wenn ein Fremder das erste Mal in ein kretisches Dorf kommt, schreibt Xan Fielding, verhalten sich die Einheimischen ihm gegenüber abweisend und scheinen ihm keinerlei Beachtung zu schenken. Im ländlichen Kreta ist es nämlich allgemeiner Brauch, dass der Besucher die Anwesenden zuerst grüßen, selbst für den ersten Kontakt sorgen muss. Tut man das nicht, wird man prinzipiell ignoriert. Sobald man aber *kalí méra*, guten Tag, gesagt hat, oder was gerade zur Tageszeit passt, wird man wiedergegrüßt, und es kann gut sein, dass ein freundliches Gespräch die Folge ist. Das gilt auch innerhalb eines Dorfes. Sitzt man zum Beispiel an einem Tisch an der Uferstraße und ein Freund geht vorbei, ist es Brauch, dass man wartet, bis er zuerst grüßt. Und wer in eine Taverne kommt, muss die dort Anwesenden grüßen, und nicht umgekehrt.

Wir fuhren durch Patsianós, am Fuße der Kallikrátis-Schlucht, wo die Häuser die einspurige Straße säumten, auf der Hühner herumliefen, weiter durch den Nachbarort Kapsodhássos, wo sich zu unserer Rechten die Ebene von Frangokástello bis hin zu den Klippen bei der Festung ausbreitete. Als wir von Evangelías Dorf Skalotí auf dem Weg zum östlichsten Ort der Sfakia, nach Arghhoulés auf dem Weg waren, bemerkten wir einen jungen Mann mit Schafen und Ziegen am Straßenrand, den wir vom Sehen kannten. Wir hielten an und sagten hallo, und er lachte und winkte uns zu.

„Was tust du hier“, fragten wir ihn, „so weit weg von Chóra Sfakíon?“

Er erklärte uns, dass viele Familien fern von ihrem Wohnort Land und Herden besitzen, meist durch Erbschaft mütterlicherseits. Es war interessant für mich, dass er das schöne kretische Wort *ozá* verwendete, eine Abwandlung von *zóa,* Tiere, wenn er von seinen Herden sprach.

Dann tauschten wir die üblichen Informationen aus, woher wir kommen, wie wir heißen und über unsere Familien. Er sagte, er habe eine Menge Arbeit durch die Tiere, denn sein Vater sei gestorben. Dann machte er eine sehr verblüffende Bemerkung.

„Ich habe sieben Schwestern gehabt, aber jetzt habe ich nur noch vier."

Wir waren bestürzt. Was für eine furchtbare Tragödie mochte sich da ereignet haben? Wir wussten nicht was wir sagen sollten. Glücklicherweise fuhr er nach einer kurzen Pause fort:

„Ich habe sieben Schwestern gehabt, doch jetzt sind drei verheiratet, und so sind es nur noch vier."

Noch auf der Weiterfahrt Richtung Osten beschäftigte uns das eben Gehörte, dann hatten wir die Wassermühle gefunden. Durch das Fernglas konnten wir erkennen, dass ein Bach in einen Steinkanal oberhalb einer brückenähnlichen Konstruktion geleitet worden war, die über den Hang ragte. Am Ende des Kanals stürzte das Wasser einen Turm senkrecht hinunter, um ein Wasserrad anzutreiben, das sich vermutlich in früheren Zeiten tief darunter befand.

Als wir von unserem Ausflug zurück waren, erzählten wir Andréas, was wir gesehen hatten. Wir fragten ihn, wieso der junge Mann in dieser Weise über seine Schwestern gesprochen habe. Was er gemeint hat, sagte Andréas, war, dass er als der einzige Mann in der Familie nur noch für vier Schwestern die Verantwortung hat. Der Tradition nach darf er nicht eher heiraten, bis alle Mädchen einen Mann gefunden haben. Wie könnte er da für eine Frau und für Kinder sorgen, die neun Monate nach der Heirat nach und nach kommen würden sowie zusätzlich für seine Schwestern? Wir rechneten schnell in Gedanken nach.

„Aber das heißt ja, dass der arme Junge erst heiraten kann, wenn er in den Vierzigern ist?"

„Es gibt Schlimmeres“, konterte Andréas.

Er erklärte uns, dass es für einen Mann üblich, ja normal sei, erst zu heiraten, wenn er vierzig geworden ist – er selbst sei fast vierzig gewesen. In diesem Alter sollte ein Mann genug verdient haben, um ein Haus zu bauen oder zu kaufen, wo er mit seiner Frau leben kann, und er sollte genügend Mittel haben, eine Familie ernähren zu können. Frauen dagegen sollten viel früher heiraten – bis vor wenigen Jahrzehnten war fünfzehn kein ganz unübliches Alter. Andréas ließ sogar anklingen, dass die elf Jahre, die Jean und mich trennten, ein ziemlich kleiner Altersunterschied seien. Ein Mann aus einem Dorf *káto*, unten, an der Küste habe zum ersten Mal in seinen Siebzigern geheiratet und vier Kinder gezeugt.

„Und seht euch meinen Freund Katsouloyánnis an“, meinte er noch, „als der heiratete, war er fünfundvierzig und sein Frau war siebzehn.“

Drei alte Männer und ein halber

Nach ein paar Tagen änderte sich das Wetter und es wurde etwas kühler – es war eben noch März. Es nieselte, doch es sah aus, als ob es bald aufhören würde. Wir hatten erwogen, einen Spaziergang zu machen.

Wir saßen in Andréas’ Taverne – oder *magadzí*, Laden, wie er es nannte – und taten nichts, als aus dem Fenster zu schauen. Es war ein trüber Tag, und das kalte Neonlicht wurde von den weiß gekalkten Betonwänden zurückgeworfen. Die Kühlanlage brummte laut, doch das Schwappen des Meeres im Hafen war dennoch zu hören. Touristen waren keine zu sehen.

An einem anderen Tisch saß Andréas mit einem etwas älteren Mann, den wir nicht kannten. Es lagen Karten auf dem Tisch, und die beiden schienen im Begriff zu sein, eine

Partie *préfa* zu spielen, das schwer durchschaubare lokale Kartenspiel. Der Fremde war grauhaarig und sah fesch aus in seinem makellos weißen Hemd und der Schiffermütze auf dem Kopf. Er strahlte uns an und sagte in fließendem amerikanischem Englisch:

„Wie geht es euch?"

Gut gehe es uns, sagten wir.

Andréas deutete mit dem Kopf auf ihn.

„Barbayánnis", sagte er.

Das also war der berühmte Barbayánnis – der 1941 als Junge nach dem Desaster der Schlacht um Kreta fliehende britische Soldaten zu den Schiffen der Royal Navy hinausgerudert hatte!

Wir stellten uns vor und waren gerade dabei, ihm von unserer Begeisterung für Chóra Sfakíon zu erzählen, als vor der Tür das Stampfen von Füßen zu hören war, und ein Mann hereinkam, der eine große Plastiktüte dabei hatte und sich den Regen aus der Kleidung schüttelte.

„*Chochlioús*!", rief Andréas und deutete auf die Tüte.

„Schnecken", übersetzte Barbayánnis.

„Schnecken?", erkundigten wir uns überrascht.

Wie uns Barbayánnis erklärte, waren Schnecken eine regionale Delikatesse. Wie Regentropfen oder schwerer Morgentau sich auf den Blättern der Meerzwiebel sammelt, so lockt auf den Bergen die Feuchtigkeit große Schnecken mit dunklem Haus aus ihrem Versteck zum Trinken. Sie waren dann leicht zu finden, obwohl man erfolgreicher war, je früher man an einem feuchten Morgen anfing, denn Wind und Sonne trieben sie zurück in ihr Versteck. Unter den Dorfbewohnern gab es eine Art Wettbewerb, wer die besten Schneckenplätze kannte und wer die meisten Kilo in der kürzesten Zeit sammeln konnte. Und dieser Neuankömmling gehörte zu den Besten.

Wir erkannten in dem Mann den fröhlichen Burschen wieder, von dem wir morgens geweckt wurden, wenn er für einen Kaffee, eine Zigarette und mit starkem Gehuste unter unserem Fenster zu Andréas hochkam, nachdem er sein kleines Boot vertäut hatte. Er schien uns ein vornehmer, ruhiger Mensch zu sein, wenn er auch die Vorliebe hatte, morgens um sechs quer über das Hafenbecken zu brüllen, wenn er den Fischern etwas Wichtiges zu sagen hatte. Er war immer sehr früh auf, und war meist schon nach Hause verschwunden, wenn der Abend dämmerte.

„Manoússos", Andréas zeigte jetzt in seine Richtung, „Manoússos fängt jeden Tag eine Menge Fische und verfüttert sie an seine Katzen." Manoússos lächelte zustimmend. Er erzählte uns – ohne zuviel preiszugeben – wo seine liebsten Schneckenplätze waren. Ich bemerkte, dass Jean ihm aufmerksam zuhörte.

Als wir Andréas kennen lernten, hatten wir erfreut festgestellt, dass er zünftiges Seemannsenglisch sprach. Wenn wir uns zu unserem regelmäßigen kurzen Spaziergang um den Hafen auf den Weg machten, fragte er uns zum Beispiel, ob wir einen Kontrollgang machten. Wenn Touristen ihn fragten, ob er ein Zimmer für sie habe, nahm er Haltung an und meldete: *Yes, Sir.* Und als einmal ein junger Mann vom Motorrad stürzte, was bei den Straßen hier sicher kein seltenes Vorkommnis ist, berichtete Andréas, er sei gekentert. Uns fiel auf, dass Manoússos sich auf die gleiche Art ausdrückte.

Wir fragten nach, und es stellte sich heraus, dass Manoússos und Barbayánnis wie Andréas pensionierte Handelsmatrosen waren. Wo überall sie auf der Welt gewesen seien, wollten wir wissen. Sie erzählten uns, dass Andréas und Manoússos oft zusammen gearbeitet hätten und begannen, all die Häfen und Hafenstädte aufzuzählen, die sie gesehen haben. Anscheinend waren sie schon überall. In Murmansk waren sie, in Valparaiso, Punta Arenas, Juneau, Tokyo, Macao, Miami, San Francisco, Melbourne … Und sie sprachen über Liverpool, Hull und Tilbury mit viel größerer Kenntnis, als ich das hätte tun können.

Andréas lachte viel, wenn uns auch nicht klar war warum, als er zu den Häfen von Nicaragua kam. Er hatte zwei Jahre lang die Karibik zwischen Miami und Zentralamerika befahren und konnte ziemlich gut Spanisch sprechen, wie er sagte. Manoússos nickte zustimmend. Barbayánnis zwinkerte uns zu. Jetzt verstanden wir. Ein Mädchen.

Wir konnten uns Andréas gut vorstellen als erster Steuermann an Bord eines Schiffes. Er hatte eine Art von Selbstbewusstsein, das suggerierte, dass das Betreiben einer Dorftaverne nichts ist verglichen damit, einen riesigen Öltanker durch die endlose Weite des Pazifik zu steuern. An so manchem Abend hatten wir erlebt, wie er durch die Küche brüllte, dabei aber ruhig und kontrolliert blieb, in einer beabsichtigten Vorspiegelung von Zorn, um seine Mannschaft – jetzt die seiner Küche – auf Trab zu halten.

„Wusstet ihr", fragte uns Andréas, „dass Barbayánnis schon als kleiner Junge Barbayánnis genannt wurde?"

Wir müssen irritiert gewirkt haben, als Barbayánnis selbst uns erklärte, dass *Barba*, Onkel, eine geläufige, aber respektvolle Anrede für einen älteren Mann ist. Als Acht- oder Neunjähriger verbrachte Yánnis seine Zeit lieber mit Erwachsenen als mit Gleichaltrigen, die ihn deshalb hänselnd Barba riefen. Und das blieb für nun mehr als sechzig Jahre sein Name.

Er und Stélios, der jetzige Kapitän der Fähre, hätten Chóra Sfakíon zusammen verlassen, sagte er. Eines Tages im Jahr 1948 war ein britischer Tanker mit einem sfakiotischen Kapitän sehr nah an die Küste herangekommen. Die beiden Jungen ruderten hinaus zu dem Schiff und wurden nach einigem Hin und Her angeheuert. Das war natürlich nicht legal, und als sie in Rotterdam ankamen, brachte der Kapitän sie zur britischen Botschaft, um sie ordnungsgemäß anzumelden. Wie Barbayánnis die Geschichte erzählte, habe er damals zu Stélios gesagt:

„Du behauptest immer, du könntest Englisch – jetzt werden wir sehen, ob das wirklich so ist!"

Letztendlich war alles was sie zu sagen hatten *Yessir, yessir*, als der Botschaftsbeamte sie aufforderte, die Papiere zu unterzeichnen, die ihre Illegalität legalisierten. Und was er brüllte, nachdem sie unterschrieben hatten verstanden sie beide:

„Jetzt schert euch zum Teufel!"

Nach einigen Jahren als Seemann hatte Barbayánnis sich in Amerika niedergelassen, zuerst illegal. Er übernahm Malerarbeiten und betrieb dann ein sehr erfolgreiches Fischrestaurant an der Küste von Virginia.

„Es hieß *Captain John's*!", gluckste Manoússos.

Erst vor kurzem hat er sich zur Ruhe gesetzt und ist zurück in sein Heimatdorf gekommen.

Als Barbayánnis' Geschichte zu Ende war, herrschte Schweigen. Andréas nahm einen Stapel Karten auf. Er wandte sich zu uns und deutete auf sich und seine Gefährten.

„Schaut uns an", sagte er selbstironisch.

Wir taten es.

„Schaut uns an", wiederholte er. „Drei alte Männer und ein halber."

„Was meinst du mit drei und ein halber?"

Er zeigte auf einen freien Stuhl:

„Stélios wird gleich da sein."

Die drei Männer unterhielten sich und lachten miteinander, und wir tranken unseren Kaffee aus. Gerade als wir uns auf unseren Spaziergang wagen wollten, kam tatsächlich Stélios hereingeschlendert. Er war ein großer Mann, hatte eine würdevolle Art zu gehen und blitzende Augen. Bisher hatten wir ihn nur aus der Ferne gesehen, auf der Brücke der Fähre.

Stélios Erscheinen veranlasste Andréas, uns wissen zu lassen, dass sie alle vier seit der Kinderzeit Freunde sind und, oft unterbrochen von den anderen, wie sie als Teenager von Chorá Sfakíon aus zum Süßwasserstrand gerudert waren und zwei herrliche Nächte dort verbracht hatten.

Stélios hatte Fleisch dabei, und Fisch in Mengen fingen sie ohne große Mühe.

Der Fischfang sei nach dem Krieg unglaublich ertragreich gewesen, da für vier Jahre das Fischen vom Boot aus von den Deutschen verboten war. Die Nazis seien der Ansicht gewesen, dass die Genehmigung von Bootsfahrten der Bevölkerung die Unterstützung des Widerstands erleichtern würde.

„Man hängte nur das Netz ins Wasser und hatte so viele Fische – so viele Fische – wie man brauchte“, bestätigte Barbayánnis. Ich war geneigt, ihm zu glauben, denn die ersten Europäer, die vor den Gewässern um Neufundland fischten, hatten Gleiches berichtet – dass sie wann immer sie wollten den Kabeljau mit dem Eimer aus dem Wasser schöpfen konnten.

Die Freunde vom Süßwasserstrand erzählten sie jetzt im Chor, machten aus Treibholz ein Lagerfeuer und bereiteten darauf ihr Essen. Frisches Trinkwasser hatten sie von den Quellen am Strand. Sie gingen schwimmen und sie redeten. Und sie schliefen unter den Sternen.

Als ich ihre strahlenden Gesichter sah und den glücklichen, entrückten Blick ihrer Augen, wünschte ich mir, ich wäre dabei gewesen.

Dann wollte Stélios etwas über uns erfahren.

„Ihr kommt aus England? Ich erinnere mich, dass die Engländer sehr freundlich sind.“

Als er in den späten 1940ern nach London kam, hatte ihn eine englische Familie bei sich aufgenommen. Diese Leute hatten tatsächlich Schokolade.

„Ich hatte seit Jahren keine Schokolade gesehen!“ Ihm war das Wasser im Mund zusammengelaufen.

„Nimm dir eine“, boten sie ihm an.

Als höflicher kretischer Junge lehnte er ab – es galt als höflich, zweimal abzulehnen, bevor man etwas annahm. Seine Gastgeber sagten okay und packten die Schokolade weg. Der Ausdruck von Enttäuschung in Stélios’ Gesicht, als er diese Geschichte erzählte, verriet noch nach Jahrzehnten das Traumatische dieser interkulturellen Erfahrung. Er lehnte sich über den Tisch und drohte uns mit dem Finger.

„In England muss man gleich beim ersten Mal annehmen“, ermahnte er uns.

Wir nickten zustimmen.

Wir fragten, ob viele Leute in Chóra Sfakíon so viel gereist seien. Wir vermuteten, dass nur wenige Frauen hier irgendwo gewesen sind, worüber sich zu sprechen lohnte – wir hatten von einer jungen Großmutter gehört, die noch nicht einmal in Iráklio, der kretischen Hauptstadt war, geschweige denn in Athen.

Nach dem, was die vier Seebären uns erzählten, konnte man die älteren Männer in Chóra Sfakíon in drei Gruppen einteilen. Die Hirten kamen kaum aus den Bergen heraus, außer während ihrer Militärzeit. Dann waren da die Fischer. Einer von ihnen fand sich in Libyen wieder – bis dorthin waren es von Gávdos aus nur ungefähr 400 Kilometer. Doch die meisten waren nirgendwo sonst mit ihren Booten gewesen als die Küste entlang. Und dann gab es diese Kerle, diese Seemänner, die an vielen, vielen fernen Orten gewesen sind. In der Handelsmarine waren die vier Freunde oft in den verschiedensten Gegenden der Erde aufeinander getroffen. Manchmal dienten sie auf dem selben Schiff und umrundeten die Welt gemeinsam.

Wir tauschten noch mehr Geschichten aus. Wir waren im Winter in Japan gewesen.

„Sehr hübsche Mädchen in Yokohama“, konterte Andréas.

Wir zeigten ein paar Fotos von unserem Zwischenstopp in Hawaii.

„Hat sich nicht viel verändert“, meinte Stélios.

„Ich vermute, Indien kennt ihr nicht?“, fragte ich.

„Nicht viele Orte,“ entsann sich Manoússos. „Nur Bombay und Karachi.“

„Karachi ist in Pakistan“, sagte Stélios.

„Aber als ich dort war, war es in Indien."

Andréas begann die Karten zu mischen.

Endlich war die Sonne herausgekommen, und Jean und ich gingen hinaus und spazierten an der Hafenmauer entlang bis zum Ende.

Am Kai brachten junge Männer den Kartenstand in Position, denn die Saison geriet in Schwung. Es war eine kleine, hübsche Holzhütte, die mit *Tickets Boat* beschriftet war. In den Vorjahren hatte sie zu festen Tageszeiten ein älterer Mann belegt, der dieses Jahr gezwungen war, seine Karten in einer nahen Taverne zu verkaufen. Eigentlich hätte der Kartenstand schon früher aufgestellt werden sollen, und dank Andréas kannten wir den Grund für die Verspätung. In Chóra Sfakíon gab es zwei widerstreitende philosophische Schulen, was den Kauf von Fährkarten nach Rouméli für *Lazy Way-Touristen* betraf. Diese hochtheoretische Diskussion konzentrierte sich, wie wir es sahen, auf den Platz für den Kartenstand.

Die eine Schule könnte man die Traditionalisten nennen. Sie waren der Meinung, dass der Kiosk weiterhin dort stehen sollte, wo er immer stand, nämlich am kleinen Hafen, genau da, wo er jetzt aufgestellt wurde. Bis zu dieser Saison war die einzige Personenfähre die *Sofia* gewesen, das kleine Schiff mit schönen Linien, das den alten Seemann in Andréas ganz poetisch werden ließ, und dessen Kapitän Stélios war. Sie lag im kleinen Hafen vertäut, Andréas' Taverne genau gegenüber.

In diesem Jahr gab es eine weitere, eine neue, eine größere Fähre für den Gütertransport, die zu groß für den alten Hafen war und an der Rampe am östlichen Ende der Bucht an- und ablegte, wo, wie wir hörten, ein neuer Hafen gebaut werden sollte. Die zweite Schule, die Modernisten, fanden es effizienter, den Kartenstand am Ende der *plateía,* am Weg zur Rampe aufzustellen, damit die Touristenherden, die zur neue Fähre wollten, nicht auf der Uferstraße zum alten Hafen laufen oder rennen mussten, wenn sie spät dran waren, und mit dem Ticket wieder zurück zur Fähre.

Hier gab es übrigens, wie wir jeden Morgen vom Balkon von Zimmer Nummer zwei aus beobachten konnten, einen formalen Unterschied zwischen *spät* und *sehr spät*. Wenn man nur spät war, dann musste man rennen, um sein Ticket zu kaufen. War man aber *sehr* spät, konnte man *vielleicht* auf der neuen Fähre ein Ticket bekommen, wenn man atemlos an Bord geklettert war. Aber das war eine riskante Sache, denn es konnte sein, dass man gar nicht an Bord durfte.

Die Modernisten meinten auch, dass der lange und unnötige Weg zum Kartenstand die Touristen verärgert, die dann schlecht über Chóra Sfakíon denken könnten. Die Traditionalisten konterten, dass wenn der Kiosk nicht am Hafen stehe, die meisten Touristen von Chóra Sfakíon nichts sehen würden außer dem Parkplatz, der *plateía* und der Rampe, und so um die Gelegenheit gebracht würden, die Geschäfte und Tavernen entlang der Uferstraße zu entdecken und vielleicht aufzusuchen. Offenkundig hatten die Traditionalisten den Sieg davongetragen.

Wir gingen zurück, und als wir auf der Höhe von Andréas' Taverne waren, sahen wir die vier alten Seebären herauskommen. Sie schienen düsterer Stimmung zu sein.

„Wer hat gewonnen?“, fragte ich.

Andréas zuckte mit den Schultern. Es war offensichtlich nicht von Belang

„Ich schätze, dir ist klar“, sagte Barbayánnis zu unserer Überraschung, „dass wir alle zur Handelsmarine gegangen sind nach dem Krieg bevor die Straße kam, weil es gar nichts anderes gab? Es gab keine Arbeit hier, und wir waren arm, wir waren hungrig.“

Die anderen nickten ernst. Es schien, als ob unser Gespräch vorhin in ihnen weniger glückliche Erinnerungen geweckt hätte.

„Ich sage dir, *Mister Pete*“, sagte Barbayánnis, „diese

Kämpfe mit den gottverdammten Türken haben uns ruiniert."

Zuerst begriff ich nicht, was die Türken damit zu tun hatten, aber als Barbayánnis fortfuhr und dank meine Winterlektüre, wurde mir klar, dass es um den gescheiterten Aufstand von 1821 bis 1828 ging. Er sah eine direkte Verbindung zwischen diesem Fehlschlag und ihrem armutsbedingten Nachkriegsexil 120 Jahre später. Die Sfakioten, glaube ich, leben nicht wirklich in der Vergangenheit, aber sie leben umgeben von ihr, nicht nur in physischem, sondern auch in mentalem Sinn. Sie waren umgeben von Gebäuden und Denkmälern, die an die venezianische, die türkische und die deutsche Besatzung erinnerten, doch auch die damit verbundenen historischen Ereignisse, die für uns weit zurücklagen, fühlten sich für sie ganz frisch, lebendig und wirklich an.

Die wirtschaftlichen Folgen der rachsüchtigen Zerstörung durch die Türken, der Verlust an Menschen durch Tod und Exil und der Groll, nicht Teil des neuen, unabhängigen Griechenland geworden zu sein, hatten verheerende Auswirkungen. Barbayánnis erzählte mit zunehmender Lebhaftigkeit, wie die Bevölkerung der Sfakiá zwischen 1821 und 1834 von zwölftausend auf etwa tausend geschrumpft war. 1834 hatte Chóra Sfakíon lediglich sechzig Einwohner. Ich vermutete, dass Chóra Sfakíon heute nur etwa dreihundert Einwohner hatte. Die Sfakiá bezahlte immer noch für ihre führende Rolle im Unabhängigkeitskrieg, und es gab viele Gebiete wie Yoryítsi, die leer und verlassen waren. Frangokástello war nicht der einzige Ort in der Sfakiá, wo man Geister sehen könnte.

In den 1930er Jahren, fuhr Barbayánnis in nun besserer Stimmung fort – er saß inzwischen beim Geländer oberhalb des Hafens und hatte seine Zigaretten herausgenommen – hatte sich die Bevölkerung ein wenig erholt, und der Seehandel von Chóra Sfakíon aus, in den auch Barbayánnis' Vater involviert war, florierte wieder, in der Hauptsache mit der Südküste von Kreta, aber auch mit Chaniá und mit Piraeus für Athen, denn mangels geeigneter Straßen war der Warentransport von und zur Nordküste mit dem Schiff leichter.

Wir setzten uns auch, und Stélios und Manoússos taten es uns gleich. Andréas blieb stehen, mit dem Rücken gegen das Geländer gelehnt. Sie redeten nun alle und lächelten jetzt wieder, und während sie redeten und hierhin und dorthin zeigten, schauten wir nach Osten, schlossen die Augen und versuchten uns ihr Zuhause von vor dem Krieg vorzustellen, das sie für uns aus dem Gedächtnis entstehen ließen. Ihre Beschreibungen waren voll bunter und bewegender Details.

Es gab keine Straßen, keine Autos, keinerlei Fahrzeuge, nicht einmal Karren. Ein Mauleselpfad wand sich hinauf nach Mesochóri, die einzige Landverbindung zur Außenwelt. Es gab keinen wirklichen Hafen, doch die Bucht war voller Handelsschiffe, meistens Segler, die vor Anker lagen.

„Eines davon gehörte meinem Vater", sagte Barbayánnis.

„Kapitän Pávlos", sagte Manoússos.

Es lagen auch viele Handelsschiffe auf dem flachen, steinigen Strand, der viel breiter war als heute, weil es die Uferstraße noch nicht gab. Der Strand war zu dem Ende hin, wo wir saßen, durch einen riesigen Felsbrocken in zwei Hälften geteilt. Tavernen mit Seeblick gab es nicht. Dafür konnte man die Rückseite der Gebäude sehen, deren Vorderseite zur einzigen Straße hinausging; und weil sie die einzige Durchfahrtsstraße war sprach man noch nicht von der *Hintergasse*. Es gab auch Lagerhäuser, die sich zum Strand hin öffneten, vor denen Pferde, Maulesel und Esel bereitstanden, die Waren zu den Dörfern im Osten oder hinauf nach Anópoli oder Askífou zu bringen. Eine kleine Schneiderei, ein Schuster, ein gutgehendes Kafenion und zahllose Männer in traditioneller kretischer Kleidung rundeten das Bild ab.

Die Gegenwart hatte uns wieder, als die Vier davon

erzählten, wie der Tourismus in den 1970er Jahren seinen Anfang nahm und zu weiterem Aufschwung geführt hat.

„Ihr Touristen wart gut für uns“, meinte Stélios schmunzelnd.

„Die beiden sind längst keine Touristen mehr“, korrigierte ihn Andréas, „sie sind Freunde.“ Jean sah mich an. Es war eine hingeworfene Bemerkung, aber herzerwärmend.

Als Andréas 1970 nach seinem Abschied von der Handelsmarine heimkam nach Chóra Sfakíon, die gemeinschaftliche Erzählung ging weiter, verkündete ihm sein Vater: hier ist ein Touristenlokal, das du übernehmen kannst, und wir haben ein nettes Mädchen für dich gefunden, das du heiraten kannst.

Seitdem lebt er in Chóra Sfakíon.

Und nach und nach waren auch die alten Kameraden nach Chóra Sfakíon heimgekehrt.

Auf unserem lang aufgeschobenen Spaziergang sannen wir darüber nach, wie das für sie gewesen sein muss. Sie hatten die sieben Meere befahren. Sie hatten die Welt gesehen. Sie waren in unzähligen Ländern und hatten Freundschaft geschlossen mit Menschen mit ganz unterschiedlichem Hintergrund. Und jetzt, zurück in der heimatlichen Sfakiá, war ihr physischer Horizont eingegrenzt von der Bucht im Süden und der Bergkette im Norden.

Sie waren wohl ganz gern nach Chóra Sfakíon zurückgekommen. Aber immer wieder in den nächsten Tagen, wenn wir Manoússos vor seinem Kaffee sitzen und aufs Meer hinausstarren oder Andréas nachdenklich am Küchenfenster stehen oder Barbayánnis seine Netze auswerfen sahen, und er länger mit seinem Boot draußen blieb als unbedingt nötig, fragten wir uns, ob sie wohl vor ihrem geistigen Auge etwas sahen, das weit hinter dem südlichen Horizont lag.

Ein Hund namens Einstein

Ein paar Wochen danach, es war wieder einmal ein kühler, feuchter Tag, war Jean zum Schneckensammeln in den Bergen. Ich hatte eine schlimme Erkältung und Halsentzündung, die ich froh war als Entschuldigung benutzen zu können, um nicht mitgehen zu müssen. Ich schlenderte zum Hafen hinunter, von wo ich ungehinderte Sicht landeinwärts haben würde, und bei der kleinen Kapelle oben am Berg konnte ich eine kleine Gestalt in einer blauen Jakke jede Pflanze und jeden Stein nach Schnecken absuchen sehen.

Seit Manoússos' erster Einführung in die hohe Kunst des Schneckensammelns hatten Jean und ich eine gute Kooperation entwickelt. Ich hielt nicht viel vom Schneckensammeln; man brauchte eine Menge Geduld, gute Augen, einen starken Rücken und man musste bergauf wandern, und das oft bei Nieselregen. Jean dagegen liebte es, draußen zu sein und Schnecken zu sammeln, aber essen mochte sie sie nicht gern, wenn sie auch zugab, dass Evangelías köstliche Sauce aus Zwiebeln, Knoblauch, Fenchel und Tomaten delikat war. (Jean hatte nicht das Glück gehabt, wie ich und viele Kinder in Norfolk, in dem Bewusstsein aufzuwachsen, dass Strandschnecken zum Sonntagnachmittagtee so etwas wie Luxus sind.) Sie sammelte also geduldig die Schnecken, Andréas säuberte und kochte sie nach Evangelías Rezept, und ich aß sie. Ich fand dieses System sehr effizient und völlig fair.

Nachdem ich mich von Jeans Wohlergehen überzeugt hatte, ging ich zurück zu Andréas' Taverne und setzte mich ins Freie. Amüsiert beobachtete ich Barbayánnis, der sich weiter unten an der Uferpromenade in ernstem Gespräch befand. Ich beobachtete ihn schon seit ein paar Tagen mit Bewunderung. Man konnte deutlich erkennen, dass Barbayánnis in den USA gelebt hatte und noch nicht lange wieder hier war. Es war faszinierend, wie eine einzige energiegeladene Person, die von weither zurückkam, eine kleine Gemeinde verändern konnte. Ich schloss aus seiner Haltung und aus Gesprächsfetzen, dass er aufgebracht war wegen einiger Dinge, bei denen die Einheimischen schon seit langem ein Auge zugedrückt hatten, die er, der von draußen kam, aber als unerfreulich empfand, und das Unerfreulichste schien für ihn das Abfallproblem zu sein.

Bis zum Beginn des Tourismus war das, was in Chóra Sfakíon an Abfall anfiel nicht der Rede wert. Die Menschen waren sehr genügsam. Sie warfen nur wenig weg, pflegten die Art von Wiederverwertung, wie bäuerliche Gemeinden sie seit jeher betrieben. Essensreste wurden an die Schweine verfüttert. Wenn jemand einen Baum fällte, wurden die Zweige, die zu nichts zu gebrauchen waren, zum Verrotten über eine Klippe gekippt; und wenn mitunter auch ein kaputter Lehnstuhl den Weg über die Klippe fand, fiel das nicht groß auf.

Aber heute gab es mehr Essensreste als Schweine. Es gab einen kleinen Supermarkt, der Fertigwaren in Dosen und in Plastik- und Papierverpackung verkaufte. Während der Sommermonate lebten vier mal mehr Menschen in Chóra Sfakíon als früher, und die ganze Situation geriet allmählich außer Kontrolle. Es ging nicht mehr um den gelegentlichen kaputten Lehnstuhl über der Klippe. Hässliche Abfallfurchen schlängelten sich weiter und weiter die Hänge hinab, hinterließen Wunden in der Landschaft und gefährdeten die Gesundheit. Doch die Leute störten sich nicht daran – dafür hatten sie keinen Blick. Vielleicht war die Vergangenheit so real und gegenwärtig für sie, dass sie nicht in der Lage waren, diese Einbruchsspuren des 20. Jahrhunderts zu erkennen.

Touristen beschwerten sich schon länger über den Müll, doch das interessierte keinen, aber weil Barbayánnis ein Sfakiote war, hörte man zu. Seine Kampagne war nicht politisch oder bürokratisch. In einer Art Flüster- oder vielmehr Brüllpropaganda predigte er jedem, der zuhörte und jedem, der es nicht tat, tagein, tagaus, wie beschämend die Situation hier sei verglichen mit den USA. Man konnte ihn vor einer Taverne stehen sehen, die Arme ausgebreitet, die Handflächen nach oben in Zweifel und Bestürzung signalisierender Gebärde, und dem Wirt und dem Personal einen Vortrag darüber haltend, was für ein Frevel dieser Müll sei. Sein Publikum starrte meist ausdruckslos und verlegen ins Leere und nippte geistesabwesend an seinem Kaffee. Aber ab und zu nickte auch einer. Barbayánnis drang zu ihnen durch. Er bearbeitete sie wie der stete Tropfen den Stein.

Andréas brachte mir gerade einen Kaffee, als ich seinen Freund Katsouloyánnis von weitem langsam näherkommen sah, in den hohen Stiefeln und der sackigen kretischen Kniehose, die Hände im Rücken verschränkt. Das war der Mann, der eine Frau geheiratet hatte, die 28 Jahre jünger war als er, was gar nicht so ungewöhnlich war.

„Warum wird Katsouloyánnis eigentlich so genannt?", fragte ich Andréas spontan. Er sah mich misstrauisch an – vielleicht hatte ich mich zu oft damit gebrüstet, einiges über den hiesigen Dialekt gelernt zu haben.

„Weißt du denn nicht", entgegnete er, „dass *kátsoulo* blauäugig bedeutet?"

„Entschuldige, wenn ich mich irre", sagte ich, „aber hat Katsouloyánnis nicht braune Augen?"

„Na klar hat er das!", gab Andréas etwas genervt zurück, „aber sein Vater hatte blaue Augen."

„Oh, ich verstehe", sagte ich.

Katsouloyánnis erschien und setzte sich an den Nachbartisch. Ich hatte bisher nicht viel mit ihm geredet, wegen meines beschränkten Griechisch, aber ich wusste, dass er in der ganzen Sfakiá als weiser Mann bekannt war und als erfolgreicher und erfahrener Schäfer. Sein Gesicht war von Falten durchzogen und von strenger Schönheit, und sein Lächeln, wenn er es einem denn gönnte, war hinreißend. Als ruhiger und scharfsinniger Mensch wurde er oft als

Schlichter hinzugezogen, um zwischen in Fehde liegenden Parteien zu vermitteln. Er selbst schien kein Verlangen nach Rache irgendwelcher Art zu haben, und er schien fähig zu sein, gab man ihm die Zeit dazu, Großmut auf andere zu übertragen.

„Die Deutschen“, sagte er einmal zu mir, „haben meinen Vater kaltblütig hingerichtet. Sie haben auf mich geschossen, als ich wegrannte.“ Das sagte er ohne erkennbare Bitterkeit. Was geschehen war, war geschehen. Er würde es nicht vergessen, aber er wollte keine Rache.

Und es war nicht nur Katsouloyánnis, der weise war. Eines Tages, er stand mit seinem Pick-Up auf dem Dorfplatz, rief er seinen Hund zu sich, und wir konnten nicht glauben, was wir da hörten. Wir hörten noch einmal genau hin, was er rief. Es gab keinen Zweifel.

„Warum“, fragten wir ihn zaghaft, „heißt dein Hund Einstein?“

Er erklärte es uns sehr geduldig, so als habe er es mit unaufmerksamen und nicht sehr klugen Kindern zu tun, aber leicht grinsend:

„Der Hund ist sehr schlau.“

Wir lachten.

„Und der Hund vor ihm hieß Fleming“, fuhr er fort.

Wir verstanden – die Frau von Alexander Fleming, Entdecker des Penicillins, war Griechin, und sie und ihr Gatte waren hochangesehen im Land.

„Also war auch er ein sehr Schlauer?“

„Sicher war er das!“

Nun, heute fühlte ich mich wirklich nicht sehr gut. Die Sfakioten wußten, warum ich krank war – sie hatten ihre eigene Theorie über Erkältungen: Ich sei zweifellos mit dem Auto unterwegs gewesen und hätte dummerweise das Fenster offen gelassen und mich gefährlicher Zugluft ausgesetzt. Ich griff nach Aspirin, aber Katsouloyánnis hielt mich zurück und machte einen anderen Vorschlag.

„Was du brauchst, Píteri“, sagte er, und betont langsam,

„wenn du eine Erkältung hast, ist eine mit etwas Meersalz bestreute Loutró-Zitrone und ein Glas *tsikoudhiá*."

Er bestellte bei Andréas diese medizinischen Grundstoffe für mich. Es war selbstverständlich für ihn, mir jetzt, wo ich *tsikoudhiá* trinken würde, Gesellschaft zu leisten. Jean und ich wussten inzwischen, dass der kretische Raki genauso wie der italienische Grappa, der französische Marc und der spanische Orujo aus dem destilliert wurde, was von den Trauben nach dem Keltern übrig blieb. Wie wir bei Jeans erstem Besuch hier erlebt hatten, war es in der Sfakía unmöglich abzulehnen, wenn es um Gastfreundschaft geht, es sei denn, man war eine Frau.

„*Aspro páto*!", sagte Katsouloyánnis, als der Raki kam und erhob sein Glas – weißer Boden – das hieß, es wurde erwartet, dass wir unser Glas in einem Zug leeren.

Nach diesem Ritual saßen wir eine Weile in freundschaftlichem Schweigen beieinander, mit Vogelgezwitscher und Müttern, die ihre Kinder ausschimpften als einzige Geräusche im Hintergrund.

Ich brach dieses gesellige Schweigen und riskierte es, Katsouloyánnis zu fragen:

„Wieviele Schafe und Ziegen hast du, Yánni?!"

Er sah mich lange an. Ich wiederholte die Frage – vielleicht hatte er mein Griechisch nicht verstanden.

„Píteri", sagte er schließlich mit einem Seufzer, „wenn ich dich fragen würde, wieviel Geld du auf der Bank hast, würdest du es mir sagen?"

Ich wusste nicht, wie man auf Griechisch *touché* sagte, aber ich gab zu erkennen, dass ich verstand, was er meinte.

Er hieß Andréas noch mehr Raki zu bringen. Während wir darauf warteten, zerkaute und schluckte ich etwas von der heilkräftigen Zitrone, die mit einer Kruste Meersalz überzogen war und leerte sofort das Glas ganz, als der Raki kam, um den sauren Geschmack loszuwerden.

„Aber ich verrate dir etwas", fuhr Katsouloyánnis fort, „ich hatte früher sehr viel mehr *ozá* als jetzt."

Andréas rief aus der vorderen Küche: „Erzähl ihm von der Zeit, als du von Samariá nach Imbros einen ganzen Tag unterwegs warst!"

„Du weißt, dass es eigentlich Nimbros heißt, nicht wahr?", sagte Katsouloyánnis zu mir. Mir war aufgefallen, dass bei sfakiotischen Ortsnamen eine liebenswürdige Unklarheit bestand – zum Beispiel war Livanianá auch als Livadhianá bekannt. Imbros stand in den meisten Büchern und Landkarten und Imbros stand auch auf den Straßenschildern an den beiden Ortseingängen. Doch wenn Katsouloyánnis sagte, dass es Nimbros heißt, dann war das für mich in Ordnung.

„Erzähl ihm von deiner langen Wanderung", wiederholte Andréas seine Aufforderung.

„Das mache ich", sagte Katsouloyánnis und zeigte wieder auf mein Glas.

Andréas, der sah was Sache war, brachte gleich die ganze Flasche.

„Katsouloyánnis ist einmal einen ganzen Tag von Samariá nach Nimbros gelaufen", betonte er.

„Ja habe verstanden."

„War es nicht mehr als einmal?", fragte Katsouloyánnis.

Für die Samariá-Schlucht braucht der Normaltourist fünf oder sechs Stunden. Katsouloyánnis war offenbar im Dorf Samariá losgegangen, etwa auf halber Strecke. Nach den Wanderführern braucht man von dort aus drei Stunden, aber ich nahm an, dass ein sfakiotischer Schäfer es in kürzerer Zeit schafft.

Auf unseren Wanderungen hatten wir gesehen, dass das Land, wo die sfakiotischen Schäfer ihre Herden weiden, unglaublich rau ist. Wir hatten niemals einen kretischen Landmann in kurzen Hosen gesehen, und wir wussten warum. Außer Insekten, Disteln und Pflanzen wie Stecheiche, Wolfsmilch und – eine sfakiotische Spezialität – Wollkraut, musste man mit rasiermesserscharfen Kalksteinkanten und schartigen Absplitterungen brüchiger Felsen fertig werden. Die einzigen Kreter in kurzen Hosen, die wir sahen, waren Leute wie Automechaniker und Bauarbeiter – und das auch nur im Sommer – und kleine Kinder. Kurze Hosen schien man albern zu finden. Viele Kreter, überlegte ich mir, fanden kurze Hosen wohl etwas würdelos. Wenn man sich eine Gruppe übergewichtiger britischer Touristen auf dem Weg zur Fähre genau ansah, konnte man das leicht nachvollziehen.

Yórghos aus Komitádhes hatte uns kürzlich auch die Theorie unterbreitet, dass es besser sei, sehr schnell über den rauen Boden der Sfakiá zu gehen, gar zu rennen, weil wenn man quasi von einem Stein zum nächsten glitt – man flog –, es leichter und weniger ermüdend war, schnell zu laufen. Leider, wie wir von Trampern hörten, benutzten die Schäfer die gleiche Technik beim Autofahren auf ungeteerten Straßen – es ging darum, mit dem Pick-Up so schnell zu fahren, dass man von einer Bodenwelle zur anderen flog und so die Schlaglöcher dazwischen vermied. Natürlich war das für die Mitfahrer sehr unbequem, aber da ihre Mitfahrer meist Hunde sind, kommt es den Schäfern nicht in den Sinn, Rücksicht zu nehmen, wenn es sich bei den Passagieren um Menschen oder gar Touristen handelt.

Jedenfalls, rechnete ich mir aus, würde Katsouloyánnis Rouméli in zwei Stunden erreicht haben. Dann musste er an der Küste entlang laufen, von Aghía Rouméli aus über den Strand zur Kirche Aghios Pávlos aus dem 10. Jahrhundert (es heißt, dass der Apostel Paulus hier gelandet ist, nachdem er Gávdos verlassen hatte, und Menschen mit dem Wasser aus der Quelle taufte, die dort noch immer sprudelt), durch die Wälder und die schattenlosen Hänge entlang zum Marmorstrand am Fuße der Arádhena-Schlucht. Dann musste er über den schwindelerregenden Klippenpfad – nicht, dass er ihn so beschrieben hätte – nach Phoenix und weiter nach Loutró. Laut Wanderführern vier bis fünf Stunden von Rouméli nach Loutró.

„Ich wurde sehr durstig auf meiner Wanderung“, gestand Katsouloyánnis.

Er schenkte zwei weitere Raki ein.

Von Loutró stieg er dann sechshundert Meter im Zickzack den steilen zweitausend Jahre alten Fußpfad hinauf nach Anópoli.

„Warum um alles in der Welt hast du das denn gemacht?“

„Wie hätte ich es denn sonst machen sollen?“

„Na ja, an der Küste entlang bis zum Süßwasserstrand.“

„Ja, und dann?“

„Klar, der Pfad an der Steilküste ist extrem schmal“, sagte ich und dachte an den fürchterlichen Durchstieg dort mit oder vielmehr ohne Neil bei unserem ersten Besuch.

Andréas und er brachen beide in Gelächter aus. Es schien das Komischste zu sein, was sie seit langem gehört hatten.

„Oh nein, Píteri“, kicherte Katsouloyánnis, „oh nein!“

„Da gab es keinen Pfad“, gluckste Andréas, „dort war kein Pfad!“

„Ist der Pfad neu?“, rief ich. „Er ist künstlich angelegt worden“, wurde mir plötzlich klar.

„Denkst du, Gott hätte so einen Pfad gemacht?“

„Vermutlich nicht“, antwortete ich und dachte an den niedrigen Felsüberhang und kam mir ziemlich dumm vor, dass mir das nicht vorher aufgegangen war.

„Wer hat ihn denn angelegt?“, fragte ich zögernd, aus Angst vor weiterem Gelächter. Sie wurden sofort ernst und antworteten unisono und höflich:

„Damoulís – Damoulís hat ihn angelegt.“

Ich nahm mir vor, später nachzufragen, wer dieser Mann war.

Von Anópoli aus ging Katsouloyánnis hinunter zur Küste bei Chóra Sfakíon (drei Stunden laut Wanderführer). Es gab damals keine Straße, und es ist auch heute noch schneller, den alten *kadirími* hinabzusteigen, der in der Ilingas-Schlucht westlich von Chóra Sfakíon Küstenhöhe erreicht und der kürzer, kühler und sehr viel malerischer ist als die Straße.

Katsouloyánnis wanderte weiter nach Komitádhes und die Imbros-Schlucht hinauf. Wanderführer kalkulieren dafür vier Stunden, aber bergab, nicht bergauf.

Ein normaler Wanderer – angenommen, er wäre soweit gekommen – hätte für diese Strecke wohl fünfzehn Stunden gebraucht, ohne Pause.

„Wie lange hast du gebraucht?", fragte ich bewundernd.

„Nun, als ich zu Hause in Nimbros ankam, war es dunkel."

Andréas meinte, Katsouloyánnis hätte die Tour in unglaublichen zehn Stunden geschafft.

„Aber warum hast du das gemacht?"

„Ich habe es dir anfangs gesagt." Offensichtlich hatte ich ihn nicht richtig verstanden.

„Sag es mir nochmal."

„Ich habe eine Herde Schafe abgeholt."

„Willst du damit sagen, dass du in einem Tag von Samariá nach Nimbros mit einer Schafherde gelaufen bist?"

„Ja", sagte er, „aber ich hatte einen Hund dabei, der mir geholfen hat."

„Das muss ein schlauer Hund gewesen sein."

„Ja, das war er", stimmte er zu, „ein sehr schlauer Hund. Trink noch einen Raki."

Ich hatte meine Erkältung total vergessen.

Fast den ganzen Vormittag saß ich an diesem Tisch. Katsouloyánnis war schon lange gegangen, um Siesta zu halten, als Barbayánnis vorbeikam.

„Ich glaube, die Leute hören endlich auf mich!", sagte er.

„Wegen des Abfalls?"

„Ja, wegen dieses gottverdammten Mülls!"

Da kam Jean um die Ecke von Andréas vorderer Küche und hielt triumphierend einen Plastikbeutel voller Schnekken in die Höhe.

„Ah, Jean," rief Barbayánnis und breitete die Arme aus. „Du bist eine echte Sfakiotin!"

Andréas grinste.

„Was weißt du schon?" rief er. „Du bist viel zu lange weg gewesen – siehst du nicht, dass die Schnecken, die sie gesammelt hat, viel zu klein sind?" Barbayánnis zuckte mit den Schultern und grinste.

Wir hatten schon bemerkt, dass Andréas Barbayánnis gerne mit den *Amerikáni* aufzog, also mit Sfakioten, die viele Jahre in Amerika gelebt haben und dann zurückgekehrt waren. Was Andréas damit auf behutsame Art ansprach war, was in diesen Menschen noch an Sfakiotischem war. Konnten sie, die so lange in einer fremden Kultur gelebt haben, dem Geist der Sfakiá treu geblieben sein? Waren sie fern ihrer felsigen Heimat nicht doch weich geworden wie ihre Landsleute in den Ebenen?

„Erzähl ihnen die Geschichte", forderte Andréas Barbayánnis auf. „Du weißt schon, welche."

Jean gab Andréas die Tüte mit Schnecken und setzte sich auch.

„Okay, Andy. Ich erzähl sie ihnen!" Barbayánnis nahm seine Zigaretten heraus und zog sich einen Stuhl her.

Es war eine in Chóra Sfakíon scheinbar bekannte Moralgeschichte über zurückgekehrte Exilanten, die er in einer Mischung aus Griechisch und Englisch erzählte. Es ging um einen Mann aus Thólos – Andréas und Barbayánnis waren sich einig über seinen Namen – der vor vielen Jahren für drei Monate nach Athen gegangen war. Er kam voller Allüren zurück in die Sfakiá und versuchte *Katharévousa* zu sprechen, die vornehm gekünstelte, pseudoarchaische Version des Hochgriechischen, die früher als Schriftsprache und in offiziellen Bereichen wie Parlament, Gerichtshof und Universität benutzt aber niemals im Alltag gesprochen wurde. Als er zurückkam nach Thólos, gab er vor, so sehr an die Großstadt gewöhnt zu sein, dass er sich nicht entsinnen könne, wo sein Haus steht. Als er am Straßenrand einen Mann entdeckte, sprach er ihn an.

„Wohin soll ich mich wenden, mein guter Gesell“, sagte er modulierend, „die Behausung zu finden, die ich einst bewohnte? Würde er die Güte besitzen, mich darob zu informieren?“

Der Mann legte die Hand ans Ohr und sagte im örtlichen Dialekt: „Was hast du gesagt?“

Der Möchtegern-Athener wiederholte seine Frage.

„Also“, antwortete der Mann, „wenn du an dem Baumstumpf da vorne vorbeigehst, wo du dich immer ausgeruht hast mit deinem fetten faulen Arsch, wenn du Brennholzbündel den Berg hochgeschleppt hast, wirst du hinkommen.“

Barbayánnis seufzte zufrieden.

„War das die Geschichte, Andy?“

Andréas nickte.

„Aber ich denke nicht, dass Barbayánnis *Katharévousa* spricht, oder?“, fragte Jean.

„Ha!“ warf Andréas ein. „Das gerade nicht. Aber dafür spricht er die halbe Zeit Englisch.“

Sie stritten sich eine Weile freundschaftlich darüber, bis Andréas sich plötzlich uns zuwandte:

„Dort ist er!“ Er deutete auf einen Mann, der auf der Uferpromenade näher kam.

„Wer?“

„Damoulís. Das ist Damoulís.“

Wir hatten diesen Mann schon im Postamt gesehen, wo er offenbar der Chef war. Er war groß und stattlich und wirkte gelassen.

„Komm rüber zu uns“, rief Andréas, „ich spendiere einen Kaffee.“

Damoulís lächelte Jean und mir höflich zu und setzte sich an den Nebentisch.

„Wir haben gerade über dich geredet“, ließ Barbayánnis ihn wissen.

Damoulís hob fragend die Augenbrauen.

„Über den Fußpfad“, erklärte ich ihm in meinem besten

Griechisch, im Vertrauen darauf, dass Barbayánnis wenn nötig übersetzen würde. „Den hast du doch angelegt?"

Damoulís schmunzelte.

„Ja, aber selbst gemacht habe ich ihn natürlich nicht."

Er sprach schnell aber deutlich, ruhig und mit Autorität.

„Aber die Idee war von dir", widersprach Andréas.

„Vielleicht war sie das."

Bis in die 1960er Jahre hinein, das wurde mir nun klar, war der Süßwasserstrand von Chóra Sfakíon nur mit dem Boot erreichbar gewesen.

„Oder schwimmend", sagte Andréas. „Das haben wir gemacht, als wir Kinder waren." Ich war beeindruckt, das waren mindestens drei Kilometer.

Wichtiger für Damoulís war, dass der Postbote bei rauer See nur nach Loutró kommen konnte, wenn er den langen Weg hinaufstieg nach Anópoli und dann den langen Weg hinunter nach Loutró. Und zurück umgekehrt. Das einzige, was das Anlegen eines Fußpfads zur Umgehung der enormen Steigungen auf dem Weg zwischen Chóra Sfakíon und Loutró auf der Höhe der Küstenlinie verhindert hatte, war eine schmale senkrechte Felswand kurz hinter der Abbiegung nach Anópoli gewesen. Bei den Bauarbeiten in den 1960ern erkannte Damoulís, dass die neue Straße die Schaffung eines Küstenpfads erleichtern würde, weil Fahrzeuge und Ausrüstung jetzt bis dicht an die problematische Felswand herangebracht werden konnten. Damoulís überwachte die Ausführung dieses Plans und kümmerte sich um die Details seiner Umsetzung. Ich mochte es mir gar nicht vorstellen, denn dazu wurden Männer an Seilen die steile Felswand hinuntergelassen. Von Hand wurden gezielt Löcher in den Fels gebohrt und mit Dynamit verfüllt. Wenn dann die Männer wieder sicher nach oben gezogen worden waren, wurden Teile der Kliffwand weggesprengt und so der Felsvorsprung geschaffen, den unerschrockene Australierinnen und andere Menschen, die nicht an Höhenangst leiden, jetzt entlang wandern konnten.

„Und es war nicht nur gut für den Postboten.“ Barbayánnis wechselte ins Englische. Der Pfad war auch für die Fischer ein Segen. Der kleine Hafen von Chóra Sfakíon bot nur begrenzt Schutz vor dem stürmischen Südwind.

„Bei den ersten Anzeichen eines starken *gharbís* mussten die Fischer ihre Boote nach Loutró in Sicherheit bringen. Sie mussten dann entweder dort bleiben, und das manchmal tagelang, oder über Anópoli zurücklaufen. Jetzt konnten sie das viel leichter.“

„Was genau ist ein *gharbís*?“, fragte ich – ich ging davon aus, dass es sich um einen Wind von ungewöhnlicher Stärke handelt.

„Das ist der Südwestwind“, Barbayánnis zeigte in seine Richtung.

„Ein starker?“

„Nicht unbedingt.“

Wie sich herausstellte, war die Terminologie griechischer Winde alles andere als prosaisch. Alle hatten sie ihren eigenen Namen. Barbayánnis war aufgestanden, zeigte auf verschiedene Punkte am Horizont und zählte sie alle für uns auf. Die hauptsächlichsten Winde in Chóra Sfakíon waren der *sirókos* (Südost), der roten Saharastaub mitbrachte, der *óstria* (Süd), der ein paar Jahre zuvor die Boote im Hafen zerstört hatte, der *gharbís* (Südwest), vor dem der Hafen nur ungenügend Schutz bot, wenn er stark war, der *ponéndes* (West), der *maístros* (Nordwest) und der *ghraíos* (Nordost). Es gab auch Feinabstufungen in diesem System, wie den *ponendogharbís*, ein Wind aus West-Südwest. Ein Wind unmittelbar aus dem Norden hieß *voriás* – er konnte sanft sein und Thymianduft aus den Bergen mitbringen; ein starker, manchmal stürmischer Nordwind, der Regen bringen konnte, wurde *tramountána*, über die Berge, genannt.

„Der *voriás* und der *tramountána* sind Vettern“, ergänzte Barbayánnis. „Und manchmal kämpft der *tramountána* mit dem *sirókos*.“ Der lästige beständige Sommerwind aus dem Norden war der *meltémi*. Für den Ostwind gab es keinen besonderen Namen, was mich vermuten ließ, dass er, anders als in Norfolk, meteorologisch gesehen keine besondere Rolle spielte.

Später am Tag versuchte ich mich bei einem Bummel um den Hafen an alle Namen zu erinnern. Ich rekapitulierte sie mit der Hilfe von Yórghos aus Komithádes, der gerade an der Hafenmauer sein Boot sauber machte.

„Alles richtig!", rief er, als bewundere er mein neugewonnenes Wissen. Und dann fügte er poetischer hinzu:

„Der *maístros* ist ein verantwortungsvoller Bürger, der am Abend, wenn die Sonne sinkt, zu seiner Frau heimgeht, aber der *gharbís* ist ein Vagabund, der die ganze Nacht herumstreunt."

Ich beschloss dem Beispiel des *maístros* zu folgen. Nach den vielen Raki, die ich heute getrunken hatte, war es bestimmt eine gute Idee, heimzugehen zu meiner vom Schneckensuchen erschöpften Frau in Zimmer Nummer zwei.

Der Esel in den Lupinen

Mit den Jahren erschienen uns die paar Wochen, die wir jedes Jahr über Ostern in Chóra Sfakíon verbrachten, als völlig unzureichend. Um den Abschiedsschmerz zu lindern, mussten wir eine Situation schaffen, die es uns ermöglichte, beim Weggehen statt „bis nächstes Jahr" zu Andréas und Evangelía sagen zu können „bis in ein paar Monaten". Glücklicherweise ist das britische Studienjahr so strukturiert, dass wir nicht nur an Ostern, sondern auch im Juni und September für mehrere Wochen am Stück in die Sfakiá fahren konnten, wenn ich meine Zeit klug einteilte und mir Arbeit mit nach Kreta nahm. Jean arbeitete freiberuflich und konnte sich die Zeit einteilen. Und so machten wir es dann auch.

Und dann passierte schließlich das, worauf wir schon lange gehofft hatten – Neil konnte endlich mit uns nach Kreta kommen.

Nach unserer Ankunft in Chaniá beschlossen wir drei, so eilig wir es hatten, nach Chóra Sfakíon zu kommen – es war lange her, seit Neil dort war –, unseren Horizont zu erweitern und ein paar Tage mit einem Mietwagen durch das Inselinnere zu reisen, ein paar antike Sehenswürdigkeiten mitzunehmen und die kleinen Dörfer und Nebenstraßen zu erkunden.

Doch schon bald begann ich mich zu fragen, ob das nicht ein Fehler war und ob wir wohl jemals in Chóra Sfakíon ankommen würden. Am zweiten Tag, als wir gerade durch Réthimno fuhren, begann unser Auto plötzlich innen stark zu lecken. Wasser tropfte dem Beifahrer auf die Füße – und der Beifahrer war ich. Neil hatte irgendwo an der Nordküste das Auto gemietet, einen kleinen, älteren Fiat, nachdem er die übliche Stunde hart gefeilscht und Kaffee getrunken hatte. Die Autos, die Neil auf diese Weise mietete, entstammten immer dem untersten Segment der Angebotspalette. Kein Autoverleih, und sei er noch so klein und seine Lage noch so verzweifelt, würde eines seiner besten Autos einem Engländer zu einem Preis überlassen, wie Neil ihn aushandelte.

Neil und ich kannten uns, seit wir elf Jahre alt waren. Wir waren uns einig darin, dass es viele Dinge gab, über die er besser Bescheid wusste als ich. Es gab auch ein paar Dinge, über die ich Bescheid wusste, aber er nicht. Ich sagte gern – es stimmte zwar nicht, aber ich sagte es trotzdem –, dass ich über Kultur Bescheid wisse, während er sich mit *Horti- und Agrikultur* auskannte. Aber meistens schlug das Pendel zu seinen Gunsten aus. Zum Beispiel kannte er sich sehr gut mit Autos aus. Ich hatte keine Ahnung, und Jean wusste nur, wie man den Vergaser ihres Drei-Liter-Dodge Dart, Baujahr 1974, säuberte, ihres *kleinen Autos*, das sie besessen hatte, als wir nach Kalifornien und zurück gefahren waren sowie in unsere Flitterwochen. Und so war es denn Neil, der mitten auf einer staubigen, verstopften Straße in Réthimno, wo sich hupende Autos und Dieselöl ausstoßende Lastwagen an uns vorbeidrängten, die Motorhaube des Fiats öffnete, um nachzusehen.

„Aha", sagte er fast sofort, „die Innenheizung leckt."

Für mich hörte sich das ziemlich schlimm an. Neil ging ganz locker damit um.

„Das wird kein Problem sein", versicherte er uns.

Wir fuhren zu einer Werkstatt, die wir glücklicherweise an dieser Straße fanden. Ich hatte meine nassen Füße auf das Armaturenbrett gelegt, und Neil zeigte dem Mechaniker, was das Problem war. Unser griechischer Auto-Wortschatz war nicht groß und der Mechaniker konnte nicht viel Englisch. Mit mehrmals aufeinanderfolgendem Stirnrunzeln, Schulterzucken und Gestikulieren gab er uns zu verstehen, dass es lange dauern würde, das Heizsystem zu reparieren und dass er die richtigen Ersatzteile gar nicht habe.

Neil winkte ab und sagte: „Kein Problem." In einfachem Englisch erklärte er dem Mechaniker, dass er das Heizsystem gar nicht repariert haben wolle. Der Mechaniker solle einfach nur die Leitung abklemmen, dann könne kein Wasser mehr auslaufen. Der Mechaniker verstand ihn nicht, also steckten die beiden die Köpfe unter die Motorhaube, und Neil zeigte ihm gestikulierend was er wolle. Ein leises Grinsen huschte dem Mechaniker übers Gesicht.

„Ah! Ist Mietauto!", rief er aus.

„Ja", antwortete Neil, „und es ist warm genug draußen"

Zwei Tage danach zeigte sich ein weiterer Vorteil, einen kleinen, wenig anspruchsvollen Fiat zu haben. Neil, daran gewöhnt, mit gewaltigen Sattelschleppern umzugehen, war ein hervorragender Fahrer, und wir hatten großes Vertrauen in seine Fähigkeiten. Das war auch gut so, denn unsere Reise auf den Nebenstraßen mitten auf Kreta bot einiges an Risiken. Wege, auf denen wir entlang fuhren, konnten sich ohne Vorwarnung verschlechtern – einer war komplett einen Hang hinabgerutscht, ein anderer hatte so viele Löcher und tiefe Furchen, dass nur ein Fahrzeug mit hohem Radstand durchkommen konnte. Wieder ein anderer war durch herabgefallene Felsstücke blockiert.

Unser schlimmster Albtraum war, nicht wenden zu können, weil die Straße zu schmal war. Das Allerschlimmste würde sein, wenn die Straße zu schmal wäre und auf einer Seite ein bodenloser Abgrund gähnte. (Das wäre natürlich auch ein sehr ernstes Problem, wenn uns ein Lastwagen entgegenkäme.)

Eine weitere Gefahr auf engen kretischen Bergstraßen, wovor ich Neil gewarnt hatte, war der Wind. Jean und ich erinnerten uns daran, dass wir auf der Straße nach Santa Fe, außerhalb von Albuquerque, New Mexico, ein Straßenschild gesehen hatten mit der Warnung *Windböen können existieren.* Amerikaner tendieren mehr zu bedeutungsschwerer Sprache als wir Briten. Aber ist es nicht überall in der englischsprachigen Welt so, dass Winde nicht *existieren*, sondern *auftreten.* So dachten wir, bis wir in einem September den kretischen rückläufigen Winden begegneten – den ungestümen *meltémi,* Sommerstürme, die durch Hitze entstehen, von denen Barbayánnis uns erzählt hatte. Sie tosen die Berge hinab zum Meer und manchmal tagelang ohne Unterbrechung. Sie scheinen so anhaltend, dass man den Eindruck hat, *existieren* sei das richtige Wort. Diese Stürme sind auch der Grund, warum bis vor kurzem niemand im Küstenbereich von Frangokástello und Plakiás lebte. Wenn man mit einem kleinen, leichtgewichtigen Mietwagen in diesen Sturm gerät (obwohl es im Moment die falsche Jahreszeit war für einen *meltémi*), kann es ziemlich anstrengend sein, das Auto auf der Straße zu halten.

Wie wir also hinter Réthimno in die Berge fuhren, fragten wir uns ständig, ob es richtig ist weiterzufahren oder nicht. Die Karten, die wir uns gekauft hatten, waren nutzlos – sie schienen dazu gemacht zu sein, die türkischen Eroberer zu verwirren, mit denen die kretischen Dörfler immer noch zu rechnen schienen, anstatt dem modernen Touristen zu helfen.

Neil mit seinem angeborenen Optimismus war jedoch dafür, sich durchzukämpfen, egal wie die Straße war. Am späten Nachmittag fand ich, dass er zu weit gegangen war. Wir waren am Fuß eines steilen Berges auf ein sehr schmales Stück Straße geraten, wo es unmöglich war, das Auto zu wenden, und mussten feststellen, dass Regen die Straße an ihrer tiefsten Stelle weggeschwemmt und ein tiefes Loch hinterlassen hatte, das zu breit war, um es mit dem Auto überqueren zu können. Drüberspringen konnte man. Aber mit dem Auto kam man nicht hinüber. Zurück konnten wir auch nicht, außer über mehrere Kilometer im Rückwärtsgang auf der abschüssigen, steilen und schmalen Straße, die sich den Berg entlangschlängelte und die wir gerade heruntergekommen waren.

Um uns herum erstreckten sich einsame Hänge, doch ich war nicht in der Stimmung, ihre Schönheit und ihre großartige Abgeschiedenheit zu würdigen. Ich schaute mich besorgt um nach etwas, mit dem wir den Graben überbrücken konnten. Neil fand das unnötig. Er bedeutete Jean und mir, hinter das Auto zu gehen. Dann löste er die Handbremse, sprang über das Loch, beugte sich vor und packte die Stoßstange, hob das Auto mit bloßen Händen an und forderte uns auf, zu schieben. Das Auto bewegte sich zentimeterweise nach vorne, und nach einigem Geschiebe konnte er die Vorderräder auf seiner Seite absetzen, sodass das Auto nun über dem Graben stand. Dann wiederholten wir den Vorgang, nur diesmal zogen wir vorne und Neil hob hinten das Auto an, bis er die Hinterräder wieder auf sicherem Grund absetzen konnten. Die ganze Sache dauerte etwa zehn anstrengende Minuten, dann konnten wir weiterfahren.

„Eine gute Sache, dass wir keinen Mercedes gemietet haben", sagte Neil.

„Eine gute Sache, dass du so stark bist!", sagte Jean.

Endlich kamen wir aus der Wildnis des mal saftiggrünen, mal struppigen kretischen Hinterlands heraus auf die südliche Küstenstraße östlich von Arghoulés und steuerten Chóra Sfakíon an. Es war ein sehr schöner, ruhiger Abend, aber draußen auf dem Meer musste es stürmisch sein, denn Containerschiffe nahmen in Küstennähe die geschütztere Route zwischen Gávdos und Kreta.

Gerade als die Sonne unterging, gelang Neil die triumphale Wiederkehr nach Chóra Sfakíon. Wir fuhren den Berg hinunter und am Hafen entlang zu Andréas' Taverne. Andréas erwartete uns und stand draußen, als wir ankamen. Es gab viel Geküsse und viel Schulterklopfen. Andréas bestand darauf, dass wir uns an einen Tisch setzten und das Auto ließen wo es war, vor der Taverne. Ich war besorgt, dass es die Straße blockieren könnte, doch Andréas scherte sich nicht um eine solche Kleinigkeit. Er brachte uns einen *tsikoudhiá* zur Begrüßung und wollte von uns Neues wissen. Ihm und seiner Familie ging es gut, und er wollte sichergehen, dass es bei uns genauso war – also fragte er nach jedem einzelnen Elternteil, obwohl er niemanden davon kannte.

Bei unserem zweiten Glas *tsikoudhiá* sagte ich zu Andréas:

„Wusstest du, dass Neil unser *koumbáros* war, der Trauzeuge bei unserer Hochzeit?"

Andréas korrigierte mich.

„Neil *ist* dein *koumbáros*", sagte er.

Das war eine nützliche Lektion. Für unsere sfakiotischen Freunde besteht die Beziehung zwischen dem *koumbáros* und den Eheleuten auf Dauer. Für sie war Neil unser *koumbáros* und würde es für immer sein. Das war ganz nach unserem Sinn.

Als wir dann beim dritten *tsikoudhiá* waren, kam Barbayánnis vorbei und begrüßte uns.

„Seht ihr", sagte er triumphierend, nachdem er Neil vorgestellt worden war, „die Leute haben endlich auf mich gehört! Habt ihr die neue Deponie gesehen?"

Der Gemeinderat habe in der Müllfrage endlich etwas unternommen, sagte er. Es war relativ einfach gewesen für ihn, als Beteiligter an einer kretaweiten Initiative, einen sicheren Ort für eine kommunale Müllkippe zu finden und an strategischen Punkten in Chóra Sfakíon Mülleimer aufzustellen. Aber das Problem, das jedem bewusst war und worüber in den Kafenios und Tavernen diskutiert wurde, war: Wer würde sie leeren? Es gibt eine Kehrseite der natürlichen Würde der Sfakioten und ihres Ehrgefühls. Müllsammeln ist nicht ehrenhaft – das ist keine Arbeit für einen *palikári*. Zu dieser Arbeit würde sich doch niemand erniedrigen, oder?

Das Problem wurde durch einen Geniestreich gelöst. Das Geld von der Regierung wurde nicht nur zur Anschaffung eines großen und imposanten Müllfahrzeugs verwendet, das jeder *palikári* mit Stolz fahren würde, sondern auch für eine sehr fesche Uniform und – von entscheidender Bedeutung – für ein Gewehr für den Fahrer. Man erklärte, dass das Gewehr nötig sei wegen der vielen Ratten, die in der Nähe von Müllhalden anzutreffen sind.

Neil ging das Auto umparken.

„Nimm Jean an der Hand", sagte Andréas zu mir, „und geh mit ihr zum Vríssi-Strand, sie mit geschlossenen Augen."

Wir schauten verblüfft.

„Geht schon! Ihr werdet es nicht glauben!", trieb er uns an.

Oben am Hang angekommen, versetzte uns das, was über Winter hier geschehen war, in Begeisterung. Die Gegend hatte sich völlig verändert. Der Strand war nicht länger klein und steinig. Es gab einen breiten Küstenstreifen, und Betonstufen führten jetzt zum Strand hinunter, sodass man nicht mehr über Felsen zu klettern brauchte. Chóra Sfakíon hatte jetzt einen eigenen Kiesstrand!

Es gab wohl nichts, was die Dorfbewohner nicht mit Dynamit bewerkstelligen konnten. Die Sprengungen waren gewaltig, wie Andréas uns sagte, und sie hatten die Häuser wie bei einem Erdbeben erschüttert. Nach einer Sprengung war ein großer Stein in einem Haus oberhalb des Strandes auf dem Herd gelandet, gerade als die alte Dame, die dort lebte, beim Abendessenkochen war.

Nach einigen Tagen Erholung am Meer und einigen sehr leckere Mahlzeiten – unter anderem ein raffiniertes italienisches Essen bei Yánnis, abgerundet durch einen französischen Rotwein, der in Stielgläsern serviert wurde – beschlossen wir drei, eine Entdeckungsfahrt zu unternehmen in die Berge im Westen von Chóra Sfakíon, die wir noch nicht kannten. Anópoli war der geeignete Ausgangspunkt dafür.

Anópoli war eine antike griechische Stadt – der Name bedeutet *obere Stadt* –, die in ihrer Blütezeit so groß und bedeutend war, dass sie ihre eigenen Münzen prägen konnte. Andréas, der dort aufgewachsen war, setzte sich an einen Tisch und zeichnete uns auf der Rückseite einer alten Rechnung eine Karte des Dorfes auf, die deutlich machte, dass Anópoli eigentlich aus einer Ansammlung kleiner Weiler bestand. Da gab es Kambiá, *Knotenpunkt,* im Osten, wo wir zuerst hinkommen würden, dann Vardhianá, Skála, *Stufen*, Marianá, Yíros, *Kurve*, Kámbos, *Ebene*, Aghios Dhimítrios, Sankt Jakobus im Westen, auf dem Weg nach Arádhena, das wir wenn möglich auch besuchen sollten, riet uns Andréas, Pavlianá im Nordosten, Limniá im Norden auf dem Weg nach Mourí, wohin Neil unbedingt wollte, und Ríza, *Fuß des Berges.* Auf Kreta gehen Ortsnamen mit der Endung –ianá zurück auf die Namen der Menschen, die die Siedlung gegründet hatten oder dort Felder besaßen, daher vermuteten wir, dass Pavlianá einmal Pávlos gehört hatte und Marianá María.

Als Neil den Steilhang hinauffuhr auf dem gewundenen Schotterweg von Chóra Sfakíon nach Anópoli, musste er sich vor großen Felsbrocken in Acht nehmen, die auf die Straße gefallen waren, vor Ziegen, die mitten auf dem Weg lagen oder ihn überquerten und vor entgegenkommenden Sfakioten, die mitten auf dem Weg herunterkamen, weil sie *wussten*, dass ihnen keiner entgegenkommen würde, was normalerweise auch der Fall war. Aber für uns es gab keinen Grund, versicherte Neil, in der Mitte zu fahren wie ein genervter Tourist, der sah, dass es keine Leitplanken gab und Angst davor hatte, abzustürzen. Wie die Australierinnen auf dem Pfad nach Loutró gesagt hatten, gibt es keinen Grund, warum man abstürzen sollte.

Nach 600 Metern Aufstieg, unzähligen Haarnadelkurven und etwa einer halben Stunde kamen wir in Anópoli an. Als wir um die letzte Kurve bogen, wurden wir belohnt und überrascht durch eine unerwartete Aussicht auf den südlichen Teil der Weißen Berge, die sich hinter der Ebene auftürmten, wo das Dorf lag, das unversehens vor uns auftauchte. Wir hielten an und waren fasziniert von der Stille um uns.

Und genau hier, direkt neben uns, stand ein Esel in einem Lupinenfeld. Jean hatte im Nu ihre Kamera in der Hand.

Wir stellten fest, dass die Weiler, von denen Andréas gesprochen hatte, alle auf einer großen Ebene am Fuß des Berges Kástro lagen, zwischen den Weißen Bergen und den steilen Klippen zum Meer. Auf dem weiten Hochplateau gab es große Olivenhaine und auch einige Obst- und Nussbäume, und die tieferliegenden Hänge waren mit Pinien bedeckt. Die Gegend strotze vor Frühlingsblumen, deren Namen ich zwar nicht, aber Neil und Jean kannten. Sie entdeckten Mohnblumen (na gut, Mohn kannte ich auch), verschiedene Orchideenarten, Anemonen, Alpenveilchen und andere kleine alpine Arten. Die Luft war wunderbar rein – Pashley, hatte die Leute hier *sehr gesund* gefunden. Und über allem lag der Duft von Thymian. Kein Wunder, dass der Honig aus Anópoli, den man in Chóra Sfakíon kaufen konnte, so gut schmeckte.

Wir verabschiedeten uns von dem Esel, stiegen ins Auto und fuhren einige Kilometer weiter. Dass wir die Ortsmitte erreicht hatten, die *plateía*, merkten wir, als wir zu einer kleinen Verkehrsinsel kamen mit einer Statue in der Mitte.

Sie funktionierte jedoch nicht wie ein richtiger Kreisverkehr, denn die paar Pick-Up und Traktoren fuhren alle auf der selben Seite, egal in welche Richtung. Wir stiegen aus und inspizierten die Statue genauer. Die lebensgroße Plastik stellte Yánnis Vláchos dar, *Dhaskaloyánnis*, Lehrer Johannes. Wer das wohl gewesen sein mochte? Der Name war uns schon begegnet, aber wir hatten ihn nicht weiter beachtet.

Hinter Anópoli, am Ende der Hochebene, fuhren wir hinein in die Ausläufer der Weißen Berge – wir waren in den *Rízes,* Wurzeln im Wortsinn, in diesem Fall Ausläufer. Schon bald manövrierten wir das Auto auf Schäferpfaden, die nicht für kleine ältliche Fiats gemacht waren, selbst wenn man letztere von ihrem Heizsystem befreit hat. Unser Vorwärtskommen wurde auch von Neil gebremst, der immer wieder anhielt, um Vögel zu identifizieren, was wie mir schien etwa alle fünfundvierzig Sekunden der Fall war.

Dass die Neuseeländer wegen des Mutes, den ihre Truppen im Zweiten Weltkrieg auf Kreta bewiesen haben, in der Sfakia sehr beliebt sind, war uns bekannt. Jean und ich mochten die Neuseeländer auch und ihr Land, in dem wir einmal zu Gast sein durften. Neuseeland ist in vielerlei Hinsicht wundervoll. In diesem Land geben zum Beispiel die Taxifahrer den Fahrgästen Trinkgeld. *Sechsundzwanzig Dollar und achtzig Cent?,* sagen sie mit einem Blick auf die Anzeige. *Gib mir einfach sechsundzwanzig Dollar, Kumpel.*

Die gleiche Art Umkehrung gilt auch beim Vögelbeobachten. In Neuseeland beobachtete ich gerne Vögel, denn dort musste man nicht lange nach ihnen suchen: die Vögel kommen und beobachten dich. Wenn man durch den Busch läuft, folgen dir kleine Vögel, die Graufächerschwanz heißen, oder sie fliegen sogar vor dir her, von Baum zu Baum huschend, als ob sie dich im Auge behalten wollten. Und mancherorts landen große papageienähnliche Vögel auf der Motorhaube, wenn man am Straßenrand anhält, äugen durch die Windschutzscheibe und picken obendrein an den Scheibenwischern herum.

Was aber das Vögelbeobachten auf Kreta angeht, beschränkte sich meine Begeisterung auf die auffälligeren Arten, die dort leben oder auf ihrer Wanderung dort Station machen, wie Wiedehopf, Pirol, Eisvogel und Bienenfresser. Und ich muss zugeben, dass es im Frühling ganz faszinierend war, sich dicht an die Schwalben heranzupirschen, die gerade aus Afrika gekommen waren und an der Kliffkante hingen, zu müde um wegzufliegen.

Doch an diesem besonderen Tag, wie auch schon vorher auf dieser Reise, war ich nicht wirklich zufrieden. Mein Problem war, dass ich nicht daran interessiert war herauszufinden, zu welcher Art Waldsänger dieser eine Waldsänger nun gehörte. Selbst Neil hatte vor ein paar Tagen eine Bemerkung über lästige kleine braune Vögel gemacht, als er eine Beobachtung zu identifizieren versuchte. So sehr ich mich auch bemühte, es war mir nicht wichtig, auf welche Art von Steinschmätzer wir gerade für wenige Millisekunden einen flüchtigen Blick erhascht hatten. Und als ich auf unserer Reise durch das Hinterland voller Stolz einen Vogel als Häher identifizieren konnte (was wohl nicht übermäßig schwierig war) und erleichtert dachte, dass wir nun weiterfahren konnten, war ich enttäuscht darüber, dass es für Neil wichtig war herauszufinden, welche Art Häher es war.

Die Vogelbeobachtung war definitiv eines der vielen Dinge, von denen Neil mehr verstand als ich. Bei unserer ersten Kretareise hatte ihn die Möglichkeit gereizt, Vögel zu entdecken, die man in Nordeuropa sonst nicht sieht. Es war ihm auch gelungen, einen Blick auf etwas zu werfen, wovon er hoffte, dass es Lämmergeier sind, eine sehr seltene Art riesiger Aasgeier, die über den kretischen Bergen am Himmel kreisen.

Jetzt, hoch oben in den Bergen, wollte Neil die Geier

besser und genauer beobachten. Ich war zwar der Meinung, dass Lämmergeier ein lohnenswerteres Ziel sind als Steinschmätzer, fand aber die Aussicht nicht besonders bestechend, lediglich ihre Silhouetten von Ferne sehen zu können, und zudem war ich gar nicht überzeugt davon, dass wir diese seltenen Geschöpfe auch finden würden.

Doch ich musste zugeben, dass die Gegend hier wirklich schön war – und wir sie ganz für uns hatten. Das Auto kroch den unebenen Pfad hoch nach Mourí, eine der verlassenen Siedlungen oberhalb von Chóra Sfakíon, und oberhalb der Baumgrenze hatten wir eine spektakuläre Aussicht auf die kahle Hochwüste. Eine Mondlandschaft wie diese hatten wir noch nie gesehen. Es war so wie Henry Miller Kreta beschreibt, dort wo es am wildesten ist: *Natur im Stadium der Demenz, Natur, die völlig die Beherrschung verloren hat, die hilfloses Opfer ihrer eigenen Elemente geworden war.* Das war auch eine gute Beschreibung von Neils Geisteszustand ein paar Minuten später.

Der steile Anstieg lag zu unserer Linken. Zu unserer Rechten lag ein tiefes Tal, der Beginn der Ilingas-Schlucht, die im Westen von Chóra Sfakíon steil zum Meer hin abfällt und deren oberer Teil als Kavrós bekannt ist. Dann und wann flog blitzschnell ein Kuckuck vorbei. Wann immer Neil bei dem geringsten Anzeichen von Vogelleben anhielt, war alles was wir hören konnten das Gebimmel von Schafglocken, Vogelgezwitscher und Bienengesumm (obwohl, die weniger romantische Wahrheit war, dass ein Teil des Gesummes wohl von Fliegen stammen musste). Wir konnten die verlassenen Häuser von Mourí zu unserer Rechten und weit unten das Libysche Meer in der Frühlingssonne glänzen sehen und Gávdos wie schwebend auf dem fernen Horizont. Pinien und Zypressen boten willkommenen Schatten, und der Duft wilder Kräuter wehte sanft zu uns her.

Kretas Berge waren immer voller Überraschungen, aber hier, auf dem groben Schotterweg oberhalb von Mourí, bot sich uns nach einer Kurve ein völlig überraschender Anblick. Am Wegrand, keine zwei Meter vor uns, lagen die kümmerlichen Überreste einer vor kurzem verendeten Ziege. Das an sich war keine Überraschung – wir sahen oft und rochen noch öfter tote Ziegen in den kretischen Bergen. Doch um diesen Ziegenkadaver hier drängten sich nicht weniger als drei Lämmergeier.

Drei!

Sie hatten das Auto nicht kommen hören, weil der Wind aus der Gegenrichtung wehte. Und genauso wenig hatten sie einen von den Vogelführern gelesen, die ihren Lesern versichern, dass Lämmergeier ausnahmslos einzelgängerische Fresser sind.

Sobald sie das Auto bemerkten, waren sie auf und davon. Drei riesige Vögel mit einer Flügelspannweite von gut zwei Metern erhoben sich wenige Meter entfernt von uns gleichzeitig in die Luft; wir konnten jede Einzelheit ihrer Federn sehen, die rostfarbenen Kehllappen am Schnabel und die rot-orangene Bauchseite. Wir konnten sogar die Luft durch ihre Flügel rauschen hören, als sie über unseren Köpfen in die Höhe stiegen. Wir waren überwältigt und hielten den Atem an. Ich nahm an, dass auch sie überwältigt und atemlos waren.

Jetzt kreisten sie elegant und beobachtend über dem Tal, etwas unterhalb der Stelle, wo wir angehalten hatten, sodass wir sie auch noch von oben sehen konnten. Und als ob das noch nicht genug wäre, kamen, als wir sie ehrfurchtsvoll beobachteten, zwei Goldadler im Sturzflug zu dem Kadaver herunter und segelten dann über die Schlucht, sodass wir auch sie ganz genau betrachten konnten.

Danach wagte ich es nie wieder, mich über Vogelbeobachtung zu beschweren.

Nach dem Erlebnis mit den Geiern fuhren wir zu dem kleinen Platz in Anópoli mit der Statue. Dort bogen wir rechts ab Richtung Westen und fuhren auf einem Pfad durch einen Olivenhain hinunter nach Arádhena, wie Andréas es uns geraten hatte. Der Pfad war am letzten Haus von Anópoli zu Ende und wir mussten notgedrungen zu Fuß weitergehen.

In der Mittagshitze dieses Frühlingstages wanderten wir über Steine und Gestrüpp einen staubigen Pfad entlang. Als wir um eine Biegung kamen, erwartet uns ein atemberaubender Blick auf das antike Dorf Arádhena, dessen bedeutendstes Charakteristikum, die kleine weißgekalkte Kirche mit dem roten Dach, etwa 800 Meter von uns entfernt ins Licht der Nachmittagssonne getaucht war. Ihr Standort war von sagenhafter Dramatik – die Ausläufer der Weißen Berge stiegen hinter ihr in die Höhe und dahinter der hochaufragende Madhára und die kahle Hochwüste.

Das Dorf schien nicht zu weit weg zu sein, aber wir würden einige Zeit brauchen, um hinzukommen, denn zwischen unserem Standort und dem Dorf gab es eine gewaltige Schlucht – was die Kulisse dramatisch verstärkte.

Seit seiner Gründung vor über zweitausend Jahren ist Arádhena nur zu Fuß oder mit dem Maultier und nur über diese Schlucht zu erreichen. Wir konnten einen ordentlich angelegten gepflasterten *kadirími* erkennen, der sich in die Schlucht hinunter und auf der anderen Seite wieder hinaufschlängelte und aussah, als sei er von den Römern angelegt. Der Grund der Schlucht war von dort wo wir standen nicht zu sehen, was ich ziemlich beunruhigend fand.

Jean und Neil begannen gleich mit dem Abstieg. Ich holte ein paar Mal tief Luft, sagte mir, dass ich es schaffen würde, war mir aber nicht sicher, ob ich mir glauben konnte oder nicht, und ging ihnen trotzdem nach. Sie waren mir schon weit voraus. Der befestigte Pfad war sehr gut erhalten, und je tiefer er hinunter führte in die Schlucht, desto feuchter und kühler war die Luft und desto zahlreicher waren die Frühlingsblumen. Es war ein langer Abstieg. Dort angekommen, war die Schlucht am Grund kühl, dunkel und moosbedeckt und nur ein paar Meter breit. Ich setzte mich zum Rasten auf einen nahe gelegenen Felsen und stieg dann auf der anderen Seite hinauf.

Nach beträchtlicher Zeit und völlig atemlos kam ich aus dem Schatten heraus und genoss es, die Sonne wieder auf dem Rücken zu spüren. Ich traf auf Neil und Jean, die direkt am Abgrund saßen und sich an etwas lehnten, das aussah wie die Ruinen einer Taverne. Sie hatten schon mit dem verspäteten Mittagessen aus Käse und Tomaten begonnen.

Nach dem Mittagessen fanden wir schnell heraus, dass Arádhena den großen Bergdörfern, die wir gesehen hatten, wie Askífou oder – gerade heute Vormittag – Anópoli gar nicht glich. Wir suchten uns einen Weg durch die Relikte schmaler Gassen, stiegen über abgestürzte Steine und Äste, fanden aber keine Taverne, kein Kafenion, keine Bäckerei. Und bald war uns auch der Grund dafür klar: es gab auch keine Menschen hier. Arádhena war ein großes Geisterdorf. Es war völlig verlassen, und alles lag in Trümmern, außer der Kirche, die wir in der Ferne sehen konnten. Die braunen und grauen steinernen Häuser waren leer, die eingefallenen Dächer gaben riesige verrottete Balken frei, und die herrlichen sfakiotischen *kamáres,* Bogengänge, standen da ohne Bogen. Exotische Pflanzen – Estragon, Drachenkraut, mit großen auberginefarbenen Dornen – schienen die einzigen Bewohner zu sein.

Wir nahmen an, dass Arádhena wie einige andere Bergdörfer im Zweiten Weltkrieg von den Deutschen als Vergeltung für Widerstandsaktionen zerstört worden war. Und so war der Frieden und die Heiterkeit dieses schönen Ortes zwischen der Schlucht und den Bergen für uns jetzt gestört durch Gedanken über die Tragödie, die sich hier unserer Vermutung nach ereignet hat.

Wir gingen weiter zu der weißgekalkten Erzengel-Michael-Kirche am Rand der tiefen Schlucht. Vor dem Tor fanden wir einen Steintrog mit einem kleinen Abfluss auf einer Seite – das musste eine Art antike Weinpresse gewesen sein. Und durch ein kleines zerbrochenes Fenster in der verschlossenen Kirchentür konnten wir einige verblasste aber sehr schöne antike Fresken an den Wänden erspähen.

Der Friedhof erstreckte sich bis an den Rand des Abgrunds, und dort gab es nichts, was ein Abstürzen würde verhindern können, außer gesundem Menschenverstand, Selbsterhaltungstrieb und einem ramponierten und völlig gebrechlichen Drahtzaun. Bis auf das ferne Summen tausender Bienen, gelegentliches Rabengekrächze tief unter uns und dem Gebimmel von Schaf- und Ziegenglocken war nichts zu hören.

Dann entdeckten wir zwei neu aussehende Grabsteine, die dicht beieinander ein wenig abseits standen und gingen sie uns ansehen. Sie trugen die Jahreszahl 1948. Das konnte bedeuten, dass wir falsch lagen – das Dorf musste den Zweiten Weltkrieg überstanden haben. Gerade wollte sich meine gedrückte Stimmung etwas heben angesichts dieser Tatsache, da machte Jean mich darauf aufmerksam, dass die Verstorbenen – beides Männer mittleren Alters – an ein und demselben Tag gestorben waren.

Jetzt hatten wir schon zwei Fragen, die wir unseren drei alten Männern und einem halben stellen mussten. Wer war Dhaskaloyánnis? Und was in aller Welt ist in Arádhena passiert?

Eine wunderbare furchtbare Geschichte

„Wer ist dieser Dhaskaloyánnis?“, frage ich Barbayánnis am nächsten Tag. „Er ist überall! Es gibt eine Statue von ihm in Anópoli, in Loutró heißt eine Taverne nach ihm, und man begegnet seinem Namen allerorten!“

„Ach, Mister Pete“, sagte Barbayánnis und wiegte den Kopf. „Das ist eine schreckliche Geschichte. Eine wunderbare und furchtbare Geschichte.“ Er war gerade vom

Meer gekommen, wo er in den flachen Felsenbecken an der Küste Salz gesammelt hatte – Meerwasser strömt bei Sturm in die Becken, und wenn das Wasser in der Sonne verdunstet ist, bleibt das Salz zurück.

Er setzte sich und bedeutete uns, es ihm gleich zu tun. Das würde wohl eine längere Geschichte werden.

Dhaskalo-yánnis, Lehrer Johannes, war gar kein Lehrer, sondern ein sfakiotischer Händler, der um 1760 herum reich geworden war. Er besaß vier Dreimaster als Folge der relativen Unabhängigkeit von den Türken, die die Sfakiá genoss. Anders als andere Kreter, konnten die Sfakioten, dem Blick der Osmanen entzogen, am Strand von Chóra Sfakíon und in Loutró Schiffe aus einheimischen Hölzern bauen. Und der Zugang zum Meer ermöglichte es ihnen, der Isolation zu entfliehen, die das übrige Kreta durch die Osmanen erfuhr, und mit eigenen Schiffen Handel zu treiben auf dem Mittelmeer und sogar bis ins Schwarze Meer und bis nach Russland.

„Es gab hier Familien" – Barbayánnis zeigte auf ganz Ombrósyalos –, „die in größerem Luxus lebten als irgendeiner von diesen gottverdammten türkischen Adligen an der Nordküste. Und Anópoli hatte tausende Einwohner. Tausende." Loutró, als einziger Hafen an der Südküste von Kreta, der das ganze Jahr genutzt werden konnte, war der Haupthandelsplatz, aber auch Chóra Sfakíon hatte eine Handelsflotte von 40 Schiffen.

Dhaskaloyánnis wurde wohl Lehrer genannt wegen seines Wissens, das er sich auf seinen Reisen angeeignet hatte, seinen Fähigkeiten als Übersetzer, seiner westlichen Kleidung und seiner diplomatischen Kontakte. Im ersten russisch-türkischen Krieg (1768 bis 1774) wollte Katharina die Große von Russland eine zweite Front schaffen, indem sie die Griechen zur Rebellion ermutigte. Wie die Festlandsgriechen, ließ sich auch Dhaskaloyánnis durch die Zusage russischer Unterstützung überzeugen, und so führte er die Sfakioten in eine bewaffnete Rebellion. Die minimale russische Unterstützung, die in Griechenland ankam, erreichte Kreta nie. Die Erhebung auf dem Festland wurde schnell und brutal niedergeschlagen, die Kreter wurden sich selbst überlassen.

„Kennst du die berühmte Kirche bei Komitádhes, Panayía Thimianí?“, fragte Barbayánnis mich.

„Ja, wir waren dort.“

„Dort war es, wo sich die alten Sfakioten getroffen haben und wo sie beschlossen, Dhaskaloyánnis zu unterstützen.“

„Ich dachte, das war die Rebellion von 1821?“

„Oh, da haben sie sich auch dort getroffen, aber das war, weil sie dem Beispiel von Dhaskaloyánnis folgen wollten. Wusstet ihr“, fuhr er fort, „dass es unten an der Küste eine Höhle gibt, die Dhaskaloyánnis während der Rebellion als Hauptquartier genutzt hat?“ Das wussten wir natürlich nicht.

„Ist es möglich, dorthin zu gehen?“, fragte Jean.

„Ich nehme euch in meinem Boot mit“, bot er uns an. „Zu Fuß kommt man da nicht hin. Lasst uns gleich losgehen. Nehmt eine Stablampe mit.“

Jean rannte in unser Zimmer hinauf, um die Taschenlampe zu holen. Ich sah mich nach Neil um, aber der lag noch am Strand in der Sonne.

Barbayánnis schüttelte das grobe Tuch aus, das er für das Salz gebraucht hatte, und machte für uns Platz auf dem Boot. Wir tuckerten aus dem kleinen Hafen hinaus und winkten Andréas dabei vornehm zu.

Die Höhle lag zwischen Vríssi und dem nächsten Strand bei Ilingas und war vom Meer aus überhaupt nicht zu sehen – was natürlich der springende Punkt war. Allein hätten wir sie nie gefunden.

Um in die Höhle zu kommen, mussten wir vom Boot aus, das Barbayánnis von den Felsen weg hielt, während wir heraussprangen, über die den Eingang verdeckenden Felsbrocken klettern. Die Höhle, in deren Mitte sich herabgefallenes Gestein angesammelt hatte, war anfangs sehr hoch und zog sich tief in den Berg hinein, wo sie sich zu einem dunklen Kriechgang verengte. Der Legende nach, hatte uns Barbayánnis gesagt, führt am Ende der Höhle ein Gang hinauf zur Aghía-Triádha-Kirche oberhalb von Ombrósyalos, wo es im Kirchenschiff tatsächlich eine kleine, tunnelartige Öffnung gab, die jetzt versperrt war. Uns war nicht danach, auf allen Vieren auf Erkundung zu gehen.

Barbayánnis hatte uns auch erzählt, dass Dhaskaloyánnis in der Höhle sein eigenes Revolutionsgeld geprägt hat und dass Jungen aus dem Ort bisweilen dorthin gegangen sind in der Hoffnung, etwas davon zu finden. Das haben sie nie, und uns würde es genauso gehen.

Wir kletterten zurück ans Sonnenlicht, wo Barbayánnis in seinem Boot auf uns wartete. Auf dem Weg zurück nach Chóra Sfakíon frischte der Wind auf und das Meer wurde immer unruhiger. Wir hielten uns am Bootsrand fest, während er seine Geschichte fortsetzte; er schrie, um den Motorlärm zu übertönen und gestikulierte mit der freien Hand.

„Wisst ihr, was ich mit Krápi meine?“

Ja, das wussten wir. Krápi war eine ziemlich kleine Ebene, spielte jedoch wegen ihrer Lage an der Nord-Süd-Straße, kurz vor dem letzten Pass nach Askífou, in der Geschichte eine außerordentlich wichtige Rolle. Heute kann sie sich mit Feldern brüsten, die im Frühling herrlich bunt sind, dem *kéntro* für Hochzeiten und Tauffeiern, wo wir mit Yannís gewesen sind, und noch einigem anderen.

„Dort war es, wo die Sfakioten unter Dhaskaloyánnis den Aufstand gegen die Türken vereinbart haben.“

„Wo genau?“

Bei der Kirche – Sankt Johannes der Täufer.“ Wir hatten sie gesehen. Sie war winzig. Die Deklaration war – ich sah später in unseren Büchern nach – im April 1770 erfolgt.

Die Sfakioten waren nur 2000 Mann, aber Dhaskaloyánnis hatte mit seinem Vermögen einen großen Vorrat an Waffen und Nahrung angelegt. Die Rebellenarmee stieß vom sfakiotischen Hochland hinunter in die Küstenebenen im Norden und zwang die türkische Armee zum Rückzug nach Chaniá.

Nach etwa einem Monat hatten die Türken jedoch eine Armee von 15.000 Mann aufgestellt, bereit zum Marsch in die Sfakiá. Viele sfakiotische Familien brachten Frauen und Kinder auf der Insel Kithera in der Nähe des Peloponnes in Sicherheit. Andere Frauen und Kinder sammelten sich in Loutró, von wo aus sie wenn nötig mit dem Schiff fliehen konnten.

Die erste Schlacht fand in Krápi selbst statt. Es lief nicht gut für die Rebellen, und die Sfakioten mussten den Rückzug antreten. Man musste nach einer Niederlage mit der Rache der Türken rechnen, und um Zeit für die Frauen und Kinder zu gewinnen, damit sie aus Loutró fliehen konnten, kämpften die Männer weiter während sie sich zurückzogen, erst nach Askífou und dann über die Berge nach Anópoli, wo es zu heftigen Nahkämpfen mit dem Messer kam. Die letzte große Schlacht war in Arádhena. Nach unserem Ausflug am Vortag hatten wir in etwa eine Vorstellung davon.

„Die Schlucht muss doch eine hervorragende Position zur Verteidigung geboten haben“, meinte ich.

„Ja, aber letztendlich half das nichts.“

Obwohl die sfakiotische Armee bestehen blieb, hatten die Türken bis Herbst viele Dörfer zerstört – darunter Anópoli, Kallikrátis, Asféndou und Ombrósyalos –, alle Tiere mitgenommen und viele Bewohner unterjocht, die nicht hatten fliehen können. Die Sicherheit der Frauen und Kinder war ein gravierendes Problem – die Frau und zwei Töchter von Dhaskaloyánnis waren als Geiseln genommen worden – und die verschiedenen Gruppen geflohener Frauen und Kinder waren ein gravierender Umstand beim Kampf.

Die Paschas von Iráklio, Réthimno und Chaniá entsandten eine gemeinsame Streitmacht von 40.000 Männern nach Askífou, in der Absicht, erst nach Anópoli und dann nach Loutró zu marschieren und die Frauen und Kinder gefangenzunehmen oder zu töten. In einer beispiellosen Schlacht hielt eine Gruppe von zweihundert Sfakioten eine türkische Armee auf, die in die Samariá-Schlucht vorzudringen versuchte, wo tausende Frauen und Kinder versammelt waren.

Dhaskaloyánnis entschied sich deshalb, mit den Türken eine Amnestie auszuhandeln. Es wurde ihm zugesichert, dass sein Leben geschont und die Zerstörung der Sfakiá gestoppt würde, wenn er sich ergäbe. Er und eine Reihe Gefolgsleute gaben daher die Sicherheit der Berge auf und ergaben sich in Frangokástello. Yánnis wurde nach Iráklio gebracht. Der türkische Pascha behandelte ihn zunächst mit Achtung, doch das sollte sich bald ins Bösartige verkehren. Das Schicksal von Lehrer Johannes war grausam. Der Pascha fragte ihn eines Tages, warum er die Rebellion angeführt habe, da doch die Sfakiá trotz allem relativ unabhängig war. Yánnis antwortete, dass das wohl der Fall war, dass aber die übrigen Kreter immer noch wie Tiere behandelt würden, und dagegen habe er kämpfen wollen. Das versetzte den Pascha so in Rage, dass er im Juni 1771 befahl, dass Dhaskaloyánnis öffentlich die Haut bei lebendigem Leib abgezogen werden soll.

Barbayánnis schilderte uns das in Einzelheiten. Die Verzweiflung auf seinem Gesicht, während er erzählte und das Boot zur Küste manövrierte, war deutlich erkennbar. Für ihn war das nicht etwas, das vor langer Zeit und weit von hier geschehen war.

Als wir wieder zurück waren, nachdem Barbayánnis uns am Hafen abgesetzt hatte, sagten wir zu Andréas, der gerade die Außentische abwischte: „Gestern waren wir in Arádhena.“

„Gut!“ meinte er.

„Du hast gesagt, wir sollten es uns ansehen“, erinnerte ich ihn. „Es ist ein schöner Ort.“

„Ja, sehr nett."

„Aber ziemlich traurig."

Er schien plötzlich nicht mehr interessiert zu sein und begann wieder die Tische abzuwischen.

„Traurig, ja, traurig."

„Was ist denn dort passiert, Andréas? Warum ist das Dorf verlassen? Waren das die Nazis?"

„Nein, die Nazis haben Asféndou in die Luft gejagt. Und Kallikrátis."

„Also was ist in Arádhena passiert?"

Andréas hatte plötzlich etwas Dringendes in der Küche zu tun.

„Blutrache", sagte er im Weggehen, „es war Blutrache." Blutrache ist ein Phänomen, das in rauen Bergregionen auftritt, wo Recht und Gesetz nicht gelten oder wo das Gesetz das einer fremden Besatzungsmacht ist und wo Menschen aus Notwendigkeit und aus Tradition das Recht selbst in die Hand nehmen. Ich wusste, dass es Gegenden in Europa gab, wo noch in neuerer Zeit Blutrache geübt wurde, wie in Albanien, Sardinien, Korsika, Montenegro. Aber hier auf Kreta? Das war eine Überraschung.

Niemand schien mit uns darüber reden zu wollen, und so warf ich später einen Blick in das Buch von Pashley, das oben in unserem Zimmer lag. Natürlich konnte er nicht über 1948 geschrieben haben, aber er würde wahrscheinlich diese Tradition kennen, so es sie denn gab.

Und tatsächlich, mehrere Seiten waren diesem Thema gewidmet. Pashley hatte erfahren, dass wegen dieser Tradition in Anópoli nur wenige Männer eines natürlichen Todes starben, und er hatte erfahren, dass manche Blutrache gesellschaftlich anerkannt war, dass manche Dörfer eine Art dauerhafter Feindschaft miteinander pflegten. Kallikrátis und Askífou, erfuhr er, waren in Feindschaft mit Imbros und Asféndou verbunden. Das war, weil *vor langer Zeit* ein Mann aus Asféndou einen Mann aus Imbros getötet hatte. Männer aus Imbros griffen deshalb Asféndou an und waren so erfolgreich, dass sie alle Menschen vertreiben und ihre Häuser und Felder an sich reißen konnten. Die heutigen Einwohner von Asféndou sind deshalb historisch betrachtet Imbrioten – aber wie genau Kallikrátis in diese unglückliche Geschichte verwickelt war, sagt Pashley nicht.

Ein paar Tage danach kam Andréas an unseren Tisch mit einer Ausgabe der unregelmäßig erscheinenden Zeitung *Ta Sfakiá*, die in Athen herausgegeben und an alle Haushalte hier verschickt wird. Er breitete sie vor uns aus, blätterte darin, bis er die richtige Seite gefunden hatte und drückte seinen Daumen auf einen Artikel, bevor er wieder verschwand.

Der Artikel enthielt im Titel das Wort Arádhena. Ich nahm mein Wörterbuch heraus. Arádhena, hieß es in dem Artikel, durch den wir uns mühselig hindurcharbeiteten, war bewohnt bis 1948, als es von furchtbarer Blutrache getroffen wurde. Einige, so der Artikel, würden die Entvölkerung Arádhenas mit Feindseligkeiten während des griechischen Bürgerkriegs in Verbindung bringen, doch die Wahrheit scheine zu sein, dass an einem Tag im Jahr 1948 ein Mann einen anderen beschuldigte, eine Schafglokke gestohlen zu haben. Der Vorwurf wurde bestritten. Er wurde wiederholt, mehrfach. Der Ankläger wurde angegriffen und beleidigt. Er erschoss den Beschuldigten. Dann – es gab wohl keine andere Wahl – erschoss ein Familienmitglied des Beschuldigten den Ankläger.

Es gab zwei Möglichkeiten nach diesen Morden. Die Menschen konnten darauf warten, dass der zweite Mord gerächt wurde und dann darauf, dass dieser Mord auch wieder gerächt wurde und immer so weiter, in einem Teufelskreis ohne Ende – mit Adam Hopkins gesagt: *Keine Rache zu nehmen bedeutet für einen Mann ein Versager zu sein, und ein Streithandel konnte sich über Generationen hinziehen und manchmal zur Auslöschung ganzer Familien führen.*

Oder alle konnten fliehen.

Sie sind alle geflohen, und das Dorf blieb für über 40

Jahre verlassen.

Es war nicht das erste Mal in der langen Geschichte der Sfakiá, dass Menschen in großer Zahl ein Dorf verlassen hatten, um der Blutrache zu entgehen. In früheren Zeiten war es oft nötig, die Sfakiá ganz zu verlassen, um in Sicherheit zu leben. Griechische Historiker wiesen nach, dass der Nachname Sfakianákis auf Kretas ziemlich geläufig ist, was beweist, dass viele Sfakioten in Dörfer im Flachland gezogen sind und von ihren neuen Nachbarn Sfakianákis genannt wurden. Und selbst in jüngerer Zeit haben Morde – wenn sie glücklicherweise auch nur selten vorkommen – dazu geführt, dass die Familie des Täters mitsamt den völlig unschuldigen Frauen und Kindern die Gegend oder sogar die Insel verlassen musste.

Dieser Tage, schrieb der Journalist der *Ta Sfakiá*, haben die Menschen wohl ihre Lehren aus der Geschichte von Arádhena gezogen. Wenn es heute ernsthafte Meinungsverschiedenheiten in der Sfakiá gibt, geht es meistens um Geschäfte oder um Land und um den Zugriff auf das Geld, das die Touristen bringen, doch es gibt kluge Männer, die hinzugezogen werden können, um eine friedliche Lösung herbeizuführen.

„Wie Katsouloyánnis", meinte Jean.

Wie überall in kleinen Dörfern, bedeutet die Lösung eines Problems nicht notwendigerweise, dass die zerstrittenen Parteien Freunde werden oder überhaupt miteinander reden, aber, schreibt der Journalist, das Problem wird gewöhnlich zur relativen Zufriedenheit und auf gewaltfreie Art gelöst.

Diesen letzten Absatz zeigte ich Manoússos, der am Nachbartisch seinen Kaffee trank.

„Ja", sagte er, „so läuft es gewöhnlich."

Er zögerte ein wenig.

„Ja", wiederholte er, „ja, gewöhnlich."

Immerzu bergab

Nach der Lämmergeier-Beobachtung hatte Neils Neigung zu Bergtouren noch zugenommen, obwohl wie ich annehme uns allen klar war, dass dieses von Angesicht-zu-Schnabel-Erlebnis sich nicht wiederholen würde. (Und kein Ornithologe hat uns jemals geglaubt, was wir gesehen haben.)

Wir beschlossen deshalb einige Tage später, uns wieder in die Berge zu wagen, aber in entgegengesetzter Richtung. Von Anópoli hinüber nach Imbros im Osten. Ich nahm an und ich hoffte, dass die Blutrache zwischen Kallikrátis und Askífou, zwischen Imbros und Asféndou seit langem vergessen war.

Jean kann nur Automatikautos fahren, also bot ich mich als Fahrer an für die kurvenreiche Strecke hinter Chóra Sfakíon. Meine Begründung war, dass Neil so besser in der Lage sei, durch das Fernglas aufregende geierähnliche Schemen zu beobachten, die möglicherweise über den Himmel wirbeln. Das bedeutete natürlich auch, dass wir nur dann anhalten würden, wenn ich das wollte.

Zwischen Imbros und Askífou bogen wir rechts nach Osten ab, wo es laut Straßenschild nach Asféndou und Kallikrátis ging. Das Schild war so voller Einschusslöcher, dass es fast nicht zu lesen war – unten in Chóra Sfakíon hatten wir im Souvenirladen eine stark nachgefragte Ansichtskarte entdeckt mit einem Foto, das ein cleverer Geschäftsmann davon gemacht hat. Die Betonstraße, auf die wir abgebogen waren, stammte aus der Zeit der deutschen Besetzung und war angelegt worden als Zubringer zu dem Sendemast, den die Nazis durch Zwangsarbeit in den Bergen bei Akonés hatten errichten lassen. Diese Anlage ist modernisiert worden und wird zur Weiterleitung von Telefon- und Radiosignalen verwendet.

Nach einigen Kilometern auf diesem steilen und schmalen Weg hoch in den Bergen, zwischen Imbros und Asféndou, stellte ich plötzlich fest, dass ich gerade einen Fehler gemacht hatte – ich hatte eine Weggabelung übersehen. Die linke Abzweigung, auf der wir fuhren, war die betonierte Straße zum Sendemast hoch und die rechte Abzweigung war der Feldweg, der in die Berge hinein führte und auf den wir kommen wollten. Das Problem war, dass die rechte Abzweigung über eine kurze Strecke steil abfiel, weshalb ich sie erst gesehen hatte, als ich daran vorbei fuhr. Jetzt fuhren wir also in die falsche Richtung und es gab nirgendwo eine Möglichkeit zum Wenden. Rückwärtsfahren war wegen des Steilhangs auch keine gute Idee.

„Ich sag dir was", meinte Neil, „oben bei der Sendestation musst du wenden können. Ich steige hier aus und gehe ein Stück, mal sehen, was für Vögel ich entdecke."

Jean und ich fuhren das kurze Stück bis zum Eingang zur Sendestation, wo ich das Auto wirklich leicht wenden konnte. Ich fuhr zurück zu der Weggabelung, aber dort musste ich eine sehr scharfe Linkskurve fahren, um auf die richtige Abzweigung zu kommen. Der Winkel war aber so spitz und die beiden Wege so schmal, das ich nicht mit einem Mal herumkommen würde. Außerdem musste dieses Manöver an der Steilhangkante ausgeführt werden.

Ich steuerte das Auto so weit wie möglich nach links, schob mich so nah an den Rand wie ich mich traute, legte dann den Rückwärtsgang ein und ließ die Kupplung los. Jean schrie auf, als zu meinem Entsetzen das Auto statt rückwärts zu fahren einen Satz nach vorne machte, noch näher an den Steilhang heran. Ich war nicht im Rückwärtsgang – ich war den Mietwagen noch nie gefahren und kannte die Launen seines Getriebes nicht. Ich versuchte wieder den Rückwärtsgang einzulegen. Und wieder war es verkehrt. Jean war sehr blass geworden. Ich schwitzte stark und bat Jean, auszusteigen, das tat sie sofort, ging um das Auto herum nach vorn und sagte mir, was an Platz blieb, bevor wir abstürzen würden. Sie bedeutete mir, dass wir einen Spielraum von etwas 15 Zentimetern hatten. Zum dritten Mal versuchte ich den Rückwärtsgang zu finden. Mit fest angezogener Handbremse ließ ich die Kupplung ganz langsam kommen und atmete erleichtert auf, als das Auto rückwärts gegen die Bremse drängte. Ich ließ die Bremse langsam los, und der Rand des Abgrunds entfernte sich. Jetzt konnte ich die Kurve schaffen.

Jean stieg wieder ein, und ein paar hundert Meter weiter sahen wir Neil auf einem wunderhübschen kleinen Bergrücken zwischen zwei Tälern im Gras sitzen. Ich stellte den Motor ab, stürzte aus dem Auto und warf mich schwer atmend neben ihm ins Gras. Die Weißen Berge, auf die wir eine ganz großartige Sicht hatten, hatten noch nie so einladend ausgeschaut.

Der Bergrücken lag an der höchsten Stelle der Kápnis-Schlucht, die, wenn man unserer Karte glaùben durfte, zwischen der Imbros- und der Asféndou-Schlucht Richtung Küste verlief. Es war ein wunderbar klarer Tag, und wir konnten nicht nur den Páchnes sehen, den höchsten Gipfel der Weißen Berge, sondern auch den Psilorítis im weiter östlich gelegenen Ida-Gebirge, den um wenige Meter höchsten Berg Kretas.

Direkt am Weg lagen einige außergewöhnliche altertümliche Hirtenhütten – das sfakiotische Wort für diese kleinen bienenstockförmigen Unterkünfte ist *mitáto*. Sie waren fachmännisch gebaut, mit Steinen aus der unmittelbaren Umgebung und waren derart verschmolzen mit der Landschaft, dass man sie von weitem kaum erkennen konnte. Wir saßen auf einem dünnem Grasteppich, auf dem eine Unmenge winziger roter und gelber und weißer und rosafarbener und blauer Wildblumen wuchs, unter ihnen (wie man mir sagte) verschiedene Arten von Wicke, Bibernelle, Zwergmargerite, Kamille und Ranunkel. Es gab keine von Menschen gemachte Geräusche, nur das Zwitschern der Vögel und das Summen der Insekten war zu hören.

Doch vor etwa vierzig Jahren hatte es hier jede Menge durch Menschen verursachte Geräusche gegeben. Der junge Kanákis Yeronimákis, heute ein Historiker, dessen Buch ich gerade wieder las, hat von einem *mitáto* aus zugeschaut und sie gehört. Er war hier mit einem halben Dutzend Familien, die vor den Deutschen aus Imbros geflohen waren. Die britische Armee, die auf dem Rückzug war, strömte in die Imbros-Schlucht unterhalb, und er beschreibt sehr lebendig den Widerhall tausender Soldatenstiefel in der Schlucht.

Sobald ich mich genügend beruhigt hatte, fuhren wir weiter, diesmal mit Neil am Steuer, und bald schon sahen wir Asféndou vor uns liegen. Das Dorf bestand aus verstreut liegenden Häusern und hatte, soweit wir von hoch oben sehen konnten, kein wirkliches Zentrum. Es lag in einer sehr tiefen Senke und war fast ganz von Bergen umschlossen.

Der Name Asféndou geht zurück auf die Zeit vor den Mykenern, die entweder die minoische Kultur zerstörten oder deren Zerstörung durch Erdbeben nutzten, um die Insel unter Kontrolle zu bringen, je nachdem, welchen Geschichtsforscher man liest. In den Weißen Bergen gibt es keinerlei Spuren der minoischen Zivilisation. Warum sollte man auch in den Bergen leben, wenn man im Flachland in Frieden seine Felder bebauen kann? Historiker verweisen auf postminoische Berichte über ein nichtgriechisches Volk namens Eteokreter oder Urkreter. Es besteht die Vermutung, dass es sich um Nachfahren des minoischen Volkes handelt, die vor den Mykenern in abgelegene Regionen der Insel geflohen sind. Und wo hätte man sich besser vor Angreifern verstecken können, als in den Bergen der Sfakía?

Die Sprache die Minoer ist nicht bekannt, und obwohl es in der sogenannten Linearschrift A schriftliche Aufzeichnungen davon gibt, hat sie noch niemand entschlüsseln können. Es ist auch nicht sicher, dass zur Zeit der Minoer überall auf der Insel die selbe Sprache gesprochen wurde, also braucht der Name Asféndou gar nicht aus der minoischen Sprache zu stammen, selbst wenn er eteokretisch wäre. Aber andererseits, welch faszinierender Gedanke, wäre es doch der Fall. Wir konnten uns gut vorstellen, dass das Dorf vor 3500 Jahren von Familien gegründet wurde, die aus Knossos oder Phaestos geflohen waren und hoch oben in dieser von schützenden Bergen umgebenen Senke Zuflucht suchten. Und es wäre Ironie anzunehmen, dass sie vor Griechen geflohen waren.

Wir begegneten weder Griechen in Asféndou noch sonst jemandem, als wir die lange staubige Abfahrt voller Schlaglöcher hinter uns hatten. Manche Häuser waren nach ihrer Zerstörung während des Kriegs repariert worden: obwohl die Wände traditionell aus Stein waren, hatten sie Dächer aus Beton. Wir hielten an und liefen um einige Ruinen herum. Jean fotografierte ein paar traurige Torbogenpfeiler, die wie in Arádhena keinen Bogen mehr hatten, und, was heiterer war, Zwerglilien und Orchideen. Neil suchte den Himmel nach Vögeln ab.

Hinter Asféndou fuhren wir wieder bergauf Richtung Kallikrátis, und die Straße wurde viel rauer – sie war gerade erst mit Bulldozer planiert worden. Wir dachten, dass wir in Kallikrátis bestimmt die ersten Touristen sind, die mit dem Auto aus dieser Richtung kommen und nicht mit dem Maulesel oder zu Fuß.

Plötzlich trat inmitten dieser Wildnis vor uns ein Mann auf den Weg und bedeutete uns anzuhalten. Er trug eine schwarze Jacke, ein schwarzes Hemd, staubige schwarze sackartige Hosen, eine gehäkelte *mandíla* auf dem Kopf und kniehohe Lederstiefel. Ein Fernglas hing ihm über der Schulter. Er war offensichtlich Schäfer, und er wollte offensichtlich mitgenommen werden.

Mir drängte sich sofort eine Erinnerung auf. Bei unserem ersten Besuch auf Kreta im Sommer, in der Zeit vor Jean, waren Neil und ich auf ähnliche Weise zum Anhalten gezwungen worden von einem großen älteren Schäfer, der mitten auf dem schmalen Pfad stand, seinen Hirtenstab schwang und uns den Weg versperrte. Er hatte stark nach etwas gerochen, von dem wir hofften, dass es nichts Schlimmeres war als Schaf. Barsch gab er uns zu verstehen, dass er einsteigen wolle. Ich stieg aus, damit er auf den Rücksitz des Zweitürers klettern konnte. Das lehnte er mit einer verächtlichen Kopfbewegung ab. Er winkte mich auf den Rücksitz – es schien mir vernünftig zu sein, Folge zu leisten – und kletterte ungelenk auf den Vordersitz neben Neil. Dann winkte er gebieterisch – glücklicherweise – in die Richtung, in die wir wollten. Als wir losfuhren, sagte er:

„Doits?“ *Deutsch*? Waren wir Deutsche?

„Nein.“ Wir schüttelten den Kopf. „Engländer.“

„*Kalá*“, sagte er, „gut.“

Ich konnte damals nur wenig Griechisch, und so schwiegen wir alle. Der Schäfer starrte aufmerksam auf die Straße vor uns. Nach ein paar Kilometern bedeutete er uns anzuhalten, indem er mit seinem Stock auf den Boden schlug, und so gebieterisch wie vorher stieg er aus und stiefelte davon, ohne einen Blick zurück oder ein Wort des Dankes.

Deshalb war ich mir nicht sicher, ob wir für diesen Schäfer anhalten sollten oder nicht, aber Neil, der eindeutig keinerlei Zweifel hatte, bremste. Ich ging zu Jean auf den Rücksitz, und der Schäfer rutschte auf den Vordersitz. Ich machte mir innerlich Vorhaltungen, weil ich daran gedacht hatte, nicht anzuhalten. Das Ziel dieses Mannes war nicht weit entfernt – er hatte sowieso dorthin laufen wollen, bis wir wie ein Geschenk des Himmels auf der Bildfläche erschienen – und er arbeitete, während wir Ferien machten. Er war auch ein Sfakiote, und Sfakioten waren Menschen, die wir sehr schätzten. Der Schäfer freute sich über die Mitfahrgelegenheit. Er grinste breit.

„Wo übernachtet ihr?“, wollte er wissen.

„In Chóra Sfakíon“, sagte Jean.

Er schnaubte verächtlich.

„*Einai kaló móno ya bán-yo*“, erwiderte er, „das ist nur zum Schwimmen gut!“

Wir begriffen, dass es für ihn nichts gab, was es mit der Majestät der Berge aufnehmen konnte, mit der Reinheit der Luft und der Abwesenheit von Menschengedränge.

Dann bat er, durch Neils Fernglas schauen zu dürfen. Das Fernglas ist ein unerlässlicher Teil der Ausrüstung eines Hirten, damit er Schafe und Ziegen auch auf fernen Berghängen ausfindig machen kann. Nachdem er es eine Weile ausprobiert hatte, schlug er Neil vor, die Ferngläser zu tauschen. Ich hatte das Gefühl, dass es unhöflich gewesen wäre abzulehnen, also sagte ich an Neils Stelle, dass das nicht ginge, weil es ein Geschenk seiner Mutter sei. Dem Hirten machte das nichts aus – er schien einfach nur froh zu sein, Gesellschaft zu haben. Diese Männer, dachte ich, führen ihre Herden und vielleicht auch ihre Käserei-Ausrüstung in der Hochsommerhitze über die Baumgrenze hinaus zu den Hochwiesen der Madhára, direkt unterhalb der nackten, grotesk anmutenden Mondlandschaft der Hochwüste. Dort bleiben sie viele Wochen lang, ganz auf sich gestellt, kümmern sich um ihre Herden und machen in ihrem *mítato* ihren unvergleichlichen Hochlandkäse *graviéra.*

Als wir in Kallikrátis angekommen waren, lud uns der Schäfer in die kleine, sparsam möblierte Taverne ein und spendierte uns eine Limonade. Kallikrátis war genau so ein archetypisch isoliertes und revolutionäres sfakiotisches Bergdorf wie man es sich vorstellt, und es war nicht schwer, sich seine wichtige Rolle im Kampf gegen die Türken und gegen die Deutschen vorzustellen.

Es waren schon ein paar andere Schäfer in der Taverne, die sehr erfreut schienen, dass einmal Touristen des Wegs kamen. Sie fragten wie üblich, ob wir Doits seien. Wir antworteten, nein, wir kämen aus England. Sie nickten leicht – es war wohl in Ordnung, Engländer zu sein. Jean sagte, sie sei Amerikanerin. Das war auch in Ordnung. Es herrschte Schweigen, während sie für eine Weile in die Ferne starrten. Da schien dem älteren Schäfer etwas einzufallen.

„Thatssér!“, rief er.

Wir bestätigten nickend, dass die Genannte unsere Premierministerin war. Wieder herrschte Schweigen. Dann blickte der jüngere Schäfer auf, schlug mit der Faust auf den Tisch und erklärte triumphierend:

„Thatssér – Fassíst!“

Die Bergdörfer der Sfakiá waren anscheinen immer noch die Heimat von Radikalismus und Auflehnung.

Dieses besondere Dorf war auch die Heimat von einigen besonders wilden Hunden, wie wir feststellen mussten, als wir zu unserem Auto wollten. Als wir aus der Tür der Tavernen traten, wurden wir von drei äußerst scharfen Bestien angegangen, die auf uns losstürzten und wie wild bellten. Wir traten den Rückzug an und schauten unsere drei neuen Freunde ängstlich an. Sie sagten nicht wie britische Hundebesitzer, keine Sorge, die tun euch nichts, wir hätten es ihnen auch nicht geglaubt. Stattdessen spazierte einer von ihnen hinaus und brüllte mit heiserer Stimme die Hunde an, die sofort davonliefen und auf einen Pick-Up sprangen, der in der Nähe geparkt war. Jean und ich waren etwas zittrig – ich für meinen Teil hatte für einen Tag genug Aufregung. Neil, ein erfahrener Hundebesitzer, war gelassener zuversichtlich geblieben, zumindest äußerlich.

In Chóra Sfakíon fragten wir Andréas, warum die Hirtenhunde so bissig waren.

„Sie sind zum Schutz da“, erklärte er.

„Wovor muss denn eine Herde beschützt werden?“

„Manche Schäfer denken, dass Geier ihre Herden angreifen.“

Lämmergeier, erinnerte uns Neil, sei das deutsche Wort für *lamb vulture*, doch die meisten Experten gingen davon aus, dass sie nur Aas fressen (und die Plazenta der Schafe nach dem Lammen).

Dann riet uns Andréas, falls sich uns ein aggressiv scheinender sfakiotischer Schäferhund nähern sollte – oder schlimmer, Schäferhunde – und wir den Hirten nicht sehen konnten, damit er ihn zurückpfiff, es das Beste sei, ein paar Steine aufzuheben, und zwar so, dass der Hund es merkt. Alle Berghunde wurden schon einmal mit Steinen beworfen und sie wissen, dass es weh tut. Wir dachten, dass die *Royal Society for the Prevention of Cruelty to Animals* das moralisch niemals gutheißen würde, doch wir speicherten die Information ab, denn wir waren überzeugt, dass sich *in extremis,* allein in den entlegenen Weißen Bergen, diese Taktik als sehr nützlich erweisen könnte. Andréas meinte noch, wenn die Hunde sehen, dass man einen Stein von einer Hand in die andere nimmt, weichen sie meist zurück, ohne dass man auf sie werfen muss.

Er erinnerte uns auch daran, dass Hunde im ländlichen Kreta keine Haustiere sind. Sie helfen Schafe zu finden und einzukreisen, doch oben in den Bergen ist es ihre Hauptaufgabe, die Hütte des Hirten, seine Ausrüstung und vor allem seine Tiere zu beschützen, und deshalb müssen sie wild sein. Sie werden für ihren Mut und andere Qualitäten geschätzt, doch die Leute betrachten sie als schmutzig und würden keinen Hund streicheln oder ins Haus lassen. Sie mögen mit Respekt behandelt werden, aber nie mit deutlicher Zuneigung. Andréas' alter Freund Katsouloyánnis hing, wie er sagte, sehr an seinem Hund Einstein und war auch von ihm abhängig, aber er würde ihn niemals ins Haus lassen.

„Oder ihm ein quietschendes Spielzeug kaufen und ihn auf dem Sofa sitzen lassen", sagte Neil.

Der Ausdruck quietschendes Spielzeug war Andréas entgangen.

Ich hatte noch ein anderes neues Buch über Kreta mitgebracht, außer Pashley und Yeronimákis. Der bekannte Anthropologe Michael Herzfeld hat es geschrieben, der Titel ist *The Poetics of Manhood.* Die nächsten Tage las ich darin. Herzfeld schreibt über die Bedeutung des Viehraubs für das kretische Dorf, in dem er lebte – nicht in der Sfakiá, sondern weiter östlich.

Die Dorfbewohner überfallen systematisch gegenseitig ihre Herden, schreibt er, *und das im Einklang mit nachvollziehbaren Regeln: es gibt richtige und falsche Arten zu stehlen.* Männer, vor allem jüngere Schäfer würden stehlen, um ihre Herden zu vergrößern, aber auch um sich den Ruf als *levéndis* zu erwerben – als jemand, der mutig und edel ist und ein wertvoller Verbündeter. Sogar Leute, die von ihm bestohlen worden waren, konnten so seine Verbündeten werden, wenn sie ihn für einen Mann von Mut und Spürsinn hielten. Ältere Schäfer raubten Vieh meist nur, um sich an jüngeren Räubern zu rächen, die sie bestohlen hatten. Viehraub hatte auch eine positive Bedeutung, weil er historisch mit dem Widerstand gegen die Türken verbunden war: Weil sie Schafe stahlen, gelang es den Widerstandskämpfern in den Bergen, sich am Leben zu erhalten – das griechische Wort *kleftis* bedeutet sowohl Dieb als auch irregulärer Kämpfer gegen die Türken.

Nun, das würde jedenfalls erklären, warum Schäfer so scharfe Hunde haben.

Wir unterbreiteten Andréas diese Theorie.

„Nein, sowas passiert hier nicht", antwortete er.

„Nie?"

„Naja, vielleicht gelegentlich, in früherer Zeit."

Dann erzählte er uns, wie er einmal Schafe gefunden und zurückgebracht hatte, die seinem Vater gestohlen worden waren. Er war so gerissen, in die Berge hoch zu laufen und dann von oben in die Schlucht hinunterzusteigen, wo die Diebe sie versteckt hatten.

Aber heutzutage?

„Nein", sagte er.

Wir fragten auch Manoússos.

„Nie davon gehört", meinte er.

Dann fragte ich Stélios.

„Ich denke nicht, nicht hier."

Jean fragte Barbayánnis.

„Also, Gina", sagte er, „davon weiß ich wirklich nichts."

Wir fragten auch andere Dorfbewohner – darunter Schäfer, die es wissen müssten – alle waren sich gleichermaßen sicher.

Niemand in der Sfakiá hatte jemals ein Schaf gestohlen. Niemals.

Am Tag vor unserer Abreise wollte Neil noch einmal nach weiteren Geiern suchen. Jean und ich wollten am Meer sitzen und in die Ferne starren.

Als wir ihn abends wiedertrafen, hatte Neil zwar keine Geier gesehen, doch er lächelte. Als es dunkel zu werden begann, erzählte er uns, dass er Richtung Anópoli unterwegs war, als er plötzlich bemerkte, dass die Tankanzeige des Fiats auf leer stand. Dieses eine Mal ließ ihn sein angeborener Optimismus im Stich und er befürchtete, nicht mehr genug Benzin für die elf Kilometer lange kurvenreiche Strecke nach Chóra Sfakíon zu haben. In Anópoli gab es keine Tankstellen. Auch in Chóra Sfakíon nicht. Um aufzutanken, musste man entweder zur Zapfsäule oben in Askífou fahren oder in den Nachbarort Komithádes, wo drei alte Damen das Benzin – wenn es denn reines Benzin war – aus großen Kanistern durch einen Trichter in den Tank füllten.

Neil setzte voraus, dass die Leute in Anópoli einen Benzinvorrat für den Eigengebrauch hatten. Die Bauern hatten Vorratsbehälter für Dieselöl für ihre Traktoren, und sicher hatten einige auch Vorratsbehälter für Benzin für ihre Autos. Also lief er durch das Dorf und fragte jeden, der seiner Meinung nach dafür infrage kam, ob er etwas Benzin übrig hätte, das er kaufen könne. Nicht ein einziger hatte Benzin. Die rund 64 Kilometer zur nächsten Tankstelle, mit insgesamt fast 3000 Meter Steigungen und Abfahrten, bedeuteten in Anópoli offensichtlich, dass Benzin Seltenheitswert hat, unabhängig davon, was es wirklich kostete. Neil war völlig verzweifelt. Der letzte Schäfer, den er fragte, hatte Mitleid mit ihm.

„Wohin musst du?“, fragte er.

„Nach Chóra Sfakíon“, antwortete Neil.

„Ha! Kein Problem!“, gab der Hirte zurück, „es geht die ganze Zeit nur bergab!“

Der Weg der Sfakiá

Jean und ich entschlossen uns dazu, es so einzurichten, dass wir für länger und wann immer wir wollten in Chóra Sfakíon sein können und eine größere Unterkunft zu suchen. Mein Wechsel an eine andere Universität mit großzügiger Handhabung von Forschungssemestern war die erste Voraussetzung. Und als wir herausfanden, dass wir manchmal in dem kleinen Haus auf dem Hügel oberhalb von Ombrósyalos wohnen können, war auch die zweite Voraussetzung erfüllt.

In dem Herbst, als wir dieses Landhaus gemietet hatten, waren wir nach Chóra Sfakíon lange unterwegs. Im Spätsommer waren wir von England aus zur nördlichsten Universität der Welt gefahren, nach Tromso im hohen Norden von Norwegen, jenseits des Polarkreises. Ich hatte dort einen befristeten Forschungsauftrag und dann bis Weihnachten Zeit, das Buch zu beenden, an dem ich gerade schrieb. Und wo könnte ich das besser tun, als in Chóra Sfakíon?

Wir verließen Nordnorwegen am 19. September und fuhren ostwärts, über die Berge nach Finnland. Am Morgen des 20. September wachten wir in einem Chalet in Nordschweden auf und mussten feststellen, dass es geschneit hatte, und deshalb beschlossen wir, so schnell wir konnten zum Mittelmeer zu düsen. Als wir endlich an der Südküste von Schweden ankamen, von wo aus wir die Fähre nach Polen nehmen wollten, stellten wir erstaunt fest, dass wir schon auf halbem Weg nach Athen waren.

Dann hetzten wir durch die Tschechoslowakei, durch Ungarn und Jugoslawien und freuten uns, je weiter wir nach Süden kamen, über die Anzeichen – architektonische, klimatische, gastronomische, musikalische, botanische oder sprachliche – dass wir uns mehr und mehr der Ägäis näherten. Dass wir mit jedem Tag der verging, immer weniger anzogen, erinnerte uns an unsere Hochzeitsreise von Illinois nach Florida.

Als wir griechischen Boden betraten, fühlten wir uns ein bisschen wie wenn wir nach Hause kämen. Der Zollbeamte, der unser Auto kontrollierte, freute sich, dass wir seine Sprache konnten.

„Wir haben Griechisch auf Kreta gelernt“, erklärte Jean.

„Ja, ich weiß“, meinte er. „Ich erkenne es am Akzent.“

Darüber freuten wir uns königlich.

In Nordgriechenland verbrachten wir eine ruhige Nacht in einem Hotel an der Ägäis – das erste Mal, dass wir seit Polen wieder Meer sahen. Aber die Fahrt dann durch den chaotischen Verkehr von Athen zum Hafen von Piräus war eine äußerst stressige Erfahrung, und so waren wir froh, dass wir auf der Nachtfähre nach Kreta am Geländer stehen und uns entspannen konnten, als das Schiff aus dem Hafen auslief und nach Süden steuerte.

Wir schliefen gut in unserer Kabine, vor deren Bullauge die Inseln vorbeizogen, und waren am nächsten Morgen schon früh auf. Wir gingen hinauf aufs Deck – und da waren sie wieder, die dunklen Umrisse der kretischen Berge, die sich in der Morgendämmerung über dem Horizont erhoben, genauso, wie ich sie vor so vielen Jahre gesehen habe. Als es heller wurde, lief das Schiff in die Soúdha-Bucht ein, und es dauerte nicht lange, bis wir am Dock in Soúdha, dem Hafen von Chaniá, anlegten.

Wir waren sehr ungeduldig, und das Ausschiffen schien ewig zu dauern, aber dann waren wir endlich unterwegs, diesmal mit unserem eigenen Auto – die Nordküstenstraße entlang und dann landeinwärts. Wie immer fiel uns auf, was sich während unserer Abwesenheit verändert hatte – wir waren sehr überrascht, dass die Straße von Vrísses nach Chóra Sfakíon jetzt bis Askífou asphaltiert war.

Als wir endlich nach Chóra Sfakíon hinunter kamen, erweckte unser Auto die Aufmerksamkeit der Jungen – nicht nur weil es fremd war, sondern weil es das Steuer auf der *falschen* Seite hatte und weil es von einer Frau gefahren wurde.

Es war Anfang Oktober, sonnig und warm, und es war ein sehr langer Weg vom nördlichen Norwegen hierher.

Als erstes gingen wir zu Andréas' Taverne.

„Willkommen!", rief er. „Wo kommt ihr her?"

„Tromsø", sagten wir triumphierend.

„Ach, ein sehr schöner Ort", erinnerte er sich. „Berge, Schnee, die Mitternachtssonne … aber sehr kalt."

Unser Triumphgefühl nach unserer ausgedehnten Reise und die Frische durch den guten Schlaf auf der Überfahrt, schwanden dahin, als sich herausstellte, dass niemand wusste, wo der Schlüssel zu unserem *Cottage* war. Wir saßen fast den ganzen Tag herum, gaben vor, nicht ungeduldig zu sein, tranken Kaffee, plauderten mit alten Freunden und warteten darauf, dass ihn jemand fand. Verschiedene Leute glaubten, dass verschiedene andere Leute den Schlüssel hatten oder zumindest wussten wo er war, aber er tauchte nicht auf. Schließlich kam am frühen Abend ein junger Mann, der diesen gordischen Knoten auf echt sfakiotische Art löste, indem er das Türschloss mit einer Brechstange aufstemmte, sodass wir einziehen konnten. Ich hatte eigentlich gehofft, er würde das Schloss mit seiner Pistole aufschießen, wie im Film.

Um zum Haus zu kommen, stiegen wir von der Straße aus eine gewundene Steintreppe hinauf. Durch ein kleines Tor kamen wir in einen *Patio*, der sich nach Süden öffnete und wo rankender Wein die Sonne abhielt. Das Haus schien uns von typisch sfakiotischer Bauart zu sein, und es war natürlich weiß gestrichen und hatte blaue Fensterläden. Das flache Dach war nicht aus Lehm, wie bei ärmeren Häusern, sondern aus dem gleichen Stein wie das ganze Haus. Auf der Rückseite, zum Hang hin, gab es keine Fenster; aus dieser Richtung kam der *tramountána*, der stürmischen Nordwind.

Vom *Patio* führte eine Tür in die Küche. Moderne Küchengeräte gab es so gut wie keine, doch einen antiken Kühlschrank und zwei elektrische Kochplatten. Die niedrige Decke war aus Holz – eigentlich die Unterseite des Fußbodens vom Geschoss darüber. Neben der Küche lag ein kleines Badezimmer – man stieg ein paar Stufen hoch und stand in einer offenen Dusche.

Links von der Küche führten ein paar Steinstufen hinunter in einen großen Raum, der zwei Stockwerke hoch war und auf drei Seiten Fenster hatte. Die mit bunten Kissen bedeckten Steinbänke an den Wänden dienten als Sofa oder als zusätzliche Betten. Der Raum roch, als sei er lange Zeit verschlossen gewesen, aber die Holzbalken und der kühle Stein rochen ganz und gar nicht unangenehm.

Jean stieß die Fensterläden auf. Das Fenster und die Tür auf der Ostseite des Hauptraums gingen zum *Patio* hinaus. Aus dem nach Süden gehenden Fenster hatte man einen herrlichen Blick auf Chóra Sfakíon und auf den Hafen. Und das Libysche Meer, das fast immer blau war, hatte heute einen besonders dunklen, fast violetten Farbton. Von den Booten im Hafen drang der Widerhall bis zu uns herauf.

Auf der Nordseite des Hauptraums befand sich ein typisch sfakiotisches Einrichtungselement. Auf einer Seite führte eine Holztreppe hinauf zu einem Zwischengeschoss, etwa ein Drittel so groß wie der Raum darunter und offen bis auf ein hölzernes Balkongeländer. Dort stand ein großes Doppelbett, in dem wir es behaglich haben würden, wenn es kälter wurde und wo Gäste für sich sein konnten. Es gab einen Tisch, den man als Schreibtisch benutzen konnte und ein kleines Fenster auf der Westseite. Als Jean hier die Fensterläden öffnete, zeigte sich das vertraute Bild der steilen Ausläufer der *Léfka Ori*, die von Anópoli zur Küste hin abstürzten, karg und braungrau, wo die Schatten immer länger wurden, und mit ein paar Steineichen hier und da unter einem strahlend blauen Himmel. Als Jean das Fenster öffnete, wehte ein kräftiger Wind Kräuterduft herein. Ein junger Hahn, der die Zeit noch nicht richtig ansagen konnte, krähte irgendwo in der Nähe.

Ins obere Stockwerk kam man über eine Außentreppe vom *Patio* aus. Hier gab es nur ein riesiges Schlafzimmer mit einem kleinen Bad nebenan. Hier war der Geruch des Holzes vom Haus und von den Möbeln noch stärker. Und die Aussicht aus den Fenstern war genauso atemberaubend wie unten, doch viel freier. Es gab nur Weniges von Chóra Sfakíon, das wir nicht sehen konnten. Von diesem Schlafzimmer ging ein kleiner Balkon ab, wo man Wäsche trocknen konnte. Ein weiterer typisch sfakiotischer Einrichtungsgegenstand war in diesem Raum eine sehr lange Holzbank mit Rückenlehne, auf der handgewebte Decken lagen und wo eine einzelne Person oder ein Kind schlafen konnte.

Als wir mit Auspacken fertig waren, streckten wir uns aus auf den Liegestühlen im *Patio*, sahen gedankenverloren aufs Meer, verwundert darüber, dass dieser Ort auf dem selben Kontinent lag wie Tromsø.

Etwa eine Woche nach unserer Ankunft hatten wir eine befreundete Sfakiotin bei uns zu Kaffee und süßem Gebäck, das wir in der Bäckerei gekauft hatten. Mit Gästen draußen zu sitzen war angenehm, und wir genossen es sehr, da wir bisher immer nur in einem Zimmer der Taverne gewohnt hatten.

Als unsere Freundin aufbrechen wollte, schlug Jean vor, sie hinunterzubegleiten, und wir wollten zu dem viel genutzten Treppenweg gehen, der von der Straße nach Anópoli zum Hafen hinunterführt.

„Wohin geht ihr?“, fragte sie überrascht, „die Straße ist doch dort drüben.“

„Wir nehmen den Pfad dort drüben“, sagte Jean und deutet in seine Richtung. „Wir finden, dass er der kürzeste ist.“

„Welchen Pfad?!?“ Wir zeigten ihn ihr.

„*Panayía mou*!“, rief sie, „ich wusste gar nicht, dass es hier einen Pfad gibt!“

Sie lebte seit dreißig Jahren in Chóra Sfakíon.

Das passte zu einer Beobachtung, die wir in diesem Herbst machten. Uns war aufgefallen, dass nur wenige Frauen in Chóra Sfakíon auf der Uferpromenade entlanggingen. Sie gingen stattdessen die hintere Straße hinauf, und bis auf ein oder zwei hochangesehene Ausnahmefrauen sahen wir auf der Hafenstraße nur Frauen, die dort etwas zu erledigen hatten. Und auch sie gingen nicht weiter als nötig.

Viele Leute beiderlei Geschlechts waren außergewöhnlich bodenständig, kamen zumindest im Sommer nicht über ihren eigenen Bereich hinaus. Eines Tages hörten wir, wie Aristotélis, einer der drei Brüder, die ein kleines Hotel betrieben, einen Gast fragte: „Wie laufen die Dinge im *Zentrum*?“ Das konnte nicht sein Ernst gewesen sein, denn von da aus, wo er den ganzen Tag verbrachte, meinte er den Hafenbereich zwanzig Meter den Hang hinunter und um eine Kurve herum.

Seit unserer Ankunft waren wir es gewohnt nach dem Frühstück in unserem Haus hinunter in sein Hotel zu gehen, um unter der Tamariske Kaffee zu trinken. Wir hatten uns mit Yórghos angefreundet, einem anderen der Brüder. Wenn wir nicht zu bald kamen – er war kein Frühaufsteher, denn er kam immer spät ins Bett, weil er sich um die Gäste kümmern musste – war er am Platz, fragte vorbeikommende Touristen, ob sie ein Zimmer wünschten und unterhielt sich freundlich mit denen, die bereits eins hatten.

Aristotélis' Frage hatte uns amüsiert, aber unter der Tamariske sitzend konnten wir sehen, dass sogar einige

Touristen dieser Art Bodenständigkeit erlegen sind. Manche rührten sich stundenlang nicht weg von ihren Stühlen vor dem Hotel. Was gab es in Chóra Sfakíon auch Besseres zu tun als nichts? Was uns auch klar wurde war, dass erstaunlich viele Touristen, die schon einmal hier waren, vor allem im Herbst nach Chóra Sfakíon kamen. Wir erkundigten uns bei Yórghos danach.

„Etwa siebzig Prozent sind alte Gäste", schätzte Yórghos, während er seine Brille putzte. „Und viele waren schon sehr oft hier. Aber vielleicht nicht ganz so oft wie ihr zwei Verrückten", fügte er lächelnd hinzu.

Diese Art Wiederholungstäter zu sein, fanden wir gesellschaftlich und persönlich sehr erstrebenswert, selbst wenn es eine Art Sucht wäre. Doch wenn man diesen Status erreichen wollte, waren laut Yórghos bestimmte Feinheiten zu beachten.

Zum Beispiel sollte man als etablierter Wiederholungstäter niemals in Betracht ziehen, das Quartier zu wechseln. Wenn man gewöhnlich in einem bestimmten Hotel übernachtet, sei es nicht in Ordnung und machte keinen Sinn, ein Jahr woanders wohnen zu wollen. Nicht dass der Besitzer des bisherigen Hotels etwas sagen würde, wenn man sich in einem anderen Hotel nach einem Zimmer erkundige, sondern weil man dort nicht als Gast aufgenommen würde, wenn auch wahrscheinlich nicht geradeheraus.

„Ich würde in meiner Reservierungsliste nachsehen", erklärte Yórghos, „und feststellen, dass ich nichts frei hätte."

Der Punkt war, dass er es als unloyal und ungehörig empfand, Stammgäste von einem anderen Hotel im Ort abzuwerben.

Meistens schienen die Dorfbewohner die Touristen nicht besonders zu beachten. Sie sahen durch die gestaltlosen Touristenmassen hindurch, sahen nur die Leute, die sie kannten und an denen sie wirklich interessiert waren. Mit den Wiederholungstätern war es anders. Man nahm sie wahr und erinnerte sich an sie.

„Wenn du einmal kommst“, sagte Andréas, „bist du ein Tourist, aber wenn du zweimal kommst, bist du ein Freund.“

Über die Jahre hatten wir beobachtet, wie unter diesen Wiederholungstätern internationale Freundschaften entstanden, und dass manche nicht nur Weihnachtskarten austauschten, sondern sich anriefen sogar gegenseitig besuchten. Wir selbst hatten Leute in Australien und in Neuseeland besucht, die wir in Chóra Sfakíon kennen gelernt hatten.

Von unseren beiden Standorten aus, vor Andréas' Taverne und unter der Tamariske, fanden wir auch heraus, dass sich nicht nur Freundschaften entwickelten. Auch so manche internationale Liebesgeschichte und sogar Ehe war beim Hafen entstanden, wo sich Touristen begegnen. Die Leute im Ort zeigten eine Art besitzergreifende Zuneigung zu Kindern aus solchen Ehen, und Evangelía machte uns oft auf solche Kinder aufmerksam.

Liebesgeschichten konnten jedoch auch problematisch werden. Das internationale Element dabei war natürlich spannend und horizonterweiternd, führte aber auch zu Kommunikationsschwierigkeiten und kulturellen Spannungen. Durch eine Zufallsbegegnung unter der Tamariske mit einer jungen Französin erfuhren wir in diesem Herbst aus nächster Nähe etwas über solche Spannungen. Unfreiwillig wurden wir zu Ratgebern für eine junge und verzwickte deutsch-französische Romanze.

Chantal kam ein paar Tage nachdem wir sie kennen gelernt hatten zu uns hoch, um uns in unserem Haus zu besuchen. Sie hatte in dieser Saison einen Ferienjob in einer der Tavernen. Sie war neunzehn, reizend, intelligent, einfühlsam und interessant und sprach zu unserem Glück sehr gut Englisch. Sie interessierte sich sehr für die hiesige Kultur und für die Sprache und hatte sich in die Sfakiá verliebt. Verliebt hatte sie sich auch in einen Deutschen. Deshalb wollte sie mit uns reden.

Wir saßen im *Patio*, tranken frischgesaftete Limonade und schauten auf Ombrósyalos, den Hafen und das offene Meer. Ich freute mich über die Gesellschaft dieser schönen jungen Frau an einem so schönen klaren Tag, aber ich konnte sehen, dass Jean das Gefühl hatte, dass etwas nicht in Ordnung war, und ich war schließlich auch beunruhigt, als ich hörte, was sie zu sagen hatte.

Sie liebe diesen Deutschen sehr, sagte sie. Das wussten wir schon; das war unverkennbar, obwohl wir nie mit ihm gesprochen hatten. Sie war ihm vor einigen Monaten in Chóra Sfakíon begegnet. Er verbrachte ebenfalls die ganze Saison hier, aber er arbeitete nicht und schien, soweit wir sehen konnten, rein gar nichts zu tun, und er campierte am Süßwasserstrand. Wir hatten den Verdacht, dass sie ihm Essen kaufte.

Er war viel älter als sie und es schien, dass weder Studium noch Arbeit auf ihn warteten. Chantal erzählte uns, dass ihre Eltern von der Beziehung wussten, sie aber nicht befürworteten. Sie waren nach Chóra Sfakíon gekommen, um sie zu besuchen und hatten keinen guten Eindruck von ihrem Freund. Jetzt begann sie selbst an ihm zu zweifeln. Er schien sich ihrer sicher zu sein und gab ihr nichts zurück. Sie begann ihn für faul, egozentrisch und ausbeuterisch zu halten. Sie sah keinerlei Chance für die Beziehung, wenn sie wieder in Frankreich war, und sie würde auf jeden Fall zurückkehren, weil sie einen Studienplatz erhalten hatte, obwohl er sie zu überreden versuchte, es nicht zu tun. Was würden wir davon halten? Sollte sie die Beziehung beenden?

Wir zögerten keinen Moment, ihr zu raten, sich für den Studienplatz zu entscheiden, doch ihr einen Rat zu geben, fiel uns nicht leicht. In solchen Situationen geht es oft mehr darum, herauszufinden was jemand wirklich möchte und ihm dann zu raten, genau das zu tun. Aber je mehr Einzelheiten sie uns erzählte, desto überzeugter waren wir, dass sie diese Beziehung beenden sollte, und wir beide sagten ihr das auch, wenn auch mit einigem Vorbehalt. Sie nickte.

Wir saßen beisammen in gemeinsamem Schweigen. Als sie gegangen war, dachten wir beim gedämpften Rauschen des fernen Meeres, den gelegentlichen Rufen, die vom Hafen heraufdrangen und den über uns krächzenden Raben über das Gespräch nach und sorgten uns, ob es richtig war, was wir gesagt hatten.

Später traf Chantal Jean erneut in Chóra Sfakíon und sprach noch einmal mit ihr. Jean riet ihr dasselbe, diesmal mit mehr Nachdruck. Ein paar Tage danach sagte uns Chantal, dass es mit der Beziehung vorbei war und sie traurig aber erleichtert sei. Ihr schien eine Last von den Schultern genommen zu sein. Wir waren gleichfalls erleichtert. Danach sahen wir sie bei verschiedenen Gelegenheiten, sich mit jungen Leuten unterhalten, und sie winkte und rief uns zu, dass es ihr gut gehe.

Dieser Herbst unter der Tamariske machte uns auch mit ganz anderen Aspekten lokaler Liebesaffären bekannt. Wir wollten es erst gar nicht glauben, was uns die jungen Männer erzählten – nämlich, dass viele junge Frauen aus Nordeuropa deshalb nach Kreta kommen, um für eine oder zwei Wochen eine Liebesaffäre mit einem Jungen von hier zu haben, ohne irgendwelche Verpflichtungen.

„Sie mögen uns!", behauptete ein junger Mann, „sie mögen uns sehr!"

Das hörte sich für uns nach Wunschdenken und Wichtigtuerei an. Doch ein wenig amateurhafte anthropologische Beobachtung zeigte uns, dass sie die Wahrheit sagten. Diese Art Liebesaffären gab es. Und man konnte verstehen, warum. Sie waren sicher in dem Sinne, dass sie zeitlich begrenzt waren – die Dauer des Urlaubs der Frau – was beide wussten. Und es war unwahrscheinlich, dass kretische Dorfjungen nach Deutschland oder Dänemark gehen würden, um die Beziehung aufrechtzuerhalten. Und auf blonde, blauäugige Bürgerinnen aus dem geordneteren und gehemmteren Norden wirkten dunkeläugige, flamboyante mediterrane Männer offensichtlich sehr anziehend. Vielleicht spielte auch der Faktor Ausnutzung eine Rolle, konnten die Mädchen doch manchmal sehr günstig Ferien machen, bei freier Verpflegung, kostenlosen Drinks, Zigaretten und vielleicht sogar freier Unterkunft und Bootsfahrten auf dem Meer obendrein. Manchmal wiederholte sich dieselbe Paarkonstellation Jahr für Jahr. Dann tauchte vielleicht eines Tages das Mädchen mit einem Ehemann aus dem eigenen Land auf, und alles war vorbei.

Manchmal waren diese Liebesaffären aber alles andere als sicher, entwickelten sich zu ausgewachsenen Liebesbeziehungen. Das konnte für beide Seiten eine sehr lehrreiche Erfahrung sein. Die Mädchen fanden vielleicht Arbeit in Chóra Sfakíon und blieben für eine Saison oder zwei oder viel länger, lernten während ihres Aufenthaltes viel über die Sprache und die Kultur, vor allem dann, wenn sie im Winter nicht in den kalten Norden zurückkehrten. Und die Jungen konnten die Mädchen in deren Heimat besuchen, wenn die am Ende der Saison nach Hause fuhren. Ein junger Mann hatte mehrere Wochen in Oslo im Januar überlebt. Ein anderer hatte mit seiner Freundin einen schönen Monat in England verbracht. Es war ein vielsagender Kommentar über urlaubende Engländer, dass eines der Dinge, die ihm am meisten auffielen die Entdeckung war, dass *Engländer nette Kleidung haben!* (Wir beschlossen, das nächste Mal ein paar elegantere Kleidungsstücke einzupacken.) Und dass in England die Landschaft auch im Winter grün ist, hatte ihn, der aus einer Gegend kommt, die nur aus Steinen besteht, in Staunen versetzt.

Auf lange Sicht erwiesen sich Beziehungen zwischen Einheimischen und Fremden jedoch als schwierig – zum Beispiel arrangieren hier die Eltern die Ehe für ihre Söhne, was das Ende einer binationalen Beziehung bedeutet. Von außen betrachtet konnte dies sehr bewegend und sogar schmerzlich sein, doch wäre es falsch anzunehmen, dass jeder auch heute noch zur Ehe gezwungen würde.

„Die Eltern suchen nach einem geeigneten Ehepartner für ihre Kinder", bestätigte Yórghos, „und sie nehmen das sehr ernst. Es ist wichtig. Aber in der Regel kann ein junger Mensch nein sagen, wenn er nicht einverstanden ist."

Abgesehen davon – welche gebildete Britin oder Schweizerin würde ihr *ganzes* Leben in einem abgelegenen kretischen Dorf verbringen wollen? Gut, einige schon. Manche sind wirklich sehr glücklich. Aber leicht ist es nicht, es sei denn sie folgen dem *Weg der Sfakiá*, wie Andréas sagt.

Ebenso gilt: Wieviele junge Männer hier würden alles Vertraute aufgeben und im kalten Norden leben wollen, wo sie niemanden kennen und keine Familie haben? Und am Allerwichtigsten: wie könnten sie wo leben ohne ihre langjährige *paréa*, ohne ihre engen Freunde? Eines der am häufigsten gebrauchten Wörter in Chóra Sfakíon ist *ela*!, komm! Ländliche Kreter hassen es, allein zu sein. Der traurigste Anblick für sie ist ein Tourist, der allein in einer Taverne sitzt und ein Buch liest. Wir hatten inzwischen verstanden, dass ihre Kultur eine Sprachkultur ist, und eine Sprachkultur braucht soziale Interaktion.

Eines Tages hielt uns Stélios auf der *plateía* an, um uns von einem Problem zu berichten, das er hatte. Er war von seinem Cousin nach Cleveland, Ohio, eingeladen worden. Es gab überhaupt keinen Grund, die Einladung nicht anzunehmen. Er hatte sich als Fährkapitän zur Ruhe gesetzt und hatte reichlich freie Zeit. Seine Frau gönnte es ihm, dass er fuhr. Das Flugticket war keine Geldfrage. Er hatte auch den amerikanischen Teil seiner Familie, den er sehr gern hatte, lange Zeit nicht gesehen.

„Ich möchte sehr gerne gehen", seufzte er, „aber ich kann nicht. Es ist unmöglich."

„Warum kannst du nicht gehen?" fragten wir.

„Ich habe niemanden, der mit mir kommt."

Der Gedanke, zehn Stunden ganz allein in einem Flugzeug verbringen zu müssen, ohne jemanden, mit dem er reden konnte, war ihm ein Gräuel. Er ist nie gegangen.

Wenn es dunkel wird

Es war ein sehr erholsamer Herbst. Seit unserem ersten Besuch waren so viele Jahre vergangen, dass Andréas mehr Zeit hatte zum Erzählen als früher, denn seine kleinen Söhne Yórghos, Manólis und Yánnis waren längst nicht mehr klein und konnten ihm mehr und mehr bei der Arbeit helfen und einige Last von den Schultern nehmen.

Die Wochen vergingen, und die Touristen verschwanden nach und nach, und uns bemächtigte sich eine ausgesprochene Freude wegen der Tatsache, dass wir wegen so etwas Banalem wie das Ende der Saison nicht abreisen mussten. Fasziniert beobachteten wir, wie die Tavernen eine nach der anderen zumachten; jeden Tag standen weniger Stühle draußen, und die Auswahl an Gerichten wurde kleiner. Mehr und mehr hatten die Leute hier Zeit für sich selbst und auch Zeit, sich zu uns zu setzen und sich mit uns zu unterhalten. Irgendwann waren alle Stühle nach drinnen gebracht, die Tische aufeinander gestapelt, die Küchen geschrubbt und die Rolläden heruntergelassen mit einem Knall. Es war eine lange und harte Saison gewesen – für viele hieß das sieben Monate ohne einen einzigen Tag Freizeit. Nachdem alles dichtgemacht war, verschwanden Ladenbesitzer, Kellner und Köche für Tage und behaupteten, wenn sie wieder auftauchten, dass sie unentwegt geschlafen hätten. Man hilt sich auch nicht mehr so streng an das übliche Revierverhalten. Man konnte Aristotélis mit seinem kleinen Sohn am Hafen fischen sehen; und wir freuten uns, Andréas in einem der wenigen Kafenios, die noch offen hatten, sitzen und einen Kaffee trinken zu sehen.

Jetzt hatten wir Gelegenheit, andere Leute besser kennen zu lernen, indem wir sie zu uns zum Essen einluden. Und wenn wir einmal eine für unsere Küche zu große Einladung gaben, bewirteten wir sie im Waschraum (warum denn nicht?), der als Tavernenersatz für die Einheimischen diente. Jean bereitete eine Art amerikanisches Thanksgiving-Essen zu – Hühnchen mit Füllung, Mais und Apfelkuchen, begleitet von ständigen Fragen, wem oder wofür wir denn dankten, und bei einem indischen Essen für englische Freunde, konnte man die Gäste aus Chóra Sfakíon sagen hören, dass *polí pipéri*, viel Pfeffer, am Essen sei.

Eines Tages machte Manólis uns ausfindig und überbrachte uns eine Einladung seiner Eltern. Er sagte auf Griechisch, wir seien am Abend von seinen Eltern in ihr Haus eingeladen, um *Wein zu trinken*. Wir waren etwas verblüfft und fragten Barbayánnis, was genau Manólis gemeint habe.

„Ach, Mr. Pete", sagte er, „ihr seid zum Abendessen eingeladen!"

Wie Neil und ich schon herausgefunden hatten, trinken Kreter nie Wein ohne zu essen, und so war das die herkömmliche Art, jemanden zum Abendessen einzuladen. Dann merkten wir, dass es da noch das Problem gab, um welche Zeit wir kommen sollten – wir hatten vergessen danach zu fragen. Wir konnten Barbayánnis nicht finden – er bereitete sich auf seine alljährliche Winterreise nach Amerika vor –, aber dann sah ich Yórghos aus Komithádes und fragte ihn danach.

„Um welche Zeit sollen wir hingehen?"

Er starrte mich mitleidig an und antwortete in einem Ton, der deutlich machte, dass die Antwort so selbstverständlich war, dass sie sich kaum lohnte.

„*Otan vradhiázi, Píter.*"

Otan bedeutet wenn und *vradhiázi* ist ein herrliches griechisches Verb und bedeutet dunkel werden. Wir sollten also kommen, wenn es dunkel wurde.

Als Kind ging ich für meine Mutter oft zu Fuß oder mit dem Rad Besorgungen machen in den Läden im Ort, wie das Kinder damals noch tun konnten, bevor die Läden zu Videotheken und Versicherungsbüros wurden. Eines Tages ging ich ins Lebensmittelgeschäft. Herr Goldsmith, den ich für einen netten Mann hielt, begrüßte mich freudig.

„Guten Morgen, Peter!“, rief er.

Wir hatten gerade in der Schule gelernt, dass *afternoon after noon* bedeutet, und dass *noon* – ein Wort, dass Engländer anders als Amerikaner nicht sehr häufig verwenden – Mitte des Tages oder zwölf Uhr bedeutet.

„Es ist nicht mehr Morgen, Herr Goldsmith“, gab ich mit dem Selbstvertrauen eines Achtjährigen zurück, „es ist Nachmittag! Es ist nach zwölf!“

Herr Goldsmith sah mich streng an und antwortete fest: „Es ist nicht Nachmittag bis du zu Mittag gegessen hast!“

Ich war am Boden zerstört. Ich wusste, dass er Recht hatte. Es fühlte sich einfach nicht richtig an, von Nachmittag zu sprechen, wenn man die Hauptmahlzeit noch nicht eingenommen hatte, und das war bei uns immer gegen dreizehn Uhr.

In dieser Art über die Zeit nachzudenken, wären dörfliche Kreter herzlich einverstanden. Ihr Tag ist in fünf Abschnitte eingeteilt: *proí,* Morgen, *mesiméri,* Mittag, *apóyevma,* Nachmittag, *vrádhi,* Abend und *níchta,* Nacht. Das Problem ist aber, dass ihre Übersetzung in englischen Wörterbüchern nicht so wiedergegeben ist, wie die Kreter diese Begriffe gebrauchen.

Vrádhi bezeichnet eine Zeitspanne, die beginnt, wenn es anfängt dunkel zu werden und die bis zur *níchta* dauert, und das ist die Zeit, zu der man normalerweise schläft. *Vrádhi* ist auch die Zeit, zu der man das Abendessen einnimmt – man isst nicht, solange es noch hell ist. (Wenn man daraus folgerte, dass Kreter im Sommer später essen als im Winter, läge man damit richtig.)

Mesi-méri kann wörtlich mit Mitte-Tag übersetzt werden, aber das wäre auch irreführend, denn *mesiméri* kann eine Stunde dauern oder länger. Es dauert tatsächlich bis *apó-yevma*, ein Begriff, der Herrn Goldsmith gelegen hätte, denn er bedeutet wörtlich nach-Mahlzeit. Mit anderen Worten, *apóyevma* ist, wenn man mit dem Mittagessen beginnt – was etwa gegen fünfzehn Uhr der Fall ist – und dauert bis es dunkel wird. Auf Kreta sollte man also wirklich nicht *Nachmittag* sagen, außer Herr Goldsmith sagt, man darf.

Als wir am Abend im Haus von Andréas und Evangelía oberhalb der Taverne ankamen, stellten wir fest, dass außer ihren drei Söhnen und ihrer kleinen Tochter Maria noch zwei andere Gäste da waren, Marias Patenonkel aus Athen und Yánnis. Yánnis war immer noch Bürgermeister – oder vielleicht war er es wieder. Es war für uns nicht leicht, auf dem Laufenden zu bleiben, was die örtlichen Wahlen anging, vor allem weil Parteimitgliedschaft wenig mit persönlicher politischer Überzeugung zu tun hatte. Yánnis war eine reine Informationsquelle. Bevor das Essen begann, verkündete er stolz:

„Jetzt wird jeder wissen, wo die Sfakiá ist!"

Er hatte in die Wege geleitet, dass auf den beiden Hauptstraßen in die Sfakia – zwischen Vrísses und Askífou und auf der südlichen Küstenstraße – Straßenschilder aufgestellt wurden, die die Grenzen der Provinz markierten. Er dachte gerade laut darüber nach, ob es möglich wäre, ein weiteres Schild am Weg östlich von Kallikrátis aufzustellen, als Evangelía zu Tisch bat.

Wir wussten, dass die Sfakioten *gastfreundlich bis zum Irrsinn* sind, aber wir waren nicht im mindesten vorbereitet auf den kulinarischen Ansturm, der jetzt folgte. Auf dem Tisch standen Weißwein und einheimischer Rotwein sowie Mineralwasser. Es gab natürlich auch Brot. Als kalte Vorspeisen gab es *taramosaláta,* Fischrogenpüree, Oktopussalat, grüne Oliven, schwarze Oliven und gekochte Shrimps. Dann brachte Evangelía die warmen Vorspeisen: Schnekken in ihrer leckeren Sauce und gefüllte Artischocken aus ihrem Garten in Skalotí, im Frühjahr geputzt und eingefroren.

Als nächstes kam der typische sfakiotische Reis *pilafi* bestreut mit Käse und geschmortes Zicklein, in dessen Sud der Reis gegart worden war, als vermuteter Hauptgang, der mit beifälligem Murmeln begrüßt wurde. Wir waren so vorsichtig, keine zweite Portion davon zu nehmen – was sich als weise herausstellte, denn unsere Gastgeberin verschwand in der Küche und erschien mit einer Platte mit gebratenem Lamm, Kartoffeln aus dem Ofen und Kopfsalat. Sie füllte uns damit die Teller. Als höfliche Nordeuropäer gaben wir unser Bestes, obwohl es ein Kampf war, das alles aufzuessen.

Nach diesem köstlichen, aber sehr sättigenden Gang atmeten wir gerade erleichtert auf, als noch mehr Fleisch aufgetragen wurde: heißes selbstgeräuchertes Schweinefleisch, das Gericht, das in der Sfakiá traditionell an Weihnachten gegessen wird. Alles war äußerst lecker, aber mit jedem Gang fiel es uns schwerer, das Essen zu würdigen. Nach einer Weile, als das Gespräch – bei häufiger Zuhilfenahme des Wörterbuches – langsam zum Stocken kam, wurde einer der Jungen in die Küche geschickt und kam zurück mit einem weiteren Hauptgang, einer großen Schüssel *stifádho* vom Kaninchen – ein Eintopf mit Zwiebeln und Zimt. Wieder teilte Evangelía aus, doch es gelang uns, genug zu protestieren, dass wir nur eine kleine Portion bekamen. Endlich sammelte Evangelía die Teller ein und brachte sie in die Küche. Wir entspannten uns und lächelten. Das musste das Ende gewesen sein, oder?

Evangelía blieb eine ganze Weile fort, wofür wir dankbar waren, doch dann kam sie zurück mit einem großen Teller mit frischem Schinken, Käse und Pilzpfannkuchen. Alle beteuerten, dass sie wirklich nicht mehr könnten, aber keinem blieb es erspart. Sie versicherte uns aber, dass keine weiteren Gänge mehr kommen würden. Wir mühten uns mit den Pfannkuchen ab, während Yánnis uns mit einigen seiner besten Anekdoten amüsierte.

Evangelía entschuldigte sich wieder, dass sie in der Küche noch etwas zu erledigen habe, von wo dann ziemlich beunruhigende Geräusche zu hören waren. Dann kam sie wieder mit *píttes* – sfakiotische Pasteten – frisch aus der Pfanne. Normalerweise hätten wir nur zu gerne zugelangt bei diesem pfannkuchenähnlichen Dessert, das mit einheimischem Schafskäse gefüllt ist und mit Honig gegessen wird, aber jetzt lehnten wir ab. Jeder, ob Mann, Frau oder Kind, weigerte sich, noch etwas zu essen, mit der Begründung, das übrige Essen sei so wunderbar gewesen, dass wir viel zu viel gegessen hätten und platzen würden, wenn wir es versuchten. Yánnis murmelte etwas von Magenproblemen, und der Patenonkel aus Athen behauptete Diabetiker zu sein. Uns fehlte die nötige Erfahrung, um eine solchen Vorwand parat zu haben.

„Du hast uns bezwungen", sagten wir einfach.

„Ihr habt doch gar nichts gegessen!", beschwerte sich Evangelía.

In Wirklichkeit schien sie aber ganz zufrieden zu sein und brachte kurz danach Äpfel und Orangen, die sie in ihrer Rolle als Gastgeberin schälte, teilte und herumreichte.

Die Regeln der sfakiotischen Gastfreundschaft erforderten es wohl, dass Gastgeber und Gastgeberin die Gäste dazu brachten, möglichst viel zu essen. Wann immer unsere Teller leer waren, hatten sie nachzulegen versucht, und wir hatten langsam begriffen, dass wir bei jedem Gang einen kleinen Rest auf dem Teller zurücklassen müssen. Das Ritual des Abendessens war in der Tat eine Art Schlacht, und wir waren dankbar, als Yánnis ebenfalls sagte, dass sie ihn bezwungen hätten. Kaum in der Lage aufzustehen, schleppten wir uns zu den Sesseln hinüber. Jean sagte, die Gastfreundschaft sei außergewöhnlich gewesen.

„Das war gar nichts", rief Andréas und wischte das Kompliment mit einer Handbewegung beiseite. „Ihr hättet in früherer Zeit hier sein sollen. Kein Gast hätte vor mindestens drei Tagen gehen dürfen. Das war die wahre

Gastfreundschaft. Habt ihr die Geschichte von Ghlinyás noch nicht gehört?"

Yánnis kicherte. Er hatte sie wohl schon gehört. Wir nicht. Auch der Patenonkel aus Athen nicht.

„Also", begann Andréas grinsend, „eines Tages klopfte ein armer Mann an die Tür eines Sfakioten namens Ghlinyás, der in Evangelías Dorf Skalotí lebte, und bat um etwas Wasser."

Mit typisch sfakiotischer *philoksenía,* Gastfreundschaft, bat Ghlinyás ihn herein, forderte ihn auf, sich zu setzen und gab ihm Wasser sowie Brot, Oliven, Käse und Honig in Fülle, also alles was er hatte. Als der arme Mann ging, gestand er Ghlinyás, dass er Jesus Christus sei und dass er Ghlinyás eines Tages bestimmt im Paradies sehen werde.

„Waren seine Jünger nicht auch dabei?", meinte Yánnis.

Viele Jahre später, fuhr Andréas fort, starb Ghlinyás und wurde begraben und mit ihm auch, was er immer bei sich getragen hatte – seine Spielkarten in der Hemdtasche. Er kam ans Himmelstor und klopfte laut. Petrus fragte ihn, was er wolle.

„Ich bin Ghlinyás aus Skalotí, und ich bin gekommen, um meinen Freund Jesus Christus zu treffen!", brüllte er in typisch sfakiotischer Direktheit. Petrus war etwas überrascht, aber Jesus hatte den Wortwechsel mit angehört.

„Ist das der Sfakiote Ghlinyás, den ich da unten rufen höre?", rief er.

„Ja, er ist es", sagte Petrus.

„Dann lass ihn rein!", wies Jesus ihn an.

Also ließ Petrus Ghlinyás herein, doch hinter ihm schlichen weitere sfakiotische Schurken – unter ihnen Diebe und Mörder – mit hinein.

„Entschuldige", sagte Jesus zu Ghlinyás, „wer sind denn diese anderen Leute?"

„Hm", meinte Ghlinyás, „als du zu meinem Haus kamst, habe ich dich nicht gefragt, wer du bist!"

„Und seitdem", schloss Andréas, „kommen ohne Ausnahme alle Sfakioten in den Himmel."

Als das Gelächter verklungen war, sagten wir, wie beeindruckt wir seien von der sfakiotischen Gastfreundschaft, schon seit unserem ersten Besuch in Chóra Sfakíon, noch bevor wir irgendjemanden kannten.

„Ich erinnere mich, wie ich euch das erste Mal getroffen habe", sagte Evangelía, „das war, bevor ihr sprechen konntet."

Sie konnte ganz nett *thank you,* danke auf Englisch sagen, aber außer dem herrlichen Satz *There is a mirror inside*, Es gibt einen Spiegel drinnen, sprach sie wenig Englisch. Den sagte sie, seit Jean ihn mit ihr geübt hatte, immer dann, wenn Touristen vor ihrem Souvenirladen Sonnenhüte aufprobieren wollten.

In einer letzten Offensive tischte sie Pralinen, Likör und Whiskey auf.

Schließlich durften wir gehen, und nach reichlichem Dankeschön schleppten Jean und ich uns im Mondlicht die Stufen hinunter und dann sehr langsam bis zum Ende des kleinen Hafens, um Luft zu schnappen und um Kraft für den Aufstieg zu unserem Haus zu sammeln. Wir fühlten uns, als hätten wir eine Proteinvergiftung.

Eine *koukouváya,* Eule, klagte oben in den Bergen. Ich pfiff zurück, und sie schien zu antworten.

Als wir den selben Weg zurückgingen, kam eine kleine Katze aus dem Schatten auf uns zu, den typisch langen Schwanz grüßend erhoben. Jean, eine enthusiastische Katzenliebhaberin, bückte sich mühsam und war ein wenig überrascht, dass die Katze sich von ihr streicheln ließ. Dorfkatzen nahmen sich meist vor Menschen in Acht. Normalerweise gehörten sie niemand und mussten sich ihr Futter selbst beschaffen (was nur im Sommer leicht war, denn die Fischer und Touristen fütterten sie). Als wir am Ufer entlang zurückspazierten, bemerkten wir, dass die Katze uns folgte. Jean fing an mit ihr zu reden. Hin und wieder verschwand sie irgendwo im Schatten, und wir dachten, dass sie unsere Gesellschaft gegen Spannenderes eingetauscht hätte. Doch als wir zum Haus hochstiegen, folgte die Katze uns immer noch, wenn auch in vorsichtiger Entfernung. Als wir zur Treppe zum Haus kamen, lockte Jean die Katze, mit uns hochzusteigen – was sie mit großem Eifer tat. Nachdem sie misstrauisch die Geranien und die Türen untersucht hatte, saß sie in unserer Küche und sah mehr nach Hauskatze aus als nach griechischer Dorfkatze.

Wir scheuchten sie zwar hinaus auf die Terrasse, bevor wir zu Bett gingen, doch Jean beschloss Futter zu kaufen und sie zu ermutigen, bei uns zu bleiben, falls sie am nächsten Tag noch da wäre.

Als wir am Morgen die Außentreppe vom oberen Schlafzimmer herunterkamen, saß die Katze auf der Terrassenmauer und begrüßte uns. Nach dem Frühstück lief Jean hinunter zum Supermarkt, um eine Dose Sardinen zu kaufen. Das klärte die Angelegenheit.

Jean nannte die Schildpattkatze *Zorro*, weil ihre Gesichtszeichnung einer dunklen Halbmaske ähnelte. Sie wurde zum festen Inventar für den Rest unseres Aufenthaltes. Was sie mit uns verband, war ein ständiger Vorrat an Sardinen und anderen leckeren Dingen, eine Auswahl an weichen Schlafplätzen und ein Unterschlupf, wenn es regnete, was jetzt zwischen Oktober und November vermehrt der Fall war. Zorro schien auch gern Gesellschaft zu haben. Sie spielte mit Jean gerne Katzenspiele mit Schnurstücken und Stiften und mit Fingern, die durch die Lücken in der Treppe winken. Sie versteckte sich im Wein über dem *Patio* und starrte mit ihren leuchtend grünen Augen auf uns herunter. Und wenn wir auf den alten Pfaden hinter dem Haus den Berg hinauf spazierten, kam sie uns auf dem Rückweg oft entgegen, und es hatte den Anschein, als habe sie sich in dieses raue Terrain nur gewagt, um nach uns zu suchen.

Zorro schlief in unserem Schlafzimmer, und Jean schien vollkommen glücklich darüber zu sein, um fünf Uhr morgens aufzustehen und sie hinauszulassen, wenn sie es verlangte. Normalerweise wurden wir ohnehin um diese Zeit geweckt durch das Gebimmel, wenn Ziegenherden direkt hinter unserem Haus vorbeizogen. Ich hörte noch, wie Jean unten der Katze sanft etwas zumurmelte, lauschte, ob die See heute rau war oder nicht und nahm den feinen Duft von Dosensardinen wahr, dann schlief ich zufrieden weiter.

Der November brachte gelegentlich Sturm, doch tagsüber blieb es warm, und Jean ging weiter jeden Morgen zum Schwimmen. Dann kam der Dezember, und auch wir mussten an die Abreise denken. Jean plante sie sorgfältig. Sie wollte nicht, dass Zorro vergebens darauf wartete, dass wir nach Hause kommen. Sie wollte, dass die Katze wusste was passierte – dass die guten Zeiten vorbei waren. Um das Packen und Saubermachen zu erleichtern, wollten wir die letzte Nacht lieber in einem Hotelzimmer am Hafen verbringen. Als wir das Auto beladen hatten, fuhr ich hinunter zur *plateía*. Jean ging den Pfad hinunter und ermunterte Zorro, ihr zu folgen. Als sie zusammen in Ombrósyalos ankamen, konnten wir die Katze ihre Bekanntschaft mit weniger begünstigten Dorfkatzen erneuern sehen. Sie beobachtete genau, wie wir im Hotel verschwanden, und am nächsten Morgen saß sie geduldig draußen auf der Treppe, als wir herauskamen. Sie folgte uns nach, während wir uns von den Dorfbewohnern verabschiedeten, die schon wach und auf den Beinen waren und ein letztes Mal zum Ende des Hafens spazierten. Dann kam der schlimmste Teil. Als wir unser Übernachtungsgepäck für die lange Reise zurück nach England auf dem Rücksitz verstauten, sprang Zorro ins Auto und richtete sich unter dem Fahrersitz ein. Jean musste sie mit Tränen in den Augen herausziehen und wegscheuchen. Klein Maria war auch gekommen, um uns zu verabschieden, und auch sie weinte.

„Warum müsst ihr fort?“

„Wir müssen fort, um Geld zu verdienen, damit wir wiederkommen können."

Sie nickte tapfer.

Dann fuhren wir ab.

Wir waren immer recht still, wenn wir Chóra Sfakíon verließen, aber dieses Mal waren wir noch stiller als gewohnt.

Paroxysmen

Im darauf folgenden März waren wir auf dem Weg zurück nach Chóra Sfakíon, wo sich einiges verändert hatte. Pandelís, der Supermarktbesitzer und Taxifahrer, der uns am Flughafen abholte, erzählte uns, dass die Straße zwischen Vrísses und Askífou an einigen Stellen verbreitert worden war. Als wir zum Pass hochfuhren, konnten wir sehen, dass vielleicht als Folge davon mehr Touristen im eigenen Mietwagen unterwegs waren. Und tatsächlich, wie Yánnis es angekündigt hatte, stand kurz vor Krápi ein leuchtendes neues Schild, das anzeigte, dass die Provinz Sfakiá hier offiziell beginnt! *Dhímos Sfakíon*!

„Yánnis!", rief Pandelís und zeigte lächelnd auf das Schild, als wir daran vorbeifuhren. Noch im Laufe des Winters war es durch Einschusslöcher fast unlesbar gemacht worden, zweifellos durch jugendliche sfakiotische Scharfschützen, Nachkommen der Rebellen von 1821, die auf dem Rückweg von Chaniá vom Heck eines Pick-Up aus ihr Glück im Vorbeifahren versucht hatten.

Das große Schlagloch in der Straße nach Askífou war ausgebessert worden. Die Zahl der Kafenios in Imbros hatte sich verdoppelt, das heißt, jetzt waren es vier. Und am Ortsrand von Chóra Sfakíon war ein neues Hotel im Bau.

„Ich weiß nicht, ob mir das gefällt", sagte ich zu Jean.

„Wenn es das ist, was sie wollen", sagte sie, „es ist ihr Dorf, nicht unseres."

Natürlich hatte sie Recht, aber Tatsache war, dass wir es wenn auch unvernünftiger Weise als *unser* Dorf betrachteten.

Bald hatten wir es uns für einen Aufenthalt von einigen Wochen in Zimmer Nummer zwei gemütlich gemacht. Wir waren überglücklich. Andréas war bester Laune, und Klein Maria war total entzückt, Jean wiederzusehen. Wir hatten Andréas, Evangelía und den Kindern Geschenke mitgebracht, wie wir es immer taten. Sie widersprachen heftig, wie sie es immer taten, sagten, dass wir das wirklich nicht jedes Mal tun sollten, aber wir fanden, dass keines dieser kleinen Geschenke jemals die Großzügigkeit und Gastfreundschaft aufwiegen konnte, die sie uns über die Jahre erwiesen haben. Wir wussten, wenn wir nicht aufpassten, würden wir beladen mit hiesigem Thymianhonig, *tsikoudhiá* und Evangelías selbstgemachten Süßigkeiten nach Hause fahren. Und man konnte darauf wetten, dass uns mindestens einmal während unseres Aufenthaltes ein opulentes Gastmahl in ihrem Haus aufgetischt wurde.

An diesem Abend, während wir unsere mit Perfektion gegrillten Lammkoteletts genossen, erzählte uns Andréas, dass am nächsten Tag sein Bruder aus Athen zu Besuch käme. Das freute uns, denn wir waren ihm noch nie begegnet.

„Er ist ein echter Sfakiote“, sagte Andréas stolz. „Er ist sehr groß, sieht gut aus und hat schönes, dichtes Haar.“

In dieser Nacht schliefen wir wunderbar und wachten von dem gewohnten Geräuschen auf: das Meer schwappte in den Hafen, das Bäckerauto hielt quietschend unter unserem Fenster, und Manoússos hustete ausgiebig.

Als wir zum Frühstück hinunterkamen, unterhielt sich Andréas gerade mit jemandem, der ihm sehr ähnlich sah – sie hätten Zwillinge sein können.

„Das ist mein Bruder“, stellte er ihn vor.

Sein Bruder war genauso groß wie er – das heißt, nicht gleichgroß. Und er hatte gleichviel Haar wie Andréas – das heißt, nicht sehr viel.

Ich rief: „Aber du hast doch gesagt … “

Andréas zeigte sein breitestes Grinsen.

„April, April!“, rief er.

Ja, es war der erste April. Und dieser Aprilscherz war schon am Vortag in die Wege geleitet worden. Was für eine Vorausplanung! Eins zu null für Andréas.

Im Laufe des Tages wurde auch so mancher Fischer hereingelegt, der auf Andréas Zuruf hin im Hafen aus seinem Boot hechtete, um in der Taverne einen imaginären Anruf anzunehmen, und Touristen gerieten in Panik, wenn sie erfuhren, dass ein Fluglinien- oder Fähr- oder Busstreik ihre Abreise unmöglich mache, nur um dann zu sehen, wie sich angesichts ihrer Sorge ein leises schelmisches Lächeln auf Andréas' Gesicht breitmachte. Andréas aber ging niemandem auf den Leim. „Nicht glauben!“, rief er, als ein Tourist ihn hereinzulegen versuchte. „Nicht glauben!“

Von Andréas hörten wir auch, und es erwies sich als tatsächlich wahr, dass in Chóra Sfakíon eine nicht geringe Aufregung entstanden war, als einige arabische Jungen auftauchten, um auf den Fischerbooten zu arbeiten. Es wurde anscheinend zunehmend schwieriger, einheimische junge Männer für diese Arbeit zu bekommen, denn die wussten, dass sie in den Touristenfallen von Chaniá ihr Geld leichter verdienen konnten.

Doch eigentlich waren die Dorfbewohner ziemlich irritiert und sehr beeindruckt von diesen jungen Syrern, die Muslime und offenbar Araber waren, weil sie perfekt Kretisch sprachen – es war ihre Muttersprache! Wir glaubten zu wissen, warum das so war. Als 1898 die osmanische Vorherrschaft auf Kreta endete, verließen viele *Türken* die Insel, und *Türke* bedeutet Muslim. Viele die weggingen waren griechisch sprechende kretische Muslime vom Land. Etwa 40.000 dieser Turkokreter emigrierten in den ersten zwei Jahren der Selbstverwaltung, und 30.000 meist städtische Turkokreter wurden durch den Vertrag von Lausanne von 1923 gezwungen, die Insel zu verlassen. Bis heute gibt es griechischsprachige muslimische Dörfer an der Westküste der Türkei, mit Familien, die aus Kreta fliehen mussten, und was noch überraschender ist, dass es in Syrien, das 1898 noch Teil des osmanischen Reiches war, ähnliche Dörfer gibt. Von dort waren die netten jungen Männer gekommen.

Am nächsten Tag saßen wir wie üblich faul vor Andréas' Taverne, als Stélios Sohn Pávlos am Hafen erschien, überraschenderweise mit einem tragbaren Kompressor und einem Druckluftbohrer bewaffnet. Er schleppte seine Ausrüstung zum hintersten Teil des Hafens hinunter und begann den Beton damit zu bearbeiten. Der Lärm war unbeschreiblich. Alle schienen so zu tun, als ob sie nichts bemerkten. Nach und nach gelang es Pávlos, eine grobe dreiseitige Mulde in den Beton zu meißeln, die zum Wasser ging. Niemand sagte etwas, und er packte zusammen und ging fort, ohne etwas zu sagen.

Wir fragten Andréas' Söhne, was es damit auf sich hatte.

„Also", sagte Manólis herablassend und im Ton größter Diskretion und Vorsicht, „im Winter ist Stélios allein mit dem Boot zum Fischen hinausgefahren. Als er zurückkam und dabei war, sein Boot zu vertäuen, ist er ausgerutscht und ins Wasser gefallen."

Glücklicherweise ist der Hafen zur Landseite hin ziemlich flach, und Stélios stand nur bis zum Bauch im Wasser. Aber was er auch versuchte, er konnte nicht auf die Betonplatte am Hafenrand hochklettern – es war zu hoch. Weil es Winter war, war auch niemand da, der ihm hätte helfen können und niemand, der seine Rufe hörte. Er blieb ruhig im Wasser stehen und wartete und hatte Zeit, ein paar Zigaretten zu rauchen – die waren glücklicherweise in seiner Hemdtasche trocken geblieben. Dann kam endlich jemand und half ihm heraus.

Dank Pávlos hatte er nun seine eigene Treppe, sodass er herausklettern konnte, sollte ihm so etwas noch einmal passieren. Außerdem erleichterte sie ihm auch das tägliche

Ein- und Aussteigen. Die neue Stufe würde auch den älteren Kreterinnen nutzen, die mit den kleinen Booten nach Loutró wollten.

Das Boot, von dem Stélios neulich gefallen war, hieß *Sofía*. Bevor Stélios sich zur Ruhe setzte, trugen die zwei Frauen in seinem Leben den selben Namen. Im Sommer war er Kapitän der *Sofía*, des Schiffes, das Touristen von und nach Aghía Rouméli und zur Samariá-Schlucht brachte. Und auch seine Frau hieß Sofia. Das machte keine Probleme, weil in Griechisch das Schiff *to Sofía*, das Sofia, also grammatikalisches Neutrum, seine Frau aber und logischerweise *i Sofía*, die Sofia, also weiblich war. Und jetzt war der Name der Fähre übergegangen auf das kleine Fischerboot.

Das war kein Zufall. Die meisten Fischer in Chóra Sfakíon, die kleine Boote im Hafen liegen hatten, haben sie nach ihrer Frau, ihrer Verlobten oder ihrer Mutter benannt, und nach diesem Prinzip war auch Stélios verfahren. Als das Boot von Yórghos aus Komitádhes mit dem neuen Namen *Vana* in den Hafen kam, wussten wir, dass es etwas Ernstes war zwischen ihm und seiner gleichnamigen Freundin.

Manoússos und Barbayánnis hingegen waren Junggesellen und ihre Mütter schon lange gestorben. Wir fanden es deshalb bewundernswert und in gewisser Weise großartig, dass Manoússos' Boot trotzig *Manoússos* hieß und dass Barbayánnis Boot sich des Namens *Yánnis* erfreute.

In den ersten drei oder vier Tage nach unserer Ankunft suchte Jean überall nach Zorro, aber sie war nirgends zu sehen. Jean war bekümmert darüber, wenn auch nicht sonderlich überrascht. Wir mussten uns eingestehen, dass das Leben für eine Katze hier im Winter sehr hart war, selbst für so eine findige wie Zorro. Doch wir sagten uns, dass sie als unstetes Tier überall hingewandert sein konnte.

Ein großer Trost war für Jean, dass sie wieder das tun konnte, was ihr am besten gefiel, nämlich morgens die alten Pfade entlang wandern und Fotos von den Frühlingsblumen machen und nachmittags schwimmen gehen.

Im Sommer und Herbst ging Jean jeden Tag vor dem Frühstück schwimmen. Es war zum Dauerwitz zwischen Jean und Andréas' Sohn Yórghos geworden, dass sie es nur zu gerne hätte, wenn ihr der Morgenkaffee einmal am Strand serviert würde, sobald sie aus dem Wasser kam. Dieser Witz wiederholte sich über Jahre, und so war ich sehr überrascht, als ich einmal draußen saß und Eier-Speck zum Frühstück verspeiste, dass Yórghos forschen Schrittes aus der Taverne kam und nach Kellnerart ein Tablett mit einer Tasse Kaffee, Milch und einem Glas Wasser auf der flachen Hand balancierte. Er ging zielstrebig um die Ecke, den Hang hinauf und zum Strand hinüber, ein Weg von etwa hundert Metern. Das sei ein Anblick gewesen, sagte Jean später – Yórghos suchte sich leichtfüßig einen Weg die Stufen hinunter und dann von Fels zu Fels über den Strand, das Tablett mit dem Kaffee lässig auf der Hand, als ob er das jeden Tag machte. Er winkte Jean, die noch im Wasser war, setzte das Tablett am Strand ab und kehrte genauso forsch zu seiner Arbeit zurück. Er zwinkerte mir im Vorbeigehen zu, bevor er in der Taverne verschwand.

Im Sommer ging Jean auch mittags vor dem Essen und dann noch einmal am frühen Abend etwa um fünf oder sechs Uhr zum Schwimmen. Im Frühling war das Meer aber nur nachmittags warm genug. Und obwohl Jean weite Strecken im Meer zurücklegen konnte, war das Wasser in dieser Jahreszeit zu kalt für sie, um nach Ilingas zu schwimmen. Im Sommer tat sie das oft – das heißt, wenn sie nicht mit dem Boot zum Süßwasserstrand fuhr und von dort den ganzen Weg zurück schwamm.

Eines Morgens gegen Ende dieser Woche, als sie nachmittags hinunter ging nach Vríssi zum Schwimmen, entdeckte sie zu ihrem Entsetzen einen toten Geier auf einem Felsen neben dem Pfad. Es war ein grausiger und tieftrauriger Anblick und außerdem merkwürdig, denn Geier kamen normalerweise nicht sehr nah an Chóra Sfakíon heran. War er beim Kreisen in der Thermik über Anópoli an Altersschwäche gestorben und heruntergestürzt?

Natürlich waren wir wie Neil begierig, Geier so oft wie möglich aus der Nähe zu sehen, aber das war entschieden zu nah (und zudem war es kein Lämmergeier). Nach dem Schwimmen erzählte Jean jedem den sie sah davon, und man war sich einig, dass dieser Anblick die Touristen nicht ermutigen würde, zum Strand zu gehen. Man sprach auch darüber, wie es riechen würde, wenn man ihn nicht beseitigte und über Insektenbefall.

Zu Jeans Leidwesen lag der tote Geier am nächsten Tag immer noch da. Sie sprach diese Tatsache mehrfach an, aber keiner zeigte sich interessiert, etwas dagegen zu tun. Als am nächsten Tag immer noch keiner den Vogel beseitigt hatte, marschierte Jean entschlossen zum Supermarkt, kaufte ein Paar schwarze Gummihandschuhe und einen großen Plastikmüllsack und stürmte hinunter zum Strand, um den störenden Kadaver selbst zu beseitigen. Der Geier war riesig – er hatte eine Flügelspannweite von zwei Metern – und ziemlich schwer, aber es gelang ihr, ihn in den Sack zu stopfen. Dann schleppte sie ihn vom Strand hoch und stapfte mit dieser übelriechenden Last über der Schulter langsam die Uferstraße entlang in Richtung Mülleimer. Plötzlich interessierten sich jeder dafür.

„Was hast du da drin?," wollten sie wissen.

„Den toten Geier vom Strand."

Alle wollten einen Blick darauf werfen. Jean kam nur langsam voran, und auf der *plateía* wurde sie von einem Mann gestoppt, der in den Sack griff, den toten Geier am Hals herausholte und die riesige Flügelspannweite prüfte. Dann nahm er Jean den Sack ab und brachte ihn selbst zum Mülleimer. Er half ihr auch, sich ihrer Gummihandschuhe zu entledigen.

Ich hätte Jean bei diesem Unternehmen natürlich geholfen, aber gerade als sie dabei war loszugehen, wurde ich von einem sich wissbegierig gebenden jungen Deutschen angesprochen.

„Ich glaube, Sie waren schon früher einmal hier?", fragte er höflich.

„Ja, das war ich."

Er wollte wissen, wie man zu verschiedenen Orten kommt.

„Und dann", fuhr er fort, „können Sie mir bitte sagen, wie ich nach Loutró komme und wie lange das dauert?"

„Sicher," sagte ich. „Es dauert ungefähr fünfzehn Minuten mit der Fähre, zwanzig Minuten mit dem Taxiboot und zwei Stunden mit dem Fuß."

„Entschuldigen Sie", sagte er, „aber sind Sie nicht Engländer?"

„Doch das bin ich."

„Warum", fragte er, „sagen Sie dann *by foot*, wenn es *on foot* heißt?"

Er hatte natürlich recht. Das hing damit zusammen, dass wir jetzt mit den Einheimischen meist Griechisch sprachen und Englisch hauptsächlich mit Touristen, deren Muttersprache Deutsch, Dänisch oder Niederländisch ist. Und genauso wie man irgendwann amerikanisches Englisch spricht, wenn man längere Zeit in den USA ist, spricht man irgendwann Englisch ein wenig wie ein Ausländer, wenn man während der Urlaubszeit in Chóra Sfakíon lebt.

Am nächsten Morgen wachte ich ganz erschrocken auf. Ich sah auf die Uhr, es war halb sieben. Irgendetwas war erschreckend verkehrt. Dann begriff ich mit Entsetzen, dass es mein Herz war! Es schlug sehr schnell und ungleichmäßig, stand still und begann wieder, flackerte und pochte. Es war sehr beängstigend.

Ich setzte mich im Bett auf und atmete ein paar Mal tief durch. Mir wurde schlagartig bewusst, dass ich mich in einem abgelegenen kretischen Dorf befand, viele Kilometer und mindestens neunzig Minuten vom nächsten Krankenhaus entfernt. Die Abgeschiedenheit von Chóra Sfakíon, die wir immer so genossen haben, war plötzlich alles andere als vorteilhaft.

Jean wachte auf und fragte, was los sei. Sie berührte meine Brust.

„Ich kann dein Herz richtig unter den Rippen pochen sehen!“, rief sie.

Sie versicherte mir, dass ich normal aussähe, und mir war auch nicht schwindlig oder unwohl – ich war nur sehr aufgeregt. Wir dachten, dass mein Herz sich erholen würde, wenn ich mich zu entspannen versuchte. Ich trank etwas Wasser und atmete weiter so tief durch wie ich konnte.

Jean erinnerte sich, dass unter den Touristen im Hotel der drei Brüder ein Arzt war und lief los, um nachzusehen, ob die Hotelbesitzer schon auf waren. Sie kam nach etwa zehn Minuten zurück und berichtete, dass Aristotélis ihr gesagt habe, der Doktor hätte am Abend vorher den internationalen Kameradschaftsgeist derart gefeiert, dass er jetzt nicht nur fest schlief, sondern unmöglich wachzubekommen sei. Aber es logiere auch eine junge deutsche Medizinstudentin bei ihnen, und sobald sie auftauche, würde er sie bitten, zu uns hinunter zu kommen.

Als wir Andréas die Treppe herunter kommen hörten, um die Taverne zu öffnen, rannte Jean hinunter, um ihm von meinem Problem zu berichten. Sie kam zurück und sagte mir, dass Andréas versucht habe beim ortsansässigen Arzt anzurufen, aber der sei unterwegs, und niemand wisse, wie man ihn erreichen könne.

Jean machte sich einen Kaffee – ich war nicht der Meinung, dass auch ich einen trinken sollte, und nach Essen war mir auch nicht zumute – und wir warteten in stiller Panik.

Die Medizinstudentin kam gegen neun und bestätigte, dass mit meinem Herzen etwas ganz und gar nicht stimmte, so unregelmäßig wie es schlug. Zu unserer Erleichterung sagte sie aber auch, dass es mich nicht gleich umbringen würde, aber dass ich ins Krankenhaus müsse, wenn es sich nicht bald normalisierte. Ich versuchte ruhig zu bleiben.

Gegen zehn klopfte es an der Tür. Es war Andréas' Sohn Manólis.

„Das Dorftaxi fährt gleich nach Chaniá", sagte er. „Wir meinen, dass ihr mitfahren solltet."

Jean packte eine kleine Tasche. Ich zog mich an und ging mit ihr hinunter in die Taverne. Ich fühlte mich etwas wacklig, doch ich war nicht sicher, ob das an dem Herzproblem lag oder an meiner Nervosität.

Während ich wartete und alle paar Minuten meinen Puls fühlte, merkte ich, dass ich die Neuigkeit vom Tage war hier in Chorá Sfakíon. Leute kamen vorbei, um mich zu fragen, wie es mir gehe, mir alles Gute zu wünschen und aufmunternde Bemerkungen zu machen, wie: „Du siehst ziemlich blass aus."

Das Taxi kam, am Steuer ein junger Fahrer, den wir nicht kannten, und daneben eine kleine alte Dame. Sie hatte das Taxi bestellt, damit es sie zu ihrer Tochter nach Chaniá bringt, und wir konnten mitfahren. Als wir einstiegen, gab Manólis dem Fahrer durch das Fenster ein paar Anweisungen.

„Ich habe ihm gesagt, zu welcher Klinik er dich bringen soll", sagte er. „Ich habe dort angerufen und Bescheid gesagt, dass du kommst." Dann fuhren wir los.

Wir sind schon oft von Chóra Sfakíon nach Chaniá gefahren. Manchmal schien es gar nicht weit zu sein, und manchmal schien es ewig zu dauern – und so war es diesmal. Ich war sehr angespannt und darauf bedacht, in die Klinik zu kommen. Jean, die meine Hand ganz fest hielt, ermahnte mich, mir keine Sorgen zu machen, weil das meinen Zustand verschlimmern könne. Aber es fiel mir schwer, mich nicht zu sorgen. Als wir nach Vrísses hinunter fuhren, fragte ich mich niedergeschlagen, ob ich Chóra Sfakíon jemals wiedersehen würde.

In Chaniá war ich verärgert, dass der Fahrer erst die alte Dame an ihr Ziel brachte, obwohl es ja eigentlich *ihr* Taxi war. Als wir dann auf dem Weg zur Klinik waren, stellte ich plötzlich fest, dass mein Herz wieder normal schlug. Was für eine Erleichterung! Aber selbstverständlich brauchte ich ärztlichen Rat für dieses Problem.

In meldete mich in der Klinik an und berichtete, was mir passiert war. Man brachte mich sofort in einem Einzelbettzimmer unter und hängte mich an ein Herzüberwachungsgerät. Einen Moment lang war ich erschrocken, als es zu piepen anfing, aber wie sich herausstellte, hatte sich nur ein Kabel gelöst – mein Herz schlug jetzt völlig normal. Die Schwestern waren sehr aufmerksam und schienen froh, dass Jean und ich etwas Griechisch sprachen.

Spät am Nachmittag kam ein Kardiologe, um mich zu untersuchen. Er sagte auf Griechisch:

„Wie ich höre, sprechen Sie Griechisch!"

Ich antworte auf Englisch. Es ging hier vielleicht um Leben und Tod, und ich wollte unbedingt verstehen was er sagte.

Er stellte mir viele Fragen. Dann hörte er mein Herz ab und sah auf den Monitor und die Ausdrucke.

„Hm", sagte er nachdenklich, „irgendetwas ist da passiert."

Ich stimmte mit ihm überein, es war tatsächlich etwas passiert.

Er fuhr fort: „Sie hatten ein paroxysmales Vorhofflimmern."

Ich war erschrocken.

„Das klingt entsetzlich!", rief ich.

„Nicht wirklich. Paroxysmal ist ein gutes griechisches Wort, das einfach bedeutet, dass etwas plötzlich geschehen ist, es sich nicht um etwas Chronisches handelt."

Ich entspannte mich.

„Ältere Menschen haben oft Herzflimmern, ohne es wirklich zu bemerken. Aber bei jemandem in Ihrem Alter …"

Er unterbrach sich kurz.

„Bei jemandem in ihrem Alter liegt es meistens an einer Fehlsteuerung der Schilddrüse – an einer überaktiven Schilddrüse."

Plötzlich fühlte ich mich sehr glücklich.

„Ich habe gar keine Schilddrüse mehr!“, rief ich, „sie ist mir vor Jahren operativ entfernt worden!“

„Und Sie mussten deshalb jeden Tag Thyroxin-Tabletten einnehmen …“

„Ja!“

„Die Dosis, die Sie gerade einnehmen, könnte im Moment etwas zu hoch sein.“

„Ja!“

Der Kardiologe war jedoch vorsichtiger als ich, voreilige Schlüsse zu ziehen. Ich sollte meine Thyroxin-Dosis auf jeden Fall reduzieren, sagte er, aber sie würden mich für ein oder zwei Tage hier behalten, um mein Herz zu überwachen und um sicherzugehen, dass es kein weiteres Herzflimmern gebe. Sie würden für Jean ein Feldbett in mein Zimmer stellen, und sie könne die Nacht bei mir sein.

Als der Kardiologe gegangen war, nahm Jean mich fest in den Arm, wobei sie darauf achtete, die Kabel zur Maschine nicht herauszuziehen. Dann verkündete sie vergnügt, dass sie gehen und ein paar Dinge besorgen würde, die sie für die unerwartete Übernachtung brauche.

Wir verbrachten beide eine annehmbare Nacht, trotz der Krankenschwestern, die immer wieder hereinkamen, um nachzusehen, ob mit mir alles in Ordnung war. Am nächsten Morgen bestanden sie darauf, dass ich im Bett blieb, aber sie entfernten die Gerätekabel. Der Kardiologe sah vor dem Mittagessen noch einmal nach mir und sagte, dass alles sehr gut aussähe, ich noch eine Nacht hier bleiben sollte, und das im Bett, um ganz sicher zu gehen. Er würde mich am nächsten Tag noch einmal untersuchen, und ich solle meinen Arzt aufsuchen, sobald ich wieder zu Hause sei.

Als er gegangen war, wollte Jean sich gerade wieder auf den Weg machen, als es an der Tür klopfte. Zu behaupten, dass wir überrascht waren, wer uns da besuchte, wäre stark untertrieben – es waren Andréas und Evangelía! Sie kamen lächelnd ins Zimmer – sie hatten mit den Schwestern geredet und erfahren, dass es mir gut ging. Sie brachten Trauben, Joghurt, Pralinen und Kekse mit.

„Wie schön, euch zu sehen!“, rief Jean. „Was bringt euch nach Chaniá?“

„Hm, wir hatten in der Stadt einige Dinge zu erledigen“, antwortete Andréas ausweichend.

„Was denn?“, fragte ich interessiert.

„Ach, dies und das“, sagte er unbestimmt, „dies und das.“

Sie brachten uns beste Wünsche aus Chóra Sfakíon mit und berichteten, dass alle unbedingt wissen wollten, wie es mir geht. Nach etwa einer halben Stunde verabschiedeten sie sich und sagten, dass sie hofften, uns am nächsten Tag wieder bei sich zu sehen.

„Jean“, sagte ich, nachdem sie gegangen waren, „Andréas und Evangelía gehen eigentlich nie zusammen nach Chaniá, oder?“

„Nicht während der Saison“, sagte sie. „Nein, nicht dass ich mich erinnere.“

Am nächsten Tag waren wir endlich wieder zurück in Chóra Sfakíon – Andréas hatte uns das Taxi geschickt –, und ich wurde eher wie ein heimkehrender Held behandelt als wie einer, der – wenn auch aus Versehen – zu viel Pillen geschluckt hatte. Jeder wollte Einzelheiten über meinen Gesundheitszustand wissen, und ich musste dauernd auf mein Wörterbuch zurückgreifen.

Weil der Kardiologe gesagt hatte, ich solle es für ein, zwei paar Tage langsam angehen lassen, verbrachten wir die Zeit damit, herumzusitzen und uns zu unterhalten, besonders darüber, wie Chóra Sfakíon sich verändert. Es wurde nicht nur viel gebaut, wie das neue Hotel, es gab auch einige gesellschaftliche Veränderungen, die sich nach und nach doch ziemlich alarmierend vollzogen.

Etwas, das uns besonders auffiel, betraf die Polizei. Die Sfakioten waren in der Geschichte berühmt für ihren einmaligen *filótimo,* Stolz, ihre Selbstachtung und ihr großes Ehrgefühl. Dieses Ehrgefühl war es, das viele Außenstehende kommentiert haben. Pashley beschwerte sich, dass es unmöglich war, Sfakioten zu bezahlen dafür, dass sie ihm geholfen haben. Der deutschsprachige Reisende Sieber machte 1817 genau die gleiche Beobachtung: Sfakioten waren stolz darüber, dass sie ihn viele Tage lang durch ihre *eparchía* führen konnten und hätten keinen Moment in Betracht gezogen, dafür Geld anzunehmen.

Dieses Ehrgefühl hatte sich bis in die Gegenwart hinein erhalten: Diebstahl war mehr oder weniger unbekannt, und die Leute würden eher versuchen, dir etwas zu geben, was du nicht willst als dir etwas zu nehmen.

Trotz dieser angeborenen Ehrenhaftigkeit hatten die Jahrhunderte der Abgeschiedenheit nicht nur zur Blutrache geführt, sondern auch zu einer tiefverwurzelten Missachtung des Gesetzes in allen offiziellen Ausprägungen, eine Einstellung, die sich bis heute erhalten hat. Die Polizei in Chóra Sfakíon war vielleicht nützlich, wenn ein Tourist den Verlust seiner Kamera meldete und aus Versicherungsgründen einen offiziellen Bericht – nur in Griechisch – brauchte. Wenn aber ein Tourist argwöhnte, dass er die Kamera geistesabwesend irgendwo auf einem Tisch hatte liegen lassen und ein Junge aus dem Dorf sie mitgenommen haben könnte, dann war er besser beraten, sich an den Bürgermeister zu wenden. Der würde die Nachricht verbreiten, dass die Kamera sofort zurückzubringen sei. Und sie würde zurückgebracht.

Polizisten, die wussten was gut für sie war, blieben in der Polizeistation, zogen Gemüse, fütterten die Hühner, spielten *tavlí,* Backgammon, und sahen fern. Ich stellte mir vor, dass es bei den Venezianern und den Türken ähnlich gewesen sein muss, wenn sie auch kein Fernsehgerät hatten. Es war alles klar, so lange sie in ihrer Festung blieben.

Doch jetzt, ohne dass man darüber sprach, konnte man Polizisten mehr und mehr im Gespräch mit der Bevölkerung sehen oder gar beim Kaffee in einem der Kafenios.

Von den neueren Gebäuden gefielen uns manche sehr gut. Nachdem er im Ruhestand war, hatte Damoulís für seine Familie oberhalb der *plateía* ein schönes Haus in traditionellem sfakiotischen Stil gebaut, mit dem steinernen Torbogen und einigen anderen Stücken vom Haus seines Großvaters in Asféndou, und war gerade damit fertig geworden. Wir hatten das Privileg, eingeladen zu werden und saßen mit ihm und seiner Frau auf der Terrasse, tranken Kaffee, bewunderten den Garten, der schon voller bunter Blumen war, und genossen den großartigen Blick auf die Bucht.

Damoulís war ein Mann von großer Gelehrsamkeit, aber er war auch ein echter Sfakiote. In den alten Tagen, so hatte uns Andréas erzählt, bevor die Straße von Imbros her fertiggestellt war, war Damoulís als Postbote oft fünfzig Kilometer über die Berge nach Chaniá gelaufen und am nächsten Tag zurück. Sogar in der Sfakiá war das ein Grund für Bewunderung. Damoulís genoss großen Respekt, und obwohl niemand das Gefühl hatte, dass er keiner von ihnen sei, hörten die Fischer und die Schäfer ihm zu, wenn er etwas sagte.

Und nun hörten auch wir ihm zu. Er zeigte von der Terrasse aus auf einen Punkt genau gegenüber seinem Haus, unterhalb der venezianischen Festung und der Pinien.

„Seht ihr das dort drüben? Dort war der Brunnen, aus dem *Chrissomalloússa* Wasser holte. Ihr kennt doch die Geschichte, oder?"

Wir schüttelten den Kopf.

Er erklärte:

„Das Mädchen mit dem goldenen Haar."

Eine wunderschöne junge Sfakiotin mit langem blonden Haar holte einmal Wasser aus dem Brunnen. Damoulís deutete wieder auf die Stelle, wo es passiert war. Es war, als ob er uns etwas erzählte, das er selbst beobachtet oder gestern im Fernsehen gesehen hatte. Ein venezianischer Offizier, der auf der Wache unterhalb der Festung Dienst hatte, sah das Mädchen und war so angetan von ihrer Schönheit, dass er sich ihr näherte und sie zu küssen versuchte. Sie ohrfeigte ihn, worauf er sein Schwert zog, nach ihrem langen Haar griff und es abschnitt. Vielleicht wäre er an der Nordküste ungestraft davongekommen, aber er hätte wissen müssen, dass man in der rebellischen Sfakiá die Tugend einer Frau nicht derart beleidigen konnte. Diese Kränkung ihres *filótimo* versetzte die Bewohner von Chóra Sfakíon und dann der gesamten Provinz so in Rage, dass ein großer bewaffneter Aufstand gegen die Venezianer die Folge war. Wie alle anderen, war auch dieser Aufstand letztlich nicht erfolgreich, aber die Geschichte ist in der Erinnerung der Sfakioten lebendig geblieben. Das Mädchen selbst wurde, nachdem sie zusammen mit den Verteidigern ihrer Ehre über ein Jahr von den Venezianern belagert worden war, in einer Kirche bei dem Dorf Samariá, in der Schlucht, zur Nonne geweiht.

Damoulís erzählte uns auch etwas über den einheimischen Dialekt, als ich ihn darauf ansprach. Es war Katsouloyánnis, der mich zuerst mit den Feinheiten des sfakiotischen Dialekts bekannt gemacht hatte. Er sprach immer langsam und deutlich, damit ich ihn verstehen konnte, und bot mir gekonnt eine Umschreibung an, wenn es mir nicht gelang. Er hatte eine scheinbar endlose Geduld, und da die Arbeit mit seinen Ziegen und Schafen meist schon früh am Tag erledigt war, hatte er viel Zeit, sich später am Morgen mit mir zu unterhalten, nachdem Manoússos' Geschrei mich geweckt hatte und ich es endlich aus dem Bett und von Zimmer Nummer zwei die Treppe hinunter geschafft hatte. Aber ich hatte noch viel zu lernen.

Es wird behauptet, dass die moderne sfakiotische Dialektform des Griechischen darauf zurückzuführen sei, dass sich in der Abgeschiedenheit dieser Bergwelt das *reine* Altgriechisch erhalten konnte, das die Dorer vor 3000 Jahren nach Kreta brachten. Es ist wahr, dass Kreta ein bedeutender dorischer Stützpunkt war; Agia Rouméli beispielsweise war ganz sicher eine dorische Ansiedlung. Aber wie Pashley schreibt, kam er bei seiner Ankunft in Anópoli nicht umhin festzustellen, *dass die kennzeichnenden Eigenheiten des für alle Sfakioten, besonders für die Frauen, charakteristischen Dialektes zweifelsfrei als Spuren des kräftigen Kretischdorischen betrachtet werden können.*

Damoulís glaubte nicht, dass das richtig war, und ich teilte seine Meinung. Es stimmt zwar, dass sich im kretischen Griechisch im allgemeinen und nicht nur im Sfakiotischen einige altgriechische Begriffe erhalten haben, die anderswo verloren gegangen sind, wie *pémbo*, ich sende, und *katéxo*, ich weiß, doch die Kreter haben auch viele Wörter aus dem Italienischen der Venezianer entlehnt, wie *dréta*, gerade, und *remédhio*, Lösung, und aus dem Türkischen beispielsweise *beyíri*, Pferd, alles Wörter, die man auf dem Festland nicht gefunden hat.

Pashley hatte jedoch Recht, was die *kennzeichnenden Eigenheiten* des Dialekts anging. Er schreibt:

Gestern und heute habe ich mehrere Sfakioten gesehen. Bis zu dieser Zeit hatte ich kaum mit irgendeinem der Bewohner der Weißen Berge gesprochen, außer mit meinem Führer Maniás, und ich hatte befürchtet, dass der Unterschied zwischen seiner und der Sprache der anderen Griechen auf der Insel in einem gewissen Grad auf eine persönliche Eigenheit zurückzuführen war. Aber ich entdeckte, dass es zwischen seinem und dem Dialekt seiner sfakiotischen Gefährten keinen Unterschied gab: die gleichen Eigenheiten bei allen.

Was er über Maniás sagte, war mir bekannt. Als ich zum ersten Mal hörte, wie die Fischer in Chóra Sfakíon sich über den Hafen hinweg schreiend verständigten, hatte ich mich gefragt, ob sie alle an einer Art Sprachstörung litten. Dieser Eindruck war entstanden durch die markanteste Eigenheit der sfakiotischen Betonung, der Aussprache des Lautes L. Mit Katsouloyánnis' Hilfe hatte ich herausgefunden, dass vor den Vokalen a, o und ou das L ausgesprochen wurde wie im Angloamerikanischen das R, sodass *kalá*, gut, so klang, als habe es ein amerikanisches R in der Mitte statt eines L. Vor i und e klang es wie ein normales griechisches L.

Damoulís' Frau war berühmt für ihre *kalitsoúnia*, süßes kretisches Gebäck mit Käse und Zimt. Wir freuten uns deshalb, als sie mitten in unserer Dialektdiskussion ins Haus ging und uns etwas davon zum Probieren herausbrachte. Während wir davon aßen, sprach Damoulís wortgewandt über die Geschichte der Provinz Sfakiá und über das moderne amerikanische Hochschulsystem, von dem seine Kinder profitiert hatten. Und wie es schien, konnte er sich genauso sachkundig über den Olivenanbau unterhalten wie über die Lokalpolitik. Wir waren dankbar, dass er aus Feingefühl seinen griechischen Wortschatz einschränkte, als er mit uns sprach. Und wir waren auch dankbar für die leckeren *kalitsoúnia*.

Was sich sonst noch verändert hatte, das war erwartet und begrüßt worden. Klein María war jetzt in der Schule – und sie bestand nicht länger darauf, jeden Morgen in einem anderen Kleid von Jean fotografiert zu werden.

Wir hatten um Erlaubnis gebeten, sie an einem Samstag mit auf einen Ausflug nach Loutró nehmen zu dürfen. Alle freuten sich über diese Anregung, nicht zuletzt María selbst, die noch nie in Loutró war. Es war zwar nur ein kurzes Stück die Küste hinunter, doch im Sommer hatte niemand Zeit, mit ihr dorthin zu fahren, und im Winter gab es keine Fähre.

Die anfängliche Enttäuschung darüber, dass am verabredeten Tag starker Wind und raue See herrschten, wodurch die Überfahrt sehr ungemütlich geworden wäre, ertrug María tapfer. Wir verschoben den Ausflug um vierundzwanzig Stunden. Am nächsten Tag war das Wetter schön, und Evangelía gab uns eine ganze Reihe strenger Anweisungen mit, die María unbedingt befolgen müsse. Sie sah mit ihrer kleinen Handtasche und dem Hut sehr niedlich aus und konnte es nicht erwarten, auf die *Sofía* zu kommen. Und wir freuten uns darüber, dass uns niemand das Fährticket bezahlen ließ, weil wir María bei uns hatten. Unsere Freude kam nicht von dem bisschen Geld, das wir sparten, sondern weil es – so dachten wir – etwa bedeuten konnte, dass man uns als dazugehörig betrachtete. Als wir aus dem Hafen ausliefen, war María ganz begeistert von dem Blick vom Meer her auf das ganze Dorf – etwas, das sie noch nie gesehen hatte.

Auch Loutró hatte sich verändert. Jean und ich waren in den letzten Jahren immer mal wieder mit der Fähre dort. Doch niemals zu Fuß – oder mit dem Fuß – auf dem Küstenweg, dem schwindelerregenden Pfad, den wir vom Schiff aus jetzt gut erkennen konnten. Er wurde im Sommer jeden Tag von dutzenden Menschen benutzt, doch niemals von uns oder von Neil.

Vom Meer aus wirkte das kretische Gebirgsmassiv, wie es steil zum Süßwasserstrand hin abfielen, sehr respekteinflößend. Man konnte verstehen, warum Xan Fielding sein Buch über den Widerstand der Alliierten in den Weißen Bergen während des Krieges *Das Bollwerk* genannt hat – westlich von Chóra Sfakíon liegen 24 Kilometer zerfurchte Küstenlinie, zu der vor Soúya keine Straße hinunterführt, und in östlicher Richtung sind es vierzig Kilometer bis zur nächsten Straße bei Aghía Ghalíni.

Während sich das Schiff dem Hafen von Loutró näherte, wurde der Uferbogen mit dem Dorf immer malerischer. Alle Gebäude waren frisch weiß gestrichen, und die Läden, Fenster und Türen hatten alle denselben blauen Farbton. Obwohl in den Sommermonaten immer von ein paar Familien aus Anópoli bewohnt, war Loutró ursprünglich nur eine kleine Bucht, wohin die Leute von Anópoli zum Fischen oder Baden oder zum Waschen ihrer Schafwolle gingen – Loutró bedeutet eigentlich Bad. Doch seit meinem ersten Besuch zusammen mit den Australierinnen hatte es sich in einen kleinen, aber namhaften Ferienort verwandelt, obwohl es auf Wunsch der Dorfbewohner keine Straße gab. Das Fehlen von Straße und Verkehr war Teil seines Charmes.

Loutró war durch einen Kiesstrand zweigeteilt. Wir konnten kleine Boote von der einen Seite des Dorfes zur anderen die Bucht überqueren sehen. Das ging wohl schneller, als am Strand entlangzulaufen. Und so war es natürlich viel einfacher, Güter und Proviant zu transportieren als mit Schubkarren über die Kiesel.

Wir gingen von Bord, einer der Matrosen hob María auf den Landungssteg hinunter, und dann sahen wir zu, wie die Fähre sich auf den Weg nach Aghía Rouméli machte. Wir nahmen María an der Hand und suchten uns einen Weg auf dem schmalen Pfad zwischen den Läden und dem Meer. Aber dieser Spaziergang ähnelte keinem unserer früheren Spaziergänge entlang der Bucht – er war viel, viel langsamer. Alle paar Meter wurden wir von Ortsansässigen angehalten, die María begrüßten, María küssten, María umarmten und María fragten, wie es der Familie ging und ihr Grüße mit auf den Weg gaben. María wusste wer jeder war, was uns etwas überraschte, denn wir wussten es nicht. Sie nannte sie respektvoll Tante oder Onkel, wie es üblich war. Dass unser Griechisch besser war als das von María, die Zeit war längst vorbei, und sie nahm es mit ihrer Gesprächskompetenz auf erwachsene Weise sehr ernst.

Am Ende der ersten Reihe Läden und Tavernen gingen wir zum Strand hinunter. Das Meer war zum Schwimmen zu kalt für Maria, deshalb spielte Jean mit ihr am Ufer. Ich ging ein kurzes Stück zurück und setzte mich in ein Kafenion, um einen Kaffee zu trinken und zu lesen.

Die Bucht von Loutró war wohl nicht immer der wichtigste lokale Hafen. In römischer Zeit lag der Haupthafen auf der anderen, der westlichen Seite der Landzunge von Moúros, bei einer als Phinikas, Phoenix, bekannten Ansiedlung. Die Apostelgeschichte berichtet von der Reise des Apostels Paulus nach Rom, auf der sein Schiff von

Palästina über Zypern und Rhodos zur kretischen Südküste segelte und an einen Ort kam, der Guthafen hieß. (Dieses Dorf, das auch heute noch so heißt, Kali Liménes, liegt an der Südküste westlich von Léndas.) Dann gab es Streit darüber, was angesichts des bevorstehenden Winters zu tun sei:

Da aber der Hafen zum Überwintern ungeeignet war, rieten die meisten dazu, von dort abzufahren, ob sie etwa nach Phoenix gelangen [und dort] überwintern könnten, einem Hafen von Kreta, der gegen Südwesten und gegen Nordwesten sieht.

Als aber ein Suedwind sanft wehte, meinten sie, ihre Absicht erreicht zu haben, lichteten die Anker und fuhren näher an Kreta hin. Aber nicht lange danach erhob sich von da her ein Sturmwind, Eurakylon genannt. Als aber das Schiff mit fortgerissen wurde und dem Wind nicht widerstehen konnte, gaben wir es preis und ließen uns treiben. Als wir aber unter einer kleinen Insel, Kauda [Gávdos] genannt, hinliefen, konnten wir kaum des Rettungsbootes mächtig werden.

(Apostelgeschichte 27:12-16)

Jeder, der die nachmittäglichen abfallenden Winde kennt, die von den sfakiotischen Bergen zum Meer hinabbrausen, das sich in Sekunden von ruhig in turbulent, von blau in weiß verwandelt, der weiß, dass ein *Eurakylon* ein solches Chaos anrichten kann.

Das heutige Phoenix bestand lediglich aus ein paar Tavernen, ein paar Gästezimmern, einer schönen kleinen Kirche mit ein paar Fresken und einer Palme und mit nur wenig anderem, aber in früheren Zeiten erstreckte sich die Siedlung über den größeren Teil des Kaps. Die Verlegung des Hafens ging auf Verwerfungen zurück, die im Jahr 66 v. Chr. durch ein Erdbeben entstanden waren. Das geschah, wie ich mit stechendem Herzen las, weil ich an meinen Aufenthalt in der Klinik erinnert wurde, unter dem wunderbaren Namen *frühbyzantinischer Paroxysmus*. Dabei wurde das gesamte westliche Kreta angehoben, während das östliche absank. Dieses gewaltige geologische Ereignis war dafür verantwortlich, dass der Hafen von Phoeix nicht mehr tief genug war und der Handel über die Landenge nach Loutró verlagert wurde.

Jean und María kamen zurück, um etwas zu trinken.

„Wir haben eine Menge interessante Steine gefunden", sagten sie. „Wir bringen sie Evangelía mit. Was hast du gemacht?"

Ich sagte: „Ich habe gerade den frühbyzantinischen Paroxysmus entdeckt."

Am Nachmittag auf der Rückfahrt freute ich mich, dass sogar jemand, der in Geologie so unbewandert ist wie ich, die angehobenen Ufer und Einbuchtungen erkennen konnte, die anzeigten, wo die Küstenlinie verlaufen war vor dem *Paroxysmus*, von dem ich gerade gelesen hatte. Die Fahrt mit der Fähre dauerte ungefähr fünfzehn Minuten, so wie ich es dem jungen Deutschen gesagt hatte. María tanzte an der Reling hin und her, und als der Hafen von Chóra Sfakíon in Sicht kam, konnte sie es kaum erwarten, ihrer Mutter zu berichten, was sie alles erlebt und mit wem sie gesprochen hatte. Wir waren froh, dass uns bei diesem ersten Ausflug mit María keine stürmischen Winde den Tag verdorben hatten.

Erst gegen Ende unseres Aufenthaltes erzählte man uns eine wirklich schreckliche Geschichte, die man uns bis jetzt bewusst vorenthalten hatte. Sie hätte uns, und das ist die Wahrheit, die ganzen Ferien verdorben, wenn wir sie gekannt hätten. Am Ende erfuhren wir sie von Manoússos.

Es ging um Chantal. Als wir im letzten Winter mit unserem Auto weggefahren waren, sagte er, sei Chantal zu ihrem deutschen Freund zurückgegangen. Wir vermuteten, weil die Saison vorbei war, sie kein Geld hatte und dieses idyllische Fleckchen Erde noch nicht aufgeben konnte. Und so hatte sie mit ihm in einer Höhle am Süßwasserstrand gelebt. Eines Nachts hatte es heftigen Regen gegeben, und eine Lawine aus tausenden Tonnen Geröll war über die steilen Klippen auf den Strand herunter gekracht und in die Höhle. Sie wurden beide lebendig begraben.

Unter der Tamariske

Als es uns das nächste Mal gelang, das Cottage zu mieten, reisten wir wieder mit eigenem Auto – dieses Mal über die Schweizer Alpen, Venedig, die kroatische Küste und die mazedonischen Berge. Wir trafen am Ostersonntag bei Dhimítris im Epirus ein, als gerade das Lamm vom Grill genommen und aufgetragen wurde. Dort verbrachten wir mit unseren Freunden einige Tage in üppig grüner Umgebung, und das Plätschern eines nahen Baches wiegte uns jeden Abend in den Schlaf.

Dann fuhren wir weiter durch die Peloponnes, am alten Olympia voller Blüten und ohne Touristen vorbei und mit der Fähre hinüber nach Kastélli am westlichen Ende von Kreta. Ostern war früh dieses Jahr, und Chóra Sfakíon und seine Umgebung waren grüner, als wir sie je gesehen hatten, obwohl die Steine immer noch vorherrschten. Wir hatten England im tiefsten Winter verlassen, und jetzt, zwei Wochen später, waren wir hier mittendrin im kretischen Frühling.

Dieses Jahr wussten alle, wo der Schlüssel zu unserem Ferienhaus war.

Am Abend unserer Ankunft schauten wir von Andréas' Taverne aus auf den Hafen und fühlten das tiefe Behagen, nach dem wir uns so gesehnt hatten. Andréas war guter Laune, und sein ältester Sohn Yórghos, jetzt schon sehr erwachsen, bediente an den Tischen und unterhielt die Gäste mit seinem ganz eigenen, ansteckenden Humor. Auf der anderen Hafenseite konnten wir den jungen Fischer Stávros mit einer attraktiven jungen Frau vor seiner *cantina* sitzen sehen. Sie sah nicht aus wie eine Touristin, und das war etwas verwirrend, denn normalerweise würde kein einheimisches Mädchen allein mit einem Mann beisammensitzen, mit dem sie nicht verwandt war – und wir hatten sie noch nie vorher gesehen.

„Wer ist das Mädchen?", fragten wir den jungen Yórghos.

„Kennt ihr sie nicht? Das ist Stávros' Verlobte."

„Wirklich?"

„Ja, sie haben sich letzte Woche verlobt." Das erklärte natürlich, warum sie mit ihm in der Öffentlichkeit allein zusammensitzen konnte.

„Ihr müsst ihm gratulieren, wenn ihr ihn seht", meinte Yórghos – und sagte uns den dazu nötigen Satz auf Griechisch.

Später an diesem Abend, nachdem wir beobachtet hatten, wie ein Fischer einen gefangenen Oktopus weichklopfte, indem er ihn gegen die Hafenmauer schlug, spazierten wir zur *cantina* hinüber. Stávros und seine Verlobte saßen immer noch dort und unterhielten sich. Bei der *cantina* machten wir halt und sagten lächelnd den angemessenen Gratulationsspruch auf, den wir geübt hatten. Die junge Frau kicherte. Stávros runzelte die Stirn.

„Wer hat euch das gesagt?", fragte er. „War das Yórghos?"

Da hörten wir schallendes Gelächter von der anderen Seite des Hafens, und zu spät erinnerten wir uns daran, dass man niemals glauben darf, was Yórghos einem sagt. Wir waren zu lange fort gewesen, und Yórghos hatte wieder einmal zugeschlagen. Es war uns peinlich, aber der jungen Frau schien es nichts auszumachen.

Nachdem ich mehrmals gedroht hatte, Yórghos umzubringen, erzählte er uns, dass die junge Frau die neue Dorfärztin sei. Als berufstätige Frau aus der Stadt hatte sie keinerlei Skrupel, egal mit wem in der Öffentlichkeit beisammenzusitzen. In den nächsten Wochen neckte Stávros uns jedes Mal, wenn er uns sah damit, indem er so tat, als ob er sich einen Ring über seinen Finger streifte.

Den ganzen Abend noch beschäftigte uns dieser Scherz. Yórghos hatte auf unsere Kosten natürlich seinen Spaß gehabt, aber wir hatten das Gefühl, dass etwas anderes dahinterstecken könnte. Zweifellos hatte er die ungewöhnliche Tatsache, dass Stávros mit einer jungen griechischen Frau zusammen saß, die keine Verwandte war, behutsam kommentiert, aber gab es da noch etwas anderes?

Ich sprach mit Jean über etwas, das ich gelesen hatte.

Der dänische Sfakiá-Enthusiast Per Willig beschreibt die folgende Szene. Es ist Hochsommer, und Per und die drei Brüder, denen das Hotel bei der Tamariske oberhalb der Treppe gehört, räkeln sich träge in der Mittagshitze unter dem Baum. Nach Pers Beschreibung stellte ich mir vor, wie alle ihren Gedanken nachhingen, und jeder, der nur ein bisschen Taktgefühl hat, würde wissen, dass das nicht die Zeit ist, ein Gespräch zu beginnen. Per ist sich dessen zwar bewusst, doch in seiner nichtsfakiotischen Denkweise will er unbedingt eine Antwort haben auf eine Frage, die ihn umtreibt. Er weiß, dass er damit warten sollte und entschließt sich, geduldig zu sein. Da plötzlich bewegte sich einer der Brüder, unser Freund Yórghos, ganz leicht auf seinem Stuhl, und mehr oder weniger unfreiwillig brach die Frage aus Per heraus. Es ist in der Tat eine wichtige und fundamentale Frage.

„Welcher Tag ist heute?“, fragt er.

Yórghos blickt ihn geistsabwesend an. Es herrscht langes Schweigen. Dann dreht er sich leicht von Per ab und während er das tut, sagt er:

„Jeder Tag ist ein anderer Tag …

Wie Per es formuliert, hat Yórghos eine Neigung zu solch kryptischen und poetischen Antworten. Auf seine Art ist er ein Meister in der Darstellung eines ewig gültigen Sachverhalts.

Aber vielleicht gab es da ja noch mehr. Ich hatte einen Artikel der Linguistin Deborah Tannen gelesen, der eventuell helfen konnte, eine Erklärung zu finden. Als junge

New Yorkerin heiratete sie einen jungen Kreter. Bei ihrem ersten Besuch als Schwiegertochter im Haus der Familie auf Kreta erwähnte Deborah nebenbei, dass sie in letzter Zeit nicht viele Trauben gesehen hätte. Man sagte ihr, dass gerade keine Traubensaison sei. Am nächsten Abend brachte ihre Schwiegermutter gegen Ende der Mahlzeit eine Schüssel Trauben auf den Tisch. Sie drängte Deborah zuzugreifen. Deborah bedankte sich, sagte aber, sie sei zu satt und könne unmöglich noch etwas essen. Nachdem sie noch weitere Male höflich aber bestimmt abgelehnt hatte, flüsterte ihr frischgebackener Ehemann ihr leise aber energisch auf Englisch ins Ohr, dass sie unbedingt von den Weintrauben nehmen müsse, weil seine Mutter eine Menge Schwierigkeiten gehabt habe, sie zu bekommen. Sie nahm ein paar. Sie waren sauer wie die, von denen sie für den Rest ihres Besuchs jeden Abend essen musste.

Nach Tannen geht es dabei um die Frage von Direktheit und Indirektheit. Menschen verschiedener Länder unterscheiden sich in dem Maße, wie sie im Gespräch von Indirektheit Gebrauch machen und sie erwarten. Niemand spricht immer aus was er denkt – man denke nur, welches Chaos das ansonsten auslösen würde! Also bedienen wir uns gelegentlich der Indirektheit als Ausdrucksform. Wir verwenden Andeutungen und drücken uns verblümt aus, und wir achten darauf, nichts zu sagen, das wir später nicht verneinen können. In manchen Ländern und Kulturen neigen die Menschen mehr zu Indirektheit als Kommunikationsstrategie als in anderen.

In der kretischen Sprachkultur scheint Indirektheit häufiger angewendet zu werden als in der englischen – und das gilt, wie ich finde, besonders für das ländliche Kreta. Wenn man zum Beispiel von der Gastgeberin gerne ein paar Trauben hätte, sollte man eine beliebige Bemerkung über Trauben machen. So ist die Gastgeberin nicht unter Druck gesetzt. Wenn es ihr nicht gelingt, Trauben aufzutreiben, kann man ihr nicht nachsagen, sie sei dazu nicht in der Lage gewesen, denn es war ja kein direkter Wunsch geäußert worden.

Kreter sind auch in einem Ausmaß für versteckte Hinweise empfänglich, wie es englischsprachige Menschen nicht sind. So kann es zu Missverständnissen zwischen Menschen dieser beiden Kulturen kommen, denn Griechen hören eine Anspielung, wo gar keine ist, und englischsprachige Menschen sind unempfindlich für Anspielungen, weil sie sie nicht erkennen.

Eine andere Hypothese, auf die wir kamen war, dass die Neigung zu Indirektheit bedeutet, dass die Menschen in der Sfakiá direkte Fragen einfach nicht mochten. Vermutlich, so dachte ich jetzt, war, als ich vor Jahren Katsouloyánnis gefragt habe, wie viele Schafe und Ziegen er habe, das Problem nicht nur, dass ich ihm eine sehr persönliche Frage gestellt hatte, eigentliche eine über seine Finanzen, sondern auch, dass ich direkt gefragt hatte. Eine direkte Frage zwingt zur Antwort, ob man will oder nicht – oder dazu, die Frage elegant und höflich zu umgehen, wie Katsouloyánnis das getan hatte – oder zuzugeben, dass man die Antwort nicht weiß. Es kann auch mit einem Scherz geschehen, wie bei Andréas' Sohn.

Wir entschlossen uns zu einem Experiment. Wir saßen eines Tages am Hafen, als wir einen uns fremden Mann am kleinen Kran lehnen und mit einem Fischer sprechen sahen.

„Wer ist der Mann da drüben?", fragten wir Andréas.

„Aus Anópoli", erwiderte er ohne uns anzuschauen und ging zurück in seine Küche, aus der es fast unerträglich gut nach frischer Moussaka duftete.

Später kam Barbayánnis vorbei und begann mit uns zu plaudern.

„Ich habe diese Person dort drüben noch nie gesehen", sagte ich irgendwann und zeigte auf den Mann, der immer noch am Kran lehnte. Barbayánnis nickte und sagte uns, wie der Mann hieß und erklärte uns in allen Einzelheiten, wie er mit Andréas verwandt war und zählte seine Erfolge und seine Eigenschaften auf.

Es stimmte also. Wenn man indirekt fragt, hat der Gesprächspartner die Wahl, Informationen zu geben, und es wird kein Druck ausgeübt. Man hatte gute Chancen auf Antwort. Und wenn man keine Informationen preisgeben wollte oder nichts wusste, musste man nicht antworten, hatte keine Geheimnisse verraten und niemand hatte sein Gesicht verloren.

Unser Freund Yórghos vom Hotel der drei Brüder war ein gebildeter Mann, mit einem Diplom in Sozialwissenschaften und Politik, doch er wusste genauso viel über das Dorfleben. So entwickelte sich als Ergebnis unseres Wissensdurstes über diesen Ort, den wir so schätzten, eine Art Universität unter der Tamariske. Yórghos war der Dozent, und wir waren die nicht immer sehr aufgeweckten Studenten. Diese Zusammenkünfte fanden normalerweise in Englisch statt, weil Yórghos' Englisch sehr viel besser war als unser Griechisch. Wir konnten mittlerweile Verben im Konjunktiv konjugieren und Nebensätze bilden, doch für die Art Themen, über die wir sprechen wollten, war unser Vokabular nicht ausreichend.

Aber selbst auf der Tamarisken-Universität war es wie sich zeigte besser, zu warten bis Yórghos uns etwas erzählte, als ihn direkt zu fragen. Direkte Fragen waren in der Kultur von Chóra Sfakíon so unüblich, dass wir uns bewusst machen mussten, dass selbst eine so harmlose Frage wie, welcher Tag heute ist, auf dieselbe Art beantwortet werden konnte wie es Per passiert war. Vielleicht war Yórghos' behutsam unkooperative Antwort in diesem Fall eine Art erzieherische Taktik

Eine Sache, die wir bei einer unserer Zusammenkünfte indirekt erfragten, betraf die Tatsache, dass es hier ein Problem schien, jemandem ein Kompliment zu machen, was vielleicht ebenfalls mit dieser Vorliebe für Indirektheit zusammenhängen konnte. Wir hatten mehrfach jemandem über etwas, das er gekauft oder geschenkt bekommen hatte, ein Kompliment machen wollen, weil wir dachten, das sei nett und völlig normal. Aber von jemandem in einer Gesellschaft, in der Indirektheit eine wichtigere Rolle spielt als in unserer eigenen, wurde ein Kompliment offenbar als Bitte aufgefasst – als indirekter Wunsch, den bewunderten Gegenstand geschenkt zu bekommen.

Lawrence Durrell behauptet, er habe von einer Frau gehört, der man auf diese Weise ein Kind geschenkt hat. Das musste man natürlich nicht glauben, aber Jean hat zahlreiche handgehäkelte Dinge geschenkt bekommen, nachdem sie die Frauen, die sie machten, dafür bewundert hatte, und einmal gab ihr ein Busfahrer, trotz ihres Protests, eine selbst aufgenommene Kassette mit einheimischer Musik, als sie ihm am Ende einer Fahrt nach Chaniá gesagt hatte, dass ihr das Band gefalle und sie gerne den Namen des Künstlers wissen wolle.

Yórghos bestätigte zumindest zum Teil unserer Hypothese.

„Ja“, sagte er, „wenn du Leuten sagst, dass dir etwas gut gefällt, dann könnten sie denken, dass du es haben möchtest. Aber keine Sorge, sie werden es dir nicht geben, wenn sie nicht wollen.“

Er machte eine Pause.

„Und natürlich sind die Sfakioten sehr großzügige Menschen“, fügte er hinzu.

Von nun an achteten wir darauf, worüber wir Komplimente machten: Jean zum Beispiel brauchte sich nicht zu sorgen, Evangelía ein Kompliment über die neue Frisur zu machen – sie würde sie ihr nicht geben.

Ein anderes Seminar, das wir in diesem Frühling an unserer informellen Universität belegten, hatte mit der Geschlechterrolle zu tun. Es schien uns für die einheimische Jungen nur sehr wenige Einschränkungen zu geben, was den Grad ihrer Beziehungen zu Touristinnen anging, aber für die einheimischen Mädchen war es offensichtlich anders.

„Ja", bestätigte Yórghos, „traditionell werden auf dem Land kretische Frauen in heiratsfähigem Alter ziemlich streng beaufsichtigt."

In den Anfangszeiten des Tourismus in Chóra Sfakíon befanden sich junge Frauen über die Sommermonate auf ausgedehnten Besuchen bei Tanten und Großmüttern und Cousinen hoch in den Bergen. Es war also kein Zufall, dass Neil und ich bei unserem ersten Besuch vor Jahren keine einheimischen jungen Frauen gesehen hatten. Und auch heute sahen wir nur wenig von ihnen.

Historisch gesehen kann diese Fürsorge gegenüber Töchtern und Schwestern sogar sehr gute Gründe gehabt haben.

„Ich habe bei Pashley etwas über Brautraub gelesen", bekannte ich Yórghos.

Wenn ein junger Mann eine junge Frau heiraten wollte, schreibt Pashley, aber ihr Vater seine Zustimmung nicht gab oder sie zurückhielt und der junge Mann zu lange darauf warten musste, dann konnte es sein, dass er zusammen mit ein paar Freunden das Mädchen raubte (hoffentlich mit ihrer Zustimmung) und mit ihr in die Berge verschwand. Danach war es sehr schwierig für den Vater, seine Zustimmung zur Hochzeit nicht zu geben. Denn wer konnte wissen was passiert, während die beiden jungen Leute die Nächte in irgendeiner abgelegenen Hütte oder Höhle verbringen?

„Aber das war vor 150 Jahren", antwortete Yórghos.

„Ja …"

„Aber ich weiß wovon du redest. Ich habe von diesem Brauch gehört."

Aber er war der Meinung, dass in neuerer Zeit Kidnapping nicht mehr vorkommt.

Wie es jedoch der Zufall wollte, hatten wir bei unserem vorangegangen Besuch eine moderne Version des Brautraubs erlebt, wie wir fanden. Ein sehr netter junger Mann aus einer Nachbargemeinde wollte unbedingt ein Mädchen aus Chóra Sfakíon heiraten. Wichtig dabei: Auch sie wollte ihn heiraten. Bedauerlicherweise war ihr Vater nicht einverstanden. Er schien den jungen Mann nicht für eine angemessene Partie für seine Tochter zu halten. Die jungen Leute waren sehr geduldig mit dem alten Mann, aber alle Versuche, ihn umzustimmen, waren vergeblich. Eines Tages stieg das Paar einfach in das Auto des Jungen und fuhr nach – wer weiß wohin? – Chaniá vielleicht. Niemand hatte mit uns darüber gesprochen, doch uns war aufgefallen, dass wir sie nirgendwo mehr sahen.

„Weißt du, was letztes Jahr mit diesem jungen Paar passiert ist?", fragte ich und nannte ihre Namen.

„War das nicht ein bisschen wie Brautraub – eine Art Durchbrennen?", fuhr ich fort.

Yórghos sagte nichts darauf. Er nickte nur.

Nicht nur junge Frauen sah man in Chóra Sfakíon selten. Für ältere Frauen galt dasselbe. „Ihr müsst wissen", sagte Yórghos und rückte seine Brille zurecht, „in kretischen Dörfern und kleinen Städten haben nur die Männer ein öffentliches Leben, die Frauen dominieren den privaten Bereich. Die Männer sitzen vor den Kafenios und Tavernen."

„Ja", sagte ich, „und reden laut über Politik oder Fußball."

Er lächelte.

„Die Frauen unterhalten sich mit ihren Freundinnen zu Hause."

Wir hatten auch festgestellt, dass wenn Frauen ihre Männer in ein *kafenío* begleiten, sie etwas vom Tisch weg saßen, währen die Männer sich lässig darüberneigten – die Symbolik der Stuhlposition war von großer Bedeutung. Männer gingen auch quer über den Dorfplatz und die Uferpromenade entlang. Frauen gingen auf der rückwärtigen Straße und durch die kleinen Gassen.

Wir machten eine kritische Bemerkung über dieses scheinbare Ungleichgewicht zwischen Öffentlichem und Privatem.

„Aber Frauen können einen sehr großen wirtschaftlichen und finanziellen Einfluss in der Familie haben", meinte Yórghos.

„Sie bringen ihre *príka* mit in die Ehe – ihre Mitgift –, die aus Land wie auch aus Geld bestehen kann. Und in der Regel haben sie das letzte Wort, wenn es darum geht, was mit dem Geld und dem Besitz geschehen soll."

Dann fügte er in seiner milden professorenhaften Art hinzu, wobei er uns von der Seite ansah:

„Natürlich stimmt es, dass es so aussieht, als ob die Männer in der Öffentlichkeit die Entscheidungen treffen. Doch die meisten haben von ihren Frauen und Müttern genau gesagt bekommen, was sie sagen sollen!"

Heute änderten sich die Bräuche, fügte er hinzu. Die jungen Frauen hatten viel mehr Freiheit zu arbeiten und zu reisen, sich in der Öffentlichkeit zu zeigen und sich mit Fremden zu unterhalten, als das vor zwanzig Jahren noch der Fall war – wenngleich das gelegentlich auch zum Konflikt zwischen ihren eigenen und den Zielen ihrer Eltern führen kann. Das hing von der Familie ab. Das wussten wir. Wir hatten erst vor ein paar Abenden eine Gruppe junger Frauen in einer Taverne zusammen abendessen sehen, ohne Männer. Dieses bahnbrechende Ereignis war von einer von Damoulís Töchtern angezettelt worden, die vor kurzem aus den USA zurückgekommen war.

Und ein paar Tage später erfuhr ich am eigenen Leib, in welchem Ausmaß alte Bräuche, zumindest alte Ideen sich änderten. In der Frühe hatte ich Jean und ein paar Freunde nach Imbros gefahren, damit sie die Schlucht hinunterlaufen konnten. Als ich sie am Nachmittag am Ende der Schlucht abholen wollte, sah ich Yoánna, Katsouloyánnis' hübsche, lebhafte 17-jährige Tochter, die Straße vor ihrem Haus entlanglaufen und fragte sie, ob sie mit mir fahren wolle, um sie zu treffen. Sie kam gerne mit. Das wäre vermutlich vor zehn Jahren oder länger nicht möglich gewesen.

Wir fuhren durch Komithádes – ich war mittlerweile im Bewältigen der Kurve geübt – und als wir am unteren Ende der Schlucht warteten, dort, wo sie auf die Küstenstraße trifft, begann Yoánna mit dem Optimismus junger Menschen ihres Alters über ihre Zukunft zu reden, über ihre Hoffnungen und ihre Wünsche. Sie sprach davon, eines Tages zu heiraten, und wir unterhielten uns über die Ehe ihrer Eltern, die wir für glücklich hielten.

„Weißt du", sagte sie, „als sie geheiratet haben, war sie siebzehn, so alt wie ich jetzt, und er war fünfundvierzig."

Ich zögerte ein bisschen.

„Weißt du was?", wagte ich schließlich zu sagen.

„Was?"

„Fünfundvierzig, das ist so alt wie ich jetzt bin."

Sie starrte mich einen Moment lang durchdringend an. Sie lächelte zwar leicht, doch dann sagte sie:

„Das hätte mir nicht gefallen."

Von dieser Bucht aus

Als der Frühling in den Sommer überging, machte meine Mutter bei uns in unserem Cottage ein paar Wochen Urlaub. Ihr Besuch fiel auf die Feierlichkeiten zum fünfzigsten Jahrestag der Schlacht um Kreta, von denen einige in Chóra Sfakíon stattfanden. Als Vorbereitung war vor kurzem an der Hauptbucht ein Gedenkstein aufgestellt worden, flankiert von den griechischen, britischen, australischen und neuseeländischen Flaggen an hohen Masten. Die Inschrift auf dem Gedenkstein in griechischer und englischer Sprache lautete:

Von dieser Bucht aus wurden zwischen dem 28. Mai und 1. Juni 1941 die letzten australischen, britischen und neuseeländischen Streitkräfte, die bei der Schlacht um Kreta an der Seite der Griechen erbittert gegen die Deutschen gekämpft hatten, von britischen und australischen Kriegsschiffen evakuiert.

Dieser Stein stand am Weg zur Schiffsrampe an markanter Stelle in der Sonne, und er war von den hunderten Touristen schon gelesen und fotografiert worden, die täglich auf dem Weg von und zur Fähre daran vorbeischlenderten. Der Kontrast zu dem düsteren Denkmal, das halb im Schatten von Pinien verborgen war, hätte nicht größer sein können.

Als der Termin für die Feier näherrückte, hatte ich wieder einmal eine vertraute Rolle zu spielen. Es ging um ein sfakiotisches Stück, in dem ich dieselbe kleine Rolle schon in den Vorjahren gespielt hatte. Ich kannte meinen Text, denn ich hatte ihn von meinem Vater gelernt.

Auf der anderen Straßenseite, gegenüber dem Cottage, wo meine Großmutter in Norfolk wohnte, war ein Hoftor. Sonntagnachmittags konnte man in den 1960er Jahren oft einzelne Männer mittleren Alters unter dem weiten Himmel von East Anglia gedankenverloren daran lehnen sehen. Mein Vater ging dann hinaus, am Brunnen der Großmutter vorbei und über die schmale Landstraße und unterhielt sich mit ihnen. Im Zweiten Weltkrieg war in East Anglia viel Ackerland in Flugplätze umfunktioniert worden. Tausende junger Männer – viele davon achtzehnjährige amerikanische und britische Jungen – waren von diesem ebenen Land aus, wo die Zuckerrübenfelder sich in Rollfelder verwandelt hatten, über die nahe Nordsee in das von den Deutschen besetzte Europa geflogen. Der Bauernhof gegenüber dem Haus meiner Großmutter, nur sechzehn Kilometer vom Meer entfernt, war zum Bomber-Stützpunkt der Royal Air Force geworden. Man kann noch immer die Betonrollbahnen erkennen, von denen heute manche als Feldwege benutzt werden, und die Hangars, von denen viele als Scheune dienen. Diese Männer kamen zu diesem ehemaligen Stützpunkt, der während des Krieges ihr Zuhause war, um sich dieser Tage zu erinnern und, wie mein Vater uns berichtete, der guten und der schlechten Zeiten zu gedenken und der jungen Freunde, die nicht zurückgekommen waren.

In Chóra Sfakíon gibt es keine Hoftore. In meiner persönlichen Version dieses Stücks lehnt ein älterer Mann vor Andréas' Taverne am Holzgeländer am Hafen. Er ist allein. Er sieht britisch aus – seine Kleidung, seine Haltung, sein Teint, alles deutet darauf hin. Er steht ruhig da, starrt nach Süden aufs Meer, gedankenverloren unter einem strahlend blauen Mittelmeerhimmel. Wenn er dann aus seinen Träumen auftaucht, frage ich ruhig:

„Sie waren schon einmal hier, oder?"

Er nickt.

„Nur das eine Mal?" frage ich.

„Das stimmt."

„Vor langer Zeit?"

„Ja."

„1941?"

„1941."

Dann kann das Stück auf verschiedene Art weitergehen. Ein Mann erzählte mir, dass er seine Tochter mit nach Chóra Sfakíon gebracht hatte, um ihr zu zeigen, wo alles passiert war. Ein anderer sagte, er habe überhaupt nicht vorgehabt, hierher zu kommen, doch bei einem Pauschalurlaub in einem Hotel an der Nordküste von Kretas sei es ihm völlig unmöglich gewesen, nicht doch ein zweites und vermutlich letztes Mal nach Chóra Sfakíon zu gehen. Manche waren tief bewegt von ihrer Rückkehr. Andere sagten, sie würden Chóra Sfakíon kaum wiedererkennen. In diesem Jahr waren es natürlich die Feierlichkeiten, die die meisten Männer wieder hierher gezogen haben. Und sie waren ein harter Haufen.

Die Kämpfe waren sehr heftig, die dem deutschen Sieg in der Schlacht um Kreta vorausgingen. Viele unglaublich tapfere und nicht zwangsläufig bewaffnete kretische Zivilisten, darunter auch Frauen und Kinder, beteiligten sich daran. Ihr Mut war vor allem deshalb außergewöhnlich, weil die Deutschen alle kretischen Zivilisten, die sie im Kampf gefangen nahmen, gleich ob Männer oder Frauen, meistens sofort hinrichteten als durch die Genfer Konvention nicht geschützte Guerillas.

Die alliierten Streitkräfte waren gezwungen, sich vom südlichen Griechenland über die Ägäis nach Kreta zurückzuziehen. Der Rückzug verlief ziemlich chaotisch, mit Truppen, die jedes Schiff nahmen, das sie kriegen konnten. Nach diesem Rückzug ernannte Winston Churchill einen General mit dem ironischerweise deutsch klingenden Namen Bernard Freyberg, der in Neuseeland aufgewachsen war, zum Obersten Befehlshaber der alliierten Streitkräfte auf Kreta.

Die Verwirrung in diesen schwierigen Zeiten war so groß, dass es nicht genau bekannt ist, wie viele Männer er zu seiner Verfügung hatte, um der erwarteten deutschen Invasion auf der Insel zu begegnen. Es waren ungefähr 30.000 britische und Commonwealth-Streitkräfte, davon 9000 Neuseeländer – darunter das Maori-Bataillon – und etwa die gleiche Anzahl Australier. Doch viele hatten ihre Waffen und ihre Ausrüstung im Durcheinander des Rückzugs auf dem griechischen Festland zurücklassen müssen, manche waren Deserteure, die ihre Waffen absichtlich abgelegt hatten, und unter den 30.000 waren viele, nicht am Kampfgeschehen beteiligte Angestellte und Sanitäter. Außerdem gab es ungefähr 10.000 leichtbewaffnete Griechen auf der Insel, die unter dem Befehl von General Achilléas Skoulás standen – ein bekannter kretischer Name –, darunter Kreter, die meisten davon unerfahrene Rekruten, sowie Festlandgriechen, denen es gelungen war, nach Süden zu fliehen.

Der Großteil der griechischen Armee, darunter eine Mehrheit von regulären kretischen Einheiten, war im Nordwesten des Festlandes von dem Kampf gegen die in Albanien einmarschierten Italiener in Anspruch genommen.

„Diese kretischen Burschen“, sagte Barbayánnis mit großer Bewunderung und einem Kopfschütteln, „das waren großartige Scharfschützen. Sie liefen herum mit dem

Gewehr quer über der Schulter" – er demonstrierte es uns – „wie die Schäfer mit ihrem Schäferstab."

Am 20. Mai 1941 begannen die Nazis britische Stellungen entlang der Nordküste von Kreta anzugreifen, indem sie Gleitflugzeuge und eine sehr große Anzahl Fallschirmjäger an strategischen Punkten absetzten. Der König von Griechenland, König Georg, flüchtete zusammen mit Regierungsmitgliedern und begleitet von neuseeländischen Soldaten durch die Samariá-Schlucht. Ein U-Boot der Royal Navy nahm den König und die Politiker in Aghía Rouméli an Bord und brachte sie nach Ägypten. Die Kiwis jedoch marschierten mit blutenden Füßen die Schlucht hinauf zurück zur Schlacht.

Am Ende war nach einer Woche Kampf der Sieg bei den Deutschen, aber die Schlacht war, was die Verluste angeht, ein Desaster für sie, und Hitler ordnete an, dass Fallschirmjäger nie wieder bei Sturmangriffen eingesetzt werden. Der Militärhistoriker Ian Stewart und auch Alan Clark in seinem Buch *The Fall of Crete* stimmen darin überein, dass die britische Armee die Schlacht hätte gewinnen können. Sie führen aus, dass die Briten sogar die Oberhand hatten, ihre Befehlshaber es aber nicht erkannten, denn eine minderwertige Radioausrüstung und auch sonst schlechte Kommunikationsmöglichkeiten verhinderten einen genauen Überblick über die Gesamtsituation. Weil die Verteidiger sehr lange durchhielten, war die für sie verlorene Schlacht dafür verantwortlich, dass sich der deutsche Einmarsch in Russland verzögerte, da keine Truppen für diesen Kriegsschauplatz zur Verfügung standen, was letztendlich zur Niederlage Hitlers an der Ostfront führte.

Nach den offiziellen Reden am Hafen zum fünfzigsten Jahrestag gingen die Feierlichkeiten in dem großen neuen Hotel außerhalb von Chóra Sfakíon weiter, wo gepflegter Oleander und Buschwerk eine freundliche grüne Oase inmitten der sfakiotischen Felsen und Steine bildeten.

Yánnis und der Bürgermeister hatten eine wichtige Rolle bei den Jubiläumsfeierlichkeiten – Yánnis hatte sogar mich gefragt, ob ich eine Rede halten wolle, aber letztendlich standen wichtigere britische Repräsentanten zur Verfügung. Und die Dorfbewohner taten ihr Bestes, ihre übliche *philoksenía* auf die vielen hundert Veteranen, die gekommen waren und auf die Politiker auszudehnen. Aber sie hatten zu wenig Leute.

Die moderne städtische Gesellschaft in Griechenland ist gut bestückt mit *Very Important Persons* in teuren Anzügen und *Very Beautiful Persons* in engen Kleidern, hochhackigen Schuhen und teurem Schmuck. Sie waren aus Athen und Iráklio zum Jubiläum gekommen. Sie hatten die Sfakioten anscheinend gerne dazu ermutigt, dieses Fest auszurichten und waren offenkundig begierig, daran teilzunehmen. Doch sie schienen nicht viel zu ihrer Unterstützung getan zu haben. Die Sfakioten hatten auch nichts anderes erwartet. Sie waren in ihrer Abgeschiedenheit über die Jahrhunderte daran gewöhnt, in vielem für sich selbst zu sorgen, sei es im Kampf gegen die Türken oder bei der Bewahrung des eigenen Friedens.

Jean, die die Organisatoren tagelang gefragt hatte, ob sie irgendetwas tun könne, wurde in letzter Minute darum gebeten, beim Auftragen des Essens zu helfen. Sie hat dunkles Haar und braune Augen und wird oft für eine Griechin gehalten – bis sie anfängt Griechisch zu sprechen und ihre Fehler bei den unregelmäßigen Verben macht. Ich habe dieses Problem nicht – bei den unregelmäßigen Verben mache ich auch Fehler, aber niemand würde mich je für einen Griechen halten. (Wenn wir von Athen nach Chaniá fliegen, kommen die Flugbegleiterinnen mit Getränken den Gang entlang und flöten *Neró? Portokaládha?*, bis sie mich sehen und dann zu *Water? Orange juice?* wechseln.) Manch einer der älteren Australier, die Jean bediente, sagte wehmütig: „Ach, wenn wir nur ein bisschen jünger wären … wir wissen noch gut, wie hübsch ihr kretischen Mädchen alle seid.“ Und viele ältere Kiwis beglückwünschten sie zu ihrem hervorragenden Englisch.

Es war nur gut, dass diese alten Soldaten hart im Nehmen waren. Sie mussten stundenlang an langen Tischen in der Mittagssonne sitzen und großzügige Portionen des traditionellen sfakiotischen *piláfi* verdrücken, dazu gebratene Ziege und Salat, hinuntergespült mit Rotwein aus der Region und mit *tsikoudhiá.* Die um einiges jüngeren Politiker und anderen *Very Important* und *Very Beautiful Persons* saßen drinnen im kühleren Hotelrestaurant. Die Veteranen mussten sich auch endlose Reden in zwei Sprachen anhören. Der Griechisch-Englisch-Übersetzer machte seine Sache sehr gut. Der Englisch-Griechisch-Übersetzer ebenfalls, bis einer der Neuseeländer in Maori verfiel.

Eines der Regimente der britischen Armee, die beim Essen zahlenmäßig gut vertreten waren, war das walisische Regiment, das sich bei der Schlacht um Kreta kämpferisch hervorgetan hatte. Das heutige Regiment war stolz auf seine historische Rolle in diesem Feldzug, und nach ein paar Tagen kamen einige junge Angehörige dieses Regiments mit einem befehlshabenden Offizier in die Sfakiá, um die Schlacht um Kreta und den Rückzug nachzustellen.

„Unser Regiment musste beim Rückzug über diese Berge“, erklärte uns ein junger Mann aus dem Regiment, als wir unten an der Küste auf sie trafen, „und heute sind wir denselben Weg gekommen, um ihnen Ehre zu erweisen.“

„So seid ihr also den ganzen Weg von Vrísses bis hierher gelaufen!“, riefen wir aus vor Bewunderung.

„Also, eigentlich nein, wir haben den Bus nach Imbros genommen und sind die Schlucht hinunter gelaufen.“

„Ach ja“, sagte meine Mutter, „das habe ich letzte Woche gemacht.“ Und sie hatte am Ende keine Blasen an den Füßen gehabt, wie einige der jungen Soldaten.

Sie schienen die Geschichten, die Katsouloyánnis und Barbayánnis uns über den Krieg erzählt hatten, gerne zu hören. Später, aus Gründen, die uns nicht ganz klar waren, brachten sie Kanus herbei und fuhren nach Aghía Rouméli. Vielleicht sollte diese Übung den Rückzug übers Meer nach Afrika symbolisieren. Die Fahrt mit der Fähre von Chóra Sfakíon nach Rouméli dauert etwas mehr als eine Stunde. Sie hatten also ganz schön lang zu paddeln, und wir waren wieder bereit, uns von ihrer körperlichen und seelischen Kraft beeindrucken zu lassen.

„Wir wollen zeigen, dass wir genauso hart im Nehmen sind wie unsere Vorgänger aus den 1940ern“, sagte einer von ihnen.

Möglicherweise hatten sie zu Ehren ihrer Vorgänger zuviel Bier getrunken vor ihrer Abfahrt. Zwei Kanus kenterten im Hafen, ungefähr drei Meter vom Ufer entfernt. Fairerweise muss man sagen, dass es ein paar Wellen von etwa fünfzehn Zentimetern gab. Und sie mussten bis Rouméli gekommen sein, denn wir sahen sie mit der Fähre zurückkommen.

Eines Nachmittags in dieser Jubiläumswoche, wir saßen mit meiner Mutter im *Patio* unseres Ferienhauses, hörten wir, wie sich auf dem steilen Pfad, der um das Haus herumführt, zwei Englisch sprechende Männer näherten. Schließlich tauchten zwei rote, von weißem Haar umrahmte Gesichter über unserem Zaun auf. Die Männer lächelten, doch sie atmeten schwer.

„Möchten Sie gern ein Glas Wasser?“, bot Jean an. „Kommen Sie doch herein und setzen Sie sich für eine Minute.“

Sie sagten mit schönem westenglischem Akzent, dass sie das gerne täten. Sie schoben das quietschende Tor auf und sanken dankbar in die Liegestühle. Jean brachte Gläser mit kühlem, frischem Quellwasser aus dem Hahn, und sie erholten sich zusehends.

Wir sagten, dass es für uns nicht schwer sei zu erraten, warum sie in Chóra Sfakíon seien, aber warum sie sich ausgerechnet an einem heißen Frühsommernachmittag unseren Hügel heraufkämpften, das sei uns schleierhaft.

„Also", sagte der eine, „Sie haben ja eine wirklich schöne Aussicht von hier oben, aber 1941 dachte ich nicht so. Ich habe mich vier Tage lang in der Höhle oben über eurem Haus versteckt, und ich glaube, das hat mir das Leben gerettet. Ich wollte sie nach fünfzig Jahren noch mal sehen."

Genauso wie der Protagonist Guy Crouchback bei Evelyn Waugh, der *in einer Höhle oberhalb vom Strand in der Sfakiá saß, wo in Kürze die endgültige Einschiffung beginnen sollte.* Nach einem weiteren Glas Wasser und gut erholt verließ er uns und stieg den schlecht markierten und steilen Ziegenpfad hinauf zur Höhle, gut 60 Meter oberhalb des Ferienhauses. Sein Kamerad beschloss bei uns zu bleiben. Nachdem wir ein bisschen gebohrt hatten, erzählte er schließlich wortgewandt von seinem früheren Besuch in Chóra Sfakíon.

Am 27. Mai 1941 erkannte das britische Oberkommando, dass ein Sieg unmöglich war, und an die alliierten Streitkräfte auf Kreta erging der Befehl, sich an die Südküste zurückzuziehen und dort auf die Evakuierung zu warten. Zehntausende Soldaten, sehr viele zu Fuß, mussten nach Vrísses marschieren, das nach einem deutschen Luftangriff schon in Flammen stand. Die Schwierigkeiten mit dem Radiowellenempfang, womit auch Neil und ich bei unserem ersten Besuch Bekanntschaft gemacht hatten, wurden zum großen Problem. Zu Beginn des Rückzugs verlegte General Freyberg sein Hauptquartier in eine Höhle oberhalb von Chóra Sfakíon, aber von dort aus kam er per Funk nur über Ägypten mit jenen Streitkräften in Kontakt, die sich noch auf der Nordseite der Berge befanden.

„Wir mussten fünfzig Kilometer auf dieser Bergstraße marschieren, mit den Deutschen auf den Fersen", sagte der alte Soldat. „Und hinter Vrísses war es schwer, Wasser zu finden."

Vrísses bedeutet Quellen, und den größten Teil des Jahres schießt das Wasser durch ein Bachbett in das gleichnamige Dorf. Zwei kleine Flüsse, der Vríssanos und der

Boutakás, vereinigen sich hier und fließen über ein kleines Wehr.

„Es war ein dreitägiger Marsch, und wir konnten wegen der Luftangriffe nur nachts unterwegs sein. Wir marschierten in ziemlich organisierter Einheit. Aber bei anderen Gruppen gab es viele Verwundete."

Er seufzte: „Und dann, fürchte ich, gab es eine ganze Menge Kerle, die nur unorganisiertes Gesindel waren. Die hatten noch nicht einmal ihre Waffen dabei."

Der erste Ort, wo es Wasser gab und Schutz, war Askífou.

In seiner Beschreibung von Askífou, diese besondere, unerwartet grüne Oase in den kahlen sfakiotischen Bergen, geht der trockene militärhistorische Bericht von Ian Stewart über den Rückzug der britischen Armee im Zweiten Weltkrieg plötzlich über in uncharakteristische Lyrik. Falls der Leser sich bis dahin gefragt haben sollte, ob Stewart überhaupt an dem Feldzug teilgenommen hatte, lässt seine poetische Beschreibung keinen Zweifel daran, dass er wirklich dabei war. Nach Stunden und aber Stunden des ermüdenden, anstrengenden Fußmarsches bei Nacht, um Luftangriffen zu entgehen, hinauf in die Berge durch Staub und Steine, schreibt er, kam für die verwahrlosten und geschlagenen britischen und alliierten Kräfte endlich die Befreiung:

Die Nachtluft wurde beißend und kündete von Schnee, und scharf mit dem Duft von Mastix und Pinie, und als der Himmel sich erhellte, konnten sie sehen, dass die Straße durch eine enge Schlucht abfiel und dass hinter diesem Spalt keine Berge lagen. Dankbar gingen sie durch die Verteidigungslinien der vierten neuseeländischen Brigade in das unerwartete Paradies der Ebene von Askífou, einem Ort voller Wälder und Felder und Vögel, die in der Morgenröte über strömenden Bächen sangen, umgeben von aromatischen kretischen Kräutern und Büschen, Myrte und Salbei, Rosmarin, Raute und Fenchel. Der Geruch ist der eindrücklichste aller Sinne. Jeder Mann, der seine Heimat wiedersehen würde, würde die Erinnerung an diesen plötzlichen

Duft mit sich tragen, der den Morgentau beflügelte. Für Jahre mochte er ihn vergessen haben, bis er plötzlich und ohne Vorwarnung in irgendeinem sommerlichen Garten in Neuseeland, Australien oder England an diesen lange vergangenen Augenblick seiner Jugend erinnert würde.

Ich glaube, dass er übertrieben hat, was die strömenden Bäche betrifft.

Der Kriegsveteran fuhr mit seiner Erzählung fort. Er zeigte hinunter zu der kleinen weißen Kirche auf der gegenüberliegenden Seite der zweiten Bucht und erzählte uns, dass er sich dort vor den Angriffen der deutschen Luftwaffe versteck hatte. Er sprach lebhaft und leidenschaftlich über die Schlacht, als sei es gestern gewesen. Meine Mutter konnte sich an die Schlacht um Kreta erinnern – die deutsche Invasion auf Kreta hatte am ersten Hochzeitstag meiner Eltern begonnen – und sie machte viele interessierte Bemerkungen und stellte Fragen.

„Die Luftwaffe", erinnerte er sich, „kam im Sturzflug von Norden, aber wegen der hohen Berge direkt hinter diesem Dorf mussten sie erst aufs Meer hinaus fliegen und umdrehen, bevor sie uns angreifen konnten. Da die kleine Kirche dort direkt an der Innenkante der Landzunge liegt, war sie sehr gut geschützt vor den Flugzeugen, wenn sie von Süden her kamen." Er stand auf und zeigte uns die Flugbahn und die Richtung, von wo aus sie beschossen worden waren.

„Das muss entsetzlich gewesen sein", sagte Jean ehrfürchtig. Er nickte.

„Vier Tage hat es gedauert", fuhr er fort. „Jeden Tag sehnte man sich danach, dass es dunkel wird." Er setzte sich wieder und schüttelte langsam den Kopf. Meine Mutter ging hinein, um Tee zu kochen.

Im Laufe der Jahre haben wir mitbekommen, dass all die älteren Soldaten, denen wir hier begegnet sind, in der Sfakiá gefangen genommen worden waren – wir waren nie einem begegnet, der entkommen war. Wir waren zu den Ansicht gekommen, dass diese Glücklichen – jene, die evakuiert worden waren – vielleicht doch nicht so glücklich dran waren und dass viele später in Nordafrika gefallen sind. Und tatsächlich schreibt auch Stewart, dass von den tapferen Neuseeländern, die den Rückzug gesichert hatten, *wenige, die in dieser Nacht die Freiheit erlangten, den Krieg überlebt hatten.* Also fragte ich einfach unseren Gast, wie es war, gefangen genommen zu werden. Seine Antwort überraschte mich, doch wenn ich ein bisschen mehr nachgedachte hätte, hätte es das nicht müssen.

„Es war großartig! Wir hatten unser Bestes gegeben und hart gekämpft. Aber wir hatten verloren. Und jetzt wussten wir, dass wir weiterleben würden."

Sie haben weitergelebt. Natürlich. Und hier saß er, fünfzig Jahre später, als lebender Beweis.

„Aber wir wurden gezwungen, wieder über die Berge zurückzumarschieren", erinnerte er sich. „Wir waren ausgelaugt, hungrig und durstig. Irgendwann verluden sie uns auf Schiffe und brachten uns zum griechischen Festland. Dann wurden wir mit dem Zug nach Deutschland gebracht, wo wir vier Jahre in Gefangenschaft waren …" Seine Stimme war leiser geworden, als er an diese alles andere als glücklichen Jahre dachte.

Die abziehende Armee ließ einen Hafen voll mit Gewehren zurück, ein Meer voller gesunkener Landungsboote – von denen zwei immer noch in der zweiten Bucht auf Grund lagen – und ein Dorf ohne Nahrungsmittel.

Als wir gerade Tee tranken, kam der andere alte Soldat zurück, sehr erhitzt, müde und nachdenklich. In seinen rauen Händen hielt er behutsam eine kleine blühende Pflanze mit etwas Erde an den Wurzeln. Er sank auf einen Liegestuhl und betrachtete die Pflanze. Er nickte, als wir ihn fragten, ob er eine Tasse Tee haben möchte. Dann hielt er Jean schüchtern die Pflanze hin und fragte:

„Könnten Sie sie vielleicht für mich einpacken? Sie wuchs in der Höhle, wo ich diese vier Tage verbracht habe und nicht wusste, ob ich leben oder sterben würde, und ich möchte sie mit nach Hause nehmen, zu meiner Frau in Bristol."

Jean verschwand in der Küche und kam gleich darauf zurück mit einer kleinen Plastiktüte mit der blühenden Pflanze darin. Die zarten Wurzeln hatte sie in ein feuchtes Papiertuch gewickelt. Ich meine, dass ihre Augen auch nicht ganz trocken geblieben waren.

Aristoteles und der Ministerpräsident

Als meine Mutter abgereist war, erfuhren wir, dass zwei Gruppen unserer Freunde aus England gerade im Norden von Kreta Urlaub machten. Wir verabredeten uns mit ihnen um die Mittagszeit in Balí, an der Nordküste zwischen Réthimno und Iráklio. Balí war ein ganz kleines, bezauberndes Fischerdorf mit nur wenigen Tavernen, sodass wir uns gar nicht verfehlen konnten.

Wir kamen alle gegen Mittag an, fanden uns und gingen schwimmen. Dann versammelten wir uns in einer Taverne zu einem, nach kretischen Maßstäben, frühen Mittagessen – das heißt gegen zwei Uhr nachmittags. Der Kellner setzte sich zu uns an den Tisch, wie sie das auf dem Land oft tun, und fragte nach unserer Nationalität und von wo wir heute kämen. Die einen war aus Aghios Nikólaos gekommen, gut hundertzwanzig Kilometer östlich über die neue Küstenstraße.

„Oh ja", sagte der Kellner, „Aghios Nikólaos, das sind ein paar Stunden."

Die anderen waren von einem kleinen Urlaubsort westlich von Chaniá gekommen – etwa hundertdreißig Kilometer entfernt.

„Ja, ja", sagte der Kellner, „ich kenne den Ort."

„Und wir sind aus der Sfakiá gekommen", verkündeten wir.

„*Panayía mou*!", rief der Kellner aus, „Sfakiá! Ihr hattet einen weiten Weg."

Die Sfakiá ist weniger als hundert Kilometer von Balí entfernt.

Diese mental anders wahrgenommene Entfernung zwischen der Sfakiá und dem Rest der Welt war also nicht nur den Sfakioten eigen.

Wir erzählten Yórghos davon, als wir abends unter der Tamariske saßen.

„Aber, überlegt mal“, sagte er, „überlegt mal wie es war, als mein Vater ein kleiner Junge war. Ihr Touristen könnt einen Flug von Athen nach Chaniá buchen, ein Auto mieten oder ein Taxi hierher nehmen, und selbst so, ich wette, ist die Reise für euch nicht leicht. Überlegt mal, wie das früher war. Wer von Athen hierher reisen wollte, musste abends in Piräus die Fähre nehmen und kam erst früh am nächsten Morgen in Soúdha an. Dort musste er den Regionalbus nach Chaniá erreichen und von dort den Bus in die Sfakiá nehmen, der über die Bergstraße hoch nach Askífou fährt und dann wieder hinunter nach Chóra Sfakíon. Und stellt euch vor, er wollte nach Aghios Yánnis! Er müsste hier in den Bus hinauf nach Anópoli umsteigen, und von dort hatte man nur die Möglichkeit, zur Arádhena-Schlucht zu laufen oder ein Maultier zu nehmen, den *kadirimi* hinunterzusteigen bis zur Talsohle, auf der anderen Seite wieder hoch nach Arádhena und dann noch mal fünf Kilometer auf dem schattenlosen Pfad bis nach Aghios Yánnis. Und bedenkt, dass es bis in die 1960er Jahre überhaupt keine Straße nach Anópoli gab und bis in die 1950er Jahre noch nicht einmal eine Straße von Imbros nach Chóra Sfakíon! Die Menschen hier waren wirklich von der Außenwelt abgeschnitten, und ihr Denken ist noch immer so geprägt.“

Das war eine gute Vorlesung.

Doch wir waren in diesem Jahr nicht immer gute Studenten in Yórghos' Akademie. Stávros, der von seinem Vater die Taverne am Hafen unweit der *platéia* übernommen hatte, war in ganz Kreta und darüber hinaus als brillanter Tänzer berühmt. Er und Katerína hatten gerade ihr erstes Kind bekommen, einen Sohn, und wir gaben acht, dass wir nicht sagten, wie niedlich er aussah, denn wir hatten gelernt, dass es nicht geschätzt wird, die Aufmerksamkeit auf wünschenswerte Eigenschaften kleiner Kinder zu lenken, weil das den bösen Blick auf sie ziehen könnte. Und wir dachten auch daran, was Yórghos uns beigebracht hatte: dass man bei solchen Gelegenheiten *na sas zísi* sagte, möge er für euch leben. Doch dann fragten wir:

„Wie ist der Name des Babys?"

„Er hat noch keinen Namen – er ist noch nicht getauft", antworteten sie.

Manchmal wurden Kinder aus diesem Grund jahrelang Baby oder ähnlich genannt. Eltern warten oft, bis sie mehrere Kinder zusammen taufen lassen konnten, denn die Taufe war ein riesiges Fest, wie wir es selbst mit Yánnis erlebt hatten, und ein großes Fest bedingte große Ausgaben. Und bis Kinder getauft werden, haben sie natürlich keinen Namen.

„Aber wie soll er heißen – habt ihr das schon entschieden?"

Sie rutschten unbehaglich auf ihren Stühlen hin und her und sahen uns an, als ob wir leicht irre seien.

„Er wird Andréas heißen."

Natürlich. Das hätten wir eigentlich wissen sollen. Es war mehr oder weniger zwingend, dass der älteste Sohn nach dem Großvater väterlicherseits genannt wird. Es gab Familien mit einer ganzen Reihe Cousins, die alle denselben Namen hatten, wenn auch die Familie fand, nachdem schon drei Enkel nach dem Großvater hießen, dass es jetzt genug sei und man einen anderen Namen nehmen möchte. Es war dumm gewesen von uns, nach dem Namen des Baby zu fragen, denn wir wussten ja, dass Stávros' Vater Andréas hieß und dass Stávros keine Brüder hatte.

„Der Brauch, Kinder nach Großeltern, Tanten, Onkeln und anderen Familienmitgliedern zu benennen, ist auf Kreta stark ausgeprägt", belehrte uns Yórghos.

„Man kann also mit Sicherheit sagen, dass ein Kreter niemals Dwane oder Darren oder Kylie oder Britney heißt", sagte ich.

„Gibt es also deshalb im Dorf so wenig verschiedene Männernamen?“, meinte Jean.

Ein paar Tage zuvor waren wir Abends in Andréas' Taverne. Sein Sohn, der junge Yórghos, saß mit vier anderen jungen Männern in unserer Nähe. Er rief uns lächelnd zu:

„Wollt ihr gerne mit Yórghos sprechen?“

Wir sahen genauer hin und erkannten, dass die fünf Jungen am Tisch alle Yórghos hießen. Einer der Gäste drehte sich zu uns um und hob triumphierend die Hand.

„Full House!“, rief er.

Unser Freund Yórghos nickte. Wir gingen die Namen durch. Bis auf wenige Ausnahmen hatten fast alle Männer einen der vierzehn Namen: Yórghos, Andréas, Márkos, Yánnis, Sífis, Stávros, Kóstas, Níkos, Stélios, Pávlos, Pandelís, Damoulís und Manoússos, die beiden letzteren waren besonders ortstypisch.

Natürlich war uns über die Jahre klar geworden, dass, wenn man den Namen Yórghos nannte, man meistens gefragt wurde, welcher Yórghos? Wenn man dann dumm genug war, zu antworten Yórghos Perrákis, kam die Antwort, welcher Yórghos Perrákis?, denn in einem Ort von der Größe Chóra Sfakíons es gab auch nicht viele unterschiedliche Nachnamen – allein drei Fischer hießen Kóstas, und alle hatten sie denselben Nachnamen.

„Jeder hat einen Spitznamen“, fuhr unser Professor fort. „Manche gehen in der Familie herum.“

„Wird deshalb jemand mit braunen Augen blauäugig genannt?“

„Ja, genau.“

Andere kretische Spitznamen waren sehr bildhaft – der Dicke oder der Dünne. Manchmal wurde das auch auf Touristen ausgedehnt. Ein sehr großgewachsener Freund aus England, der oft hier zu Gast war, war als *O Psilós* bekannt – der Hochgewachsene.

Verbreitet war auch – so erfuhren wir – der Gebrauch

von abgekürzten Koseformen für die Nachnamen. So konnte ein Yórghos Perrákis zum Beispiel – wir kannten mindestens fünf dieses Namens – Pérros genannt werden oder auf typisch kretische Art umgestellt Perroyórghos. Es konnte aber auch das vertraute Yóryis sein oder die Verkleinerungsformen Yoryó oder Yorgháki.

Man konnte auch den Beruf dazu angeben, um zu beschreiben, wen man meint. In Chóra Sfakíon gab es zum Beispiel Márkos, den Metzger und Márkos, den Bäcker.

Erst kürzlich hatten wir Márkos, den Bäcker getroffen, der gerade nach vielen Jahren in Cleveland, Ohio, zurückgekommen war, um die Bäckerei der Familie in Ombrósyalos zu übernehmen. Eines abends saßen wir mit ihm unten am Meer, als Jean erwähnte, dass ihre Familie in Cleveland lebe und sie dort zur Schule gegangen sei. Sie unterhielten sich über die verschiedenen Ecken in der Stadt, die sie beide kannten, und Jean, die keine sehr treue Bürgerin war, wollte wissen, wieso jemand in Cleveland lebt, wenn er in Chóra Sfakíon leben kann.

„Geld“, sagte Márkos, „Arbeit.“

Als ganz junger Mann war er in die USA emigriert und hatte in einem Restaurant gearbeitet. Er hatte ein sehr nettes amerikanisches Mädchen kennen gelernt, und sie waren ein paar Mal miteinander ausgegangen.

„Habt ihr die Geschichte schon gehört?“, fragte Márkos. Jean gestand ihre Ahnungslosigkeit.

„Alle Sfakioten in Ohio kennen sie“, versicherte er. „Und davon gibt es viele.“

Er hatte das Mädchen beeindrucken wollen und deshalb gesagt, dass er Student sei. Schwieriger wurde es, als sie ihn fragte, welchen Beruf sein Vater hätte. Es fiel ihm nichts ein, womit er das Mädchen beeindrucken konnte, und so beschloss er, ihr die Wahrheit zu sagen, die auf ihre Weise auch recht beeindruckend war. Sein Vater war ein großer Schäfer, und deshalb sagte er dem Mädchen, sein Vater besitze Schafe – *sheep*. Sein Problem war, dass er dachte, logisch aber falsch, dass der Plural *sheeps* sei.

„Mein Vater hat *sheeps*", antwortete er.

Márkos sprach wirklich hervorragend Englisch mit uns, aber er sagte, er habe damals einen starken griechischen Akzent gehabt, und das Mädchen habe *ships*, Schiffe verstanden. Er gefiel ihr immer besser. Als sie ihn mit nach Hause nahm, um ihn ihren Eltern vorzustellen, fragte ihr Vater Márkos:

„Dein Vater besitzt Schiffe?"

„Ja, das tut er", antwortete Márkos stolz.

„Wie viele hat er?"

„Ungefähr einhundertzwanzig."

„Wirklich?!?", rief ihr Vater aus. Er war sehr beeindruckt von den Zukunftsaussichten dieses jungen Mannes. Aber dann vermasselte Márkos alles.

„Natürlich ohne die Lämmer und Ziegen", setzte er hinzu.

Und das war dann auch das Ende.

Während unserer Fortbildung in Namen lernten wir auch etwas über Namenstage.

„Der Namenstag ist in Griechenland etwas sehr Wichtiges", sagte Yórghos. „Außer für die Kinder ist er wichtiger als der Geburtstag."

Dass der Geburtstag nicht so wichtig war, das wussten wir. Eines Abends saßen wir vor Andréas' Taverne. Es war schon spät und die meisten Gäste waren mit dem Essen fertig. María kam heraus und brachte jedem an unserem Tisch ein Stück Schokoladenkuchen.

„Wofür ist der?", fragten wir.

„Papa feiert."

„Was denn?"

„Seinen Geburtstag."

„Wirklich?", riefen wir. „Das wussten wir ja gar nicht! Wie alt ist er denn?"

María zuckte mit den Schultern, aber inzwischen war

Evangelía an unseren Tisch gekommen.

„Er ist sechzig Jahre", sagte sie mit einem Lächeln. An unserem Tisch machte sich Verwunderung breit. Wir hatten von diesem bedeutsamen Ereignis nichts gewusst. Dann kam Andréas selbst zu uns herüber. Ich stand auf, schüttelte ihm die Hand und gratulierte ihm. Er winkte leicht ab.

„Ich hatte es ganz vergessen", sagte er.

Dann kamen seine Söhne auch herüber. Sie hatten den Kuchen gesehen. Sie machten eine fragende Handbewegung. Was ist los? Wir mussten ihnen erklären, dass ihr Vater sechzigsten Geburtstag hat.

„Stimmt das?"

Evangelía sagte zu uns:

„Ihr seht, wir machen keine große Sache aus dem Geburtstag."

„Das kannst du laut sagen!", sagte einer der Touristen.

Der Namenstag, erklärte Yórghos weiter, wird am Tag des Heiligen begangen, der denselben Namen hat wie man selbst, zusammen mit allen anderen, die so heißen. Er ist eine gemeinsame Feier, keine individuelle, wie der Geburtstag.

„Sozialwissenschaftler sagen", bemerkte Yórghos, „dass das ein wichtiger Indikator der gemeinschaftlichen Weltanschauung ist, der einigen Aspekten der griechischen Gesellschaft zugrunde liegt."

Engländer dürften keine Probleme haben auszurechnen, an welchem Tag Yórghos seinen Namenstag feiert, und Schotten werden wissen, wann Andréas Namenstag hat.

In Chóra Sfakíon gab es aber auch ein paar Männer mit wunderbaren klassischen Namen. Euripídes schrieb, soviel wir wussten, keine Theaterstücke, doch Aristotélis war in gewisser Weise ein Philosoph.

„Was machen diese Männer mit dem Namenstag?", fragten wir. Ihre Namen stammten aus vorchristlicher Zeit.

Yórghos lächelte. Die griechisch-orthodoxe Kirche hatte wohl eine zwiespältige Einstellung zu solchen Namen.

Wie alle Griechen griff sie gerne auf den Ruhm des antiken Griechenland zurück, aber es behagte ihr nicht unbedingt, Babys auf Namen zu taufen, die eindeutig heidnischen Ursprungs waren. Man hatte das Namenstagproblem gelöst, indem man einen Tag im Jahr bestimmte, an dem all die feiern konnten, die nicht den Namen eines Heiligen trugen, nämlich Allerheiligen.

„Warum gibt es eigentlich in Chóra Sfakíon mehr Frauen- und Mädchennamen als Männernamen?“, fragten wir am selben Abend, immer darauf bedacht, das Thema durch die Blume anzusprechen.

„Es ist so“, sagte Yórghos, „dass Ehen oft, wenn auch nicht immer, zwischen Menschen aus verschiedenen Dörfern geschlossen werden. Für die Frau ist es das Normale, in das Dorf des Mannes zu ziehen. So entstammen Frauennamen einem größeren geografischen Bereich.“

Manche dieser Namen klangen ebenfalls recht klassisch. Wir fanden, dass es etwas Nettes war, an der Käsetheke im Supermarkt von einem Mädchen namens Athiná bedient zu werden. Auch im Souvenirladen nebenan könnten wir bei einer Athiná etwas kaufen.

Jean hörte in Chóra Sfakíon auf viele Namen. Sie wurde, da man höflich sein wollte, die Frau von Peter genannt, aber auch Dzin, Dzini, Gina, Jenny und weniger angemessen Jimmy, Jilly und Christina. Schon früh war sie als das Mädchen mit dem langen Haar bekannt. Manchmal nannte man sie auch die Frau, die von Vríssi zum Ilingas-Strand und zurück schwimmen kann ohne anzuhalten. Ich wurde Píter, Píteri, Pétros genannt. Andréas nannte mich manchmal Mister Píter. Barbayánnis in seiner amerikanischen Art nannte mich Pete.

Und Aristotélis nannte mich Ministerpräsident. Und das, weil einmal Touristen viele Leute mir die Hand schütteln sahen, als ich in Chóra Sfakíon ankam und wissen wollten, ob ich der örtliche Parlamentsabgeordnete sei. Er fand das urkomisch und zog mich seitdem immer damit auf.

Das waren natürlich die Namen, mit denen sie mich ansprachen. Wie sie mich hinter meinem Rücken nannten, wusste ich nicht. Wie Neil meinte, war das vielleicht auch gut so.

Ich wollte noch etwas anderes darüber wissen, wie man mich anredete. Ich hatte Männer in Chóra Sfakíon sich mit *levéndi!* anreden hören. Manchmal machten sie das auch bei mir: *Ya sou, Piter levéndi*, sagten sie dann. Ich war in Herzfelds Buch in Verbindung mit rituellem Schafraub über dieses Wort gestoplert, wusste aber nicht, wie es auf mich angewendet wurde.

„Was bedeutet das genau?“, wollte ich wissen. „Machen sie sich über mich lustig?“

„Nein, nicht wirklich“, sagte Yórghos. „*Levéndis* heißt etwa guter, tapferer junger Mann. Ja, es ist so etwas wie ein Witz.“

„Weil ich nicht mehr jung bin … “

„Ja. Aber du bist ein guter, tapferer Mann, also ist es in Ordnung. Und wie du weißt. sie nennen sich auch selbst so.“

Später habe ich noch mehr darüber gelesen. Laut Patrick Leigh Fermor besitzt der typische *levéndis Jugend, Gesundheit, Courage, Begeisterung, Humor, Geistesgegenwart im Denken und Handeln, Geschick mit der Waffe, die Gabe, den Frauen zu gefallen, Liebe zum Singen und Trinken, Großzügigkeit, die Fähigkeit, mantinádhes zu improvisieren – diese verschlungenen Reimpaare mit einer Pointe in der zweiten Zeile – und wie ein Vogel zu fliegen in den schnellen, wilden Tänzen.* Das Charakteristikum von *levendiá* ist *allgemeine Lebensfreude, die Liebe zur Gefahr und die Bereitschaft zu allem.* Nirgendwo in Griechenland sei die *levendiá* so greifbar wie auf Kreta, behauptet er. Und ich dachte, da ich ja jetzt wusste, was der Ausdruck bedeutet, dass *levendiá* x 2 nirgendwo auf Kreta so greifbar war wie in der Sfakiá.

Nicht immer in diesem Frühling fand unsere Fortbildung unter der Tamariske statt. Jean zumindest studierte auch noch anderswo.

Wir kannten Sífis erst seit kurzem. Als Damoulís sich

zur Ruhe setzte, war eine Stelle im Postamt freigeworden, und Sífis, der erst vor kurzem zurückgekehrt war, hatte sie bekommen. In diesem Frühling brauchten wir eine ganze Weile, bis wir merkten, dass er nicht nur Postbote war, sondern auch ein großartiger Musiker und Tänzer.

Es war vielleicht nicht verwunderlich, dass er so gut tanzte, denn er war ungeheuer fit. Zweimal die Woche nahm ihn ein Lieferwagen zum Postaustragen mit nach Anópoli. Vorn dort ging er nach Aghios Yánnis weiter, mit der Post für dieses Dorf. Im Winter, wenn es keine Fähre nach Aghía Rouméli gab, marschierte er die Klippen hinauf und den uralten steilen Fußpfad zum Strand bei Aghios Pávlos hinunter. Dieser *kadirími* nach Aghios Pávlos war ursprünglich ein ordentlich angelegter steinerner Maultierpfad, aber er war schon lange in ziemlich schlechtem Zustand. Pashley beschreibt den Pfad als *steil, felsig und gefährlich – dieser Zickzackpfad schlängelt sich entlang einer nahezu senkrechten Felswand von beachtlicher Höhe – hätte mein Pferd an einer der vielen Kehren auf dem Zickzackpfad einen falschen Schritt getan, so wäre das wohl sein letzter Gang gewesen.* Wenn er den Abstieg geschafft hatte, musste sich der Postbote – der ohne Pferd bestimmt besser dran war – den langen Steinstrand nach Rouméli entlangkämpfen. Dann ging er wieder zurück über den Küstenpfad nach Loutró, wo er, wenn es das Wetter zuließ, von einem kleinen Boot abgeholt wurde. Zum Glück erwartete niemand, dass die Post täglich zugestellt wurde.

Sífis' wertvollster Beitrag zur Region war jedoch nicht Briefe zuzustellen, was natürlich sehr geschätzt wurde, sondern den Sfakioten die traditionellen kretischen oder vielmehr sfakiotischen Tänze wieder näher zu bringen – jede Region Kretas hatte ihren eigenen Stil.

Die Tradition war nie ganz ausgestorben – Stávros war nur der bekannteste unter den Tänzern am Ort. Doch Sífis spielte bei der Wiederbelebung der regionalen Musikkultur eine wichtige Rolle: er hielt für Kinder Tanzkurse ab in dem alten Schulgebäude in Chóra Sfakíon. Von Andréas wussten wir, dass sie mit Begeisterung besucht werden – alle seine Kinder nahmen daran teil. Man konnte die kleineren Kinder überall Tanzschritte üben sehen – auf der *plateía*, in der Hafengegend, auf dem Schulhof. Bisher unbeholfene und trottelige Teenager konnte man mit erstaunlicher Geschicklichkeit akrobatische Sprünge gegen Wände und Tische üben sehen. Und überall war kretische Musik vom Band zu hören – außer Sifis gab es nur wenige Musiker, doch einige von den Jungen nahmen sogar *líra*-Unterricht. Es war eine regelrechte Revolution. Die Kinder setzten sich plötzlich Ziele, die sie erreichen wollten; kleine Jungen, die sonst sehr wild waren, verwandelten sich in disziplinierte Lernwillige, und jeder war stolz darauf, eine Kunstform wiederzubeleben und sie mit Glanz auszuüben, die sie als zu ihnen gehörend empfanden.

Über den Winter hatten die besten der jungen Männer und Frauen eine Tanzgruppe gebildet. Sie traten in der Öffentlichkeit auf und einmal sogar im Fernsehen. Sie sprachen sogar davon, eine Tour durch kretische Gemeinden in den USA zu unternehmen. Die Jungen trugen schwarze Hemden und die traditionellen bauschigen Hosen, kniehohe Stiefel – manchmal die edlen weißen – und die traditionelle schwarze gehäkelte *mandíla* um den Kopf geschlungen. Die Mädchen trugen lange plissierte Seidenröcke – an heißen Sommertagen eine Qual, wie wir fanden – und zarte weiße Blusen mit langen Ärmeln, bestickte Westen und Kopftücher.

Die Älteren konnten diese Tänze noch, und die Kinder lernten sie jetzt wieder. Aber es gab eine Generation zwischen zwanzig und dreißig, die plötzlich erkannte, dass sie etwas verpassten, und so gab Sífis während unseres Aufenthaltes auch Kurse für Erwachsene. Jetzt machte fast jeder mit.

„Meinst du, ich könnte auch zu dem Tanzkurs gehen?“, fragte Jean Yórghos.

„Na klar. Aber frag’ erst Sífis. Und frage unbedingt auf Griechisch.“

Jean fand, dass sie dringend Briefmarken brauchte und machte sich auf den Weg zur Post. Sie hatte Glück, und Sífis stand hinter dem Schalter.

Als sie die Briefmarken hatte, sagte Jean in ihrem besten Griechisch: „Meinst du, ich könnte zu den Tanzkursen kommen?"

„Du sprichst Griechisch, nicht wahr?", fragte Sífis.

„Ich versuche es."

„Gut, in Ordnung. Aber du musst mit den anderen mithalten."

Also ging Jean in den Kurs für erwachsene unverheiratete Frauen und machte sich emsig Notizen über die Tanzschritte. Sie ist von Natur aus eine Tänzerin und sie sah sofort, was zu tun war, wenn sie auch nicht alle Anweisungen verstand. Und Sífis verstand ihr Griechisch gut, bis auf die merkwürdige Ausnahme, dass er auffallend taub war für einen Mann seines Alters, wenn sie auf die Bezahlung für den Tanzkurs zu sprechen kam.

Schon bald tanzte Jean die sfakiotischen Tänze sehr gekonnt, nachdem die morgendliche Steifheit durch die ungewohnte Belastung von Muskeln, die sie sonst nicht brauchte, überwunden war. Die Tänze wurden zu Musik von *líra* und *laoúto* ausgeführt, und Jean lernte vier Hauptrichtungen kennen. Der ziemlich schnelle *malevizziótis* ist etwas für jüngere Tänzer mit größerer Ausdauer. Den *pendozális* gibt es in schneller und langsamer Variante. Bei der langsamen Variante gibt es Sequenzen von fünf Schritten – *pénde* bedeutet fünf –, obwohl die Musik einen Sechser-Takt hat. Er wird von Männern und Frauen in einem Kreis oder Bogen getanzt, wobei sie die Arme den Nachbarn über die Schultern legen, und der Vortänzer – nicht üblicherweise eine Frau – kann die Schritte teilweise frei improvisieren.

Der *sirtós*, Jeans Lieblingstanz, ist ein langsamer Tanz im Viervierteltakt, der in einem engen Halbkreis getanzt wird. Männer oder Frauen können dabei die Führung übernehmen, doch während die Männer ihre Kunstfertigkeit durch akrobatische Sprünge unter Beweis stellen, konzentrieren sich die Frauen auf die Ausdrucksmöglichkeiten kleiner Schritte und sittsamer, zurückhaltender Bewegungen. Jean lernte mehr als ein Dutzend Variationen kennen. Die seitlichen Sprünge und Pirouetten der jungen Männer, *wie ein Vogel fliegen*, indem sie ihren Nebenmann als Hebel und Halt nutzen, sind atemberaubend.

Der *soústa* ist ein ganz anderer, ein langsamerer, fließender Tanz im Zweivierteltakt und wird mit einer schwingenden Bewegung von Paaren getanzt, die sich gegenüber stehen und, sich vor und zurück bewegend, neue Paare bilden.

Das war der Anfang einer ganz neuen Phase meines Lebens in der Sfakiá. Von nun an konnte ich mich als der hoffnungslos schlechte Tänzer, der ich war, dank Jeans Tanzkünsten bei Taufen und Hochzeiten zurücklehnen und mich stellvertretend stolz fühlen und in die Gesellschaft integriert, ohne tanzen und mich dabei blamieren zu müssen.

Wieder nach Süden

Es war früher Nachmittag und wir waren wieder unterwegs nach Süden. Doch diesmal waren keine Bergpässe, keine Haarnadelkurven, keine steilen Abfahrten zu überwinden. Keine Ziegen räkelten sich auf der Straße, nirgendwo gab es Ziegen. Wir fuhren in einem meiner Ansicht nach ziemlich großen Auto mit Automatikgetriebe, und Jean saß am Steuer. Wir waren unterwegs auf dem Interstate Highway 77, der von Cleveland, Ohio, nach Süden führt.

Von Barbayánnis hatten wir erfahren, dass es in den USA viele Sfakioten gab, und von Stélios und Márkos, dem Bäcker wussten wir, dass viele in der Gegend von Cleveland lebten. Also war es nicht sehr überraschend, als wir erwähnten, dass wir Jeans Mutter in Cleveland besuchen wollten, dass Katsouloyánnis' Tochter Yoánna sagte:

„Warum besucht ihr nicht unsere Cousine Katina, wenn ihr schon dort seid?“

Der Gedanke gefiel uns.

Nachdem wir ein paar Tage in den USA zurück waren, riefen wir Katina an, stellten uns vor und fragten an, ob wir sie einmal besuchen könnten. Sie war schon durch den sfakiotischen Nachrichtendienst über die Möglichkeit unseres Auftauchens unterrichtet.

„Wie wunderbar!“, rief Katina am Telefon. „Kommt gleich vorbei!“

Wir sagten, dass wir heute schon etwas geplant hätten.

„Dann kommt morgen!“

„Wäre es in Ordnung, wenn wir übermorgen vorbeikämen?“

Und jetzt war es soweit, wir fuhren wieder einmal nach Süden, um unserer Faszination für alles, was mit der Sfakiá zu tun hatte zu frönen.

Es war nur etwa eine Stunde Fahrt, und Katina hatte uns eine gute Beschreibung gegeben, wie wir zu ihr finden. Das Willkommen bei unserer Ankunft hätte nicht herzlicher sein können.

„Ich habe mich so über euren Anruf gefreut“, sagte sie und riss die Tür zu ihrem hübschen Vororthaus auf. „Wie geht es allen in meinem Dorf?“

Wir mochten sie sofort. Sie war fröhlich, freundlich, energisch und voll sfakiotischer Gastfreundlichkeit und Lebensfreude. Sie führte uns ins Wohnzimmer und stellte uns ihre Kinder vor, alle zweisprachig in Griechisch und Englisch. Sie machten Platz, damit wir uns setzen konnten und sofort wurden wir zu Getränken und Kuchen genötigt.

Da fiel Jean und mir plötzlich im selben Moment eine kleine Schwarzweißfotografie auf, die in der Mitte des Kaminsimses einen Ehrenplatz einnahm. Selbst von unserem Sitzplatz auf der anderen Seite des Raumes aus konnten wir das Motiv erkennen. Katina bemerkte, worauf unser Blick gerichtet war, und seufzte:

„Ach, unser schöner *limanáki* …" Es war der kleine Hafen von Chóra Sfakíon.

„Und wie geht es allen in meinem Dorf?", fragte sie erneut.

Doch wie sich herausstellte, konnten wir ihr nicht viel Neues erzählen, weil sie oft mit ihrer Familie und ihren Freunden in Chóra Sfakíon telefonierte. Und ihr Mann stammte aus Kallikrátis, sodass sie auch aus anderen Teilen der Provinz Nachricht bekamen.

Sie nahm das Foto herunter und hielt es auf dem Schoß.

„Ich liebe es so, am Meer zu sein", sagte sie sehnsüchtig.

„Dann ist Ohio aber nicht gerade der richtige Ort für dich", sagte Jean.

Katína lachte.

„Nein, aber wir mussten hierher kommen, weißt du. Vor fünfundzwanzig Jahren gab es für uns in der Sfakiá keine Zukunft. Und für ein Mädchen … Wie auch immer", fuhr sie fort, „als ich noch in der Sfakiá war, habe ich sowieso nicht viel Zeit unten am Hafen verbracht."

„Weshalb denn nicht?"

„Es war mir nicht erlaubt. Wir durften nicht oft dorthin. Mädchen mussten daheim bleiben. Wir mussten im Haus bleiben. Mit unseren Müttern und den jüngeren Kindern. Unser Haus stand in Mesochóri und wir durften nicht alleine hinunter nach Ombrósyalos."

„Nicht einmal im Sommer zum Schwimmen?"

„Besonders nicht im Sommer, Jeannie. Im Sommer mussten wir in unser anderes Haus gehen."

„Euer anderes Haus?"

„Ja, oben in den Bergen, in Kalí Lákki. Die ganze Familie ging dorthin. Es wäre so viel schöner gewesen, unten am Meer bei meinen Freunden zu sein, aber so war das eben früher. Wir mussten zu Fuß dort hinauf, und es war, vor allem als wir noch klein waren, ein ziemlich langer und ermüdender Weg mit all unseren Habseligkeiten, gepackt auf Maultiere und Esel."

„Weshalb seid ihr dort hinaufgezogen?“

„Wir sind hinauf, um uns um die Schafe und Ziegen zu kümmern und Käse zu machen. Wir waren monatelang dort. Jeder ging, außer den Fischern. Die meisten nach Mourí, Imbros oder Askífou. Nur wenige gingen nach Kalí Lákki. Es war ganz schön einsam und langweilig dort für ein junges Mädchen. Ich habe das Beste daraus zu machen versucht und so gut es ging Gefallen daran zu finden, aber das war nicht leicht.“

Während der heißesten Monate im Jahr wurden die Schafe und Ziegen hinauf zu den Sommerweiden gebracht, wo es kühler war und das Futter frischer und grüner, und die Schäferfamilien mussten mit ihnen ziehen.

Nach einigen Stunden angeregter Gespräche, die sich ausschließlich um die Sfakiá drehten, kam am späten Nachmittag Katínas Mann von der Arbeit nach Hause und wir tauschten uns noch einmal darüber aus, wen wir kannten und wie es allen ging. Dann verkündete Katína, dass wir unbedingt zum Abendessen bleiben müssen. Damit hatten wir nicht gerechnet, und lehnten höflich ab. Ihr Mann bestand weiter darauf, aber wir erklärten, dass wir in Cleveland zurückerwartetet würden. Katína drängte uns ein drittes Mal, und so gaben wir nach. Wir waren besiegt. Jean rief ihre Mutter an, um ihr die Situation zu erklären.

Nach einem sehr leckeren Salat und ein paar kretischen Appetithappen stellte sich heraus, dass Katína schon ein saftiges Rindfleisch-*stifádho* für uns vorbereitet hatte. Unsere Teller wurden bis zum Rand gefüllt, und es sah danach aus, als ob die Kombination aus sfakiotischer und amerikanischer Gastfreundschaft zu einer ziemlichen Gefahr werden könnte. Wir schafften auch eine zweite Portion und hofften, dass sich der Wahnsinn sfakiotischer Gastfreundschaft auf dem Weg über den Atlantik etwas abgeschwächt hatte.

„Ihr habt ja gar nichts gegessen“, ermunterte Katína uns, als wir fertig waren. „Esst doch noch etwas!“

„Ich kann nicht mehr, fürchte ich“, sagte Jean entschuldigend. „Ich hatte neulich einige Magenprobleme."

„Nein, es tut mir leid", sagte ich, „es ist absolut köstlich, aber ich nehme gerade ein Medikament und muss aufpassen was ich esse."

Dann tischte Katína sfakiotische *píttes* auf. Wir wussten, dass das auf uns zukam, denn wir hatten schon das verräterische Zischen aus der Küche gehört. Es war ein außerordentliches Gefühl, hier im amerikanischen Mittleren Westen zu sitzen und dieses archetypische sfakiotische Essen zu genießen.

„Du hast also nicht vergessen wie man sie macht!", anerkannte Jean. „Wo bekommst du die richtige Sorte Käse her?"

Katína lächelte bei dem absurden Gedanken, dass eine sfakiotische Hausfrau vergessen könnte, wie man ein so unerlässliches Gericht zubereitet. Sie erklärte, dass es in Städten mit großen griechischen Gemeinden immer Läden gibt, wo man die meisten Zutaten kaufen konnte, die für die kretische Küche nötig sind.

„Ich habe mich schon oft gefragt", sagte ich, „wie ihr den Käse in die *píttes* bekommt."

„Das ist leicht", meinte Katína. Sie demonstrierte es uns, indem sie den Daumen an den Zeigefinger legte. „Wir nehmen eine Art Spritze." Die Kinder kicherten.

Dann bot man uns Käse an. Und dann Obst. Und dann Kaffee. Spät am Abend ließen sie uns endlich fort. Katínas Mann klopfte mir herzlich auf den Rücken, und es gab viele Umarmungen, Versprechen, uns wiederzutreffen und Ermahnungen, Grüße mit nach Chóra Sfakíon zu nehmen, wenn wir wieder hingehen, und die Hoffnung, dass wir alle in nicht zu ferner Zukunft wieder am *limanáki* zusammensitzen können. Und endlich, unter vielen *sto kaló*-Rufen, gute Fahrt, fuhren wir ab.

Auf dem Heimweg fragte ich Jean:

„Die Frauen aus der Sfakiá nehmen aber nicht wirklich eine Spritze, oder?"

„Natürlich nicht! Sie rollen den Teig aus, legen einen

Käseball in die Mitte, legen den Teig rund zusammen und rollen ihn wieder aus."

Wir stellten fest, dass wir ein vertrautes Gefühl teilten. Eine Fahrt nach Norden war wieder einmal mit einem starken Verlustgefühl verbunden.

Wieder in Europa, holte ich mein Pashley-Buch heraus, um nachzusehen, was er über den sommerlichen Umzug in die Berge sagt, wovon Katína uns erzählt hatte. Er erklärte es so, dass viele Sfakioten, die weiter oben in den Bergen leben, von November bis April ans Meer hinunter zogen: *Wenn sie oben in der Sfakiá blieben, wären sie im Winter durch den Schnee für mehrere Wochen in ihren Häusern eingesperrt; und diejenigen, die zurückbleiben, legen vor den heftigen Schneefällen einen Vorrat an Nahrung und Brennmaterial an, gerade so, als ob sie für einige Wochen auf See gingen.*

Die Bewohner von Kallikrátis verbrachten den Winter in Patsianós, und Familien aus Anópoli zogen nach Loutró hinunter, das deshalb auch Katópoli genannt wird, Unterstadt. Manche Sfakioten verließen sogar die Provinz ganz und zogen nach Norden. Im Dorf Dhrámia in der Nähe der Nordküste, im äußersten Osten des Bezirks Chaniá, wohnten über Winter bis vor kurzem noch hauptsächlich Leute aus Askífou, im Sommer war es fast verlassen. Aus Komitádhes und Vraskás zogen Familien im Frühling nach Imbros hinauf, aus Vouvás, Kolokásia, Nomikianá und Aghios Nektários nach Asféndou. Das höhergelegene Dorf war meistens Hauptsiedlung, das tiefergelegene Zweitunterkunft – wir hatten festgestellt, dass es selbst heute noch hieß, Vouvás gehöre zur Gemeinde Askífou und nicht umgekehrt.

In den meisten Fällen gab es einen gut ausgebauten Steinpfad oder *kadirími*, der durch eine Schlucht vom unteren zum oberen Dorf führte. Katína hatte uns erzählt, dass auf ihrem Weg die *Schlucht des Priesters* lag. Es musste eine lange Wanderung gewesen sein – die Sommerdörfer lagen alle auf 760 Metern Höhe oder mehr, doch Kalí Lákki lag auf über 1000 Metern.

Die meisten Sommerdörfer kannten wir schon. Mourí in der Nähe der Stelle, wo wir die Geier gesehen hatten, lag 1000 Meter über dem Meeresspiegel – und wir hatten von dort deutlich sehen können, wie tief das Meer unten lag. Unsere Ausflüge hatten uns auch nach Kallikrátis und Asféndou geführt, und wir waren auch häufig durch Askífou und Imbros/Nímbros gefahren. Aber Kalí Lákki und Aghios Yánnis waren für uns unbekanntes Terrain. Unsere Neugier war geweckt.

Bei unserem nächsten Besuch auf Kreta waren wir darauf bedacht, einem jeden Katínas Grüße auszurichten. Die meisten hatten zwischenzeitlich mit ihr telefoniert, aber es schien ihnen viel zu bedeuten, dass wir sie tatsächlich gesehen hatten. Wir waren gerührt, wie dankbar die Leute für unseren Augenzeugenbericht waren, dass es ihr und ihrem Mann und den Kindern gut ging.

Ein paar Tage nach unserer Ankunft mieteten wir bei der kleinen, gerade erst gegründeten Mietwagenfirma an der *plateía* ein Auto, um nach Arádhena zu fahren. Dafür gab es einen besonderen Grund.

Die kretische Millionärsfamilie Vardhinoyánnis stammt aus dem Dorf Aghios Yánnis, die nächste Siedlung nach Arádhena in Richtung Westen und die wohl abgeschiedenste Siedlung auf Kreta. Die Familie hatte kürzlich den Bau einer Brücke über die Arádhena-Schlucht finanziert, um damit die Situation ihres Geburtsortes zu verbessern, der nur noch wenige Einwohner hatte. Die griechische Regierung hatte zugesagt, von der Brücke aus eine Straße nach Aghios Yánnis zu bauen, doch der leichte Zugang über die Brücke war für Arádhena genauso wichtig wie für Aghios Yánnis.

Die Brücke war in England vorgefertigt, mit dem Schiff hertransportiert, dann zusammengebaut und an ihren Platz über der Schlucht gebracht worden. Jeder sagte uns, dass wir uns das ansehen müssten. Schon viele hatten sie gesehen, weil sie an der großen Eröffnungszeremonie mit *nicht zu vielen* Gewehrschüssen teilgenommen hatten. Wir wollten uns diese historische Brücke ansehen und dann über die Arádhena-Schlucht hinunter zum Meer wandern. Am Tag darauf wollten wir mit einer Mitfahrgelegenheit wieder hinauf fahren und uns Aghios Yánnis ansehen.

Als wir von unserem Plan erzählten, stellte sich heraus, dass ein paar von unseren Freunden unter den Touristen mitkommen wollten – das Interesse an der neuen Brücke war groß. Das passte uns sehr gut, denn wir dachten, dass es sicherer wäre, nicht allein durch die Wildnis der Schlucht zu wandern.

Wir trafen uns an dem fünftürigen Auto, das ich gemietet und vor der Polizeistation abgestellt hatte. Ursprünglich waren fünf Teilnehmer geplant, als dann aber noch ein sechster auftauchte und bat mitgenommen zu werden, wollte Jean freiwillig hinter die Rückbank im Kofferraum kriechen. Ein Polizist stand in der Tür der Station, rauchte und lächelte gleichgültig, als sie geschickt hineinkletterte. Ich fuhr los, die Kurven auf der Straße in die Berge machten mir inzwischen keine Probleme mehr.

Als wir auf der neuen holprigen Schotterstraße von Anópoli her am Ende der Schlucht angekommen waren, konnten wir sehen, dass die Brücke zwar beeindruckend aber kein technisches Wunderwerk war. Wir stiegen aus, lasen was auf der Gedenktafel stand, machten Fotos und hielten den Atem an, als wir auf der Brücke standen und in die Schlucht hinunterschauten. Der Boden der Brücke bestand aus schweren Holzplanken, ähnlich Eisenbahnschwellen. Durch die zentimeterbreiten Zwischenräume war die Sohle der Schlucht wenn auch entfernt deutlich erkennbar. Der Brückenaufbau war ungefähr vierzig Meter lang und bestand aus Stahlträgern und Stützen, die zu einer kleineren Ausgabe der Forth-Eisenbahnbrücke in Schottland zusammengenietet waren. Ich fragte mich einen Moment, ob es wirklich sicher war, darüber zu fahren.

Die Mutigeren in unserer Gruppe, einschließlich Jean, überquerten die Brücke zu Fuß. Sie winkte mir ermunternd zu. Ich nahm meinen Mut zusammen, stieg ein, hielt das Lenkrad fest, starrte nach vorn und fuhr langsam auf die Brücke. Ich habe ein bisschen Höhenangst, wie die Wanderung nach Loutró gezeigt hatte, und ich beschloss, nicht nach unten zu schauen, während ich über die Brücke fuhr. Die Schlucht war mehr als hundert Meter tief, und ich rechnete mir aus, dass die Kathedrale von Norwich mit der Turmspitze nicht bis zum oberen Rand der Schlucht reichen würde.

Als das Auto schneller fuhr, erschraken wir alle über das widerhallende Getöse der Planken beim Drüberfahren. Auf der anderen Seite war die Straße direkt hinter der Brücke zu Ende, doch es gab einen Platz zum Parken. Ich stellte das Auto ab und betrat wieder festen Boden. Ich blickte zurück auf die Brücke und atmete laut aus.

Wir zogen unsere Wanderschuhe an und setzten die kleinen Rucksäcke für die Wanderung durch die Schlucht auf. Als wir auf dem Weg zum alten Maultierpfad durch die Ruinen des Dorfes gingen, fiel es uns wie immer bei unseren Besuchen schwer, die Tragödie zu vergessen, die über dieses Dorf gekommen war; und es war schwierig zu verhindern, dass sich die Gassen und Innenhöfe mit den Bildern von Menschen füllten, die eine oder zwei Generationen vorher hier gelebt haben.

Heute wurde aus diesen Bildern plötzlich Realität, als wir in einer der überwucherten Gassen einer alten Frau gegenüberstanden. Sie hatte unsere Stimmen gehört – man hört Geräusche in dieser stillen Bergwelt kilometerweit – und uns ausfindig gemacht. Sie war ganz in Schwarz gekleidet, wie eine typisch kretische Witwe, aber was uns sofort an ihr auffiel – es war unmöglich, darüber hinwegzusehen – war etwas Großes, Grünes, das ihr aus den Nasenöffnungen hing. Bei näherem Hinsehen – so unhöflich auch immer das war, es war schwer, nicht darauf zu starren – stellte sich heraus, dass es sich um Blätter handelte, irgend ein Kraut, das Heilung bezweckte. Nach einem sehr kurzen Gruß erklärte sie hastig, dass sie furchtbare Kopfschmerzen habe und bat uns um Aspirin. Zum Glück hatte jemand aus unserer Gruppe Tabletten dabei.

Sie erzählte uns, dass einige wenige Leute in das Dorf zurückzukommen begannen, die alten Ruinen renovierten und im Sommer sogar hier lebten. Wir konnten in der Ferne eine Schafherde weiden sehen, und es gab Olivenbäume, die für die Erntezeit mit Familieninitialen gekennzeichnet waren. Aber heute war sie in völliger *monaksiá*, Einsamkeit, hier. Sie bedankte sich bei uns und ging durch den Olivenhain davon.

Oben am römischen *kadirími*, wo Jean und ich einmal mit Neil waren, machte unsere kleine Gruppe eine Trinkpause und bereitete sich mental auf den Abstieg in die Schlucht vor.

Genau an diesem Platz hatte das Waterloo der Sfakiá, die Schlacht von Arádhena, stattgefunden. Ich erinnerte mich nicht an die Einzelheiten, aber irgendwann in den 1860er Jahren war es hier zu einer der vielen Schlachten zwischen den türkischen Besatzern und den sfakiotischen Rebellen gekommen. Diesmal hatten etwa 4000 Sfakioten auf fast zehn Kilometern den Westteil der Arádhena-Schlucht besetzt im Bestreben, den weiteren Vormarsch der Türken in die Sfakia aufzuhalten. Ihnen gegenüber standen 25.000 Türken. Es gelang den Sfakioten, die Stellung drei Tage zu halten – wie wir einmal zu Barbayánnis gesagt hatten, war die Schlucht ein idealer Verteidigungsort. Aber dann begann die türkische Marine die Bombardierung von der Küste vor Loutró aus und feuerte Granaten 600 Meter hoch in die Berge.

Der Name Arádhena, altgriechisch Aradin, könnte phönizischen Ursprungs sein, und die Tatsache, dass es an der Küste unterhalb von Arádhena eine Siedlung namens Phoenix gibt, könnte diese Vermutung stützen. Es wird vermutet, dass Arádhena von phönizischen Flüchtlingen gegründet wurde, die es *Aruad*, Zuflucht, nannten. Und viele, viele hundert Jahre später sorgte die Schlucht immer noch dafür, dass das Dorf eine hervorragende Zuflucht war. Doch die Militärtechnologie des 19. Jahrhunderts sorgte plötzlich dafür, dass dem nicht länger so war. Die sfakiotische Armee wurde von dem Sperrfeuer der Artillerie zur Flucht gezwungen, das auf sie von den Schiffen herabregnete, die für sie unten auf dem Meer vor Loutró unsichtbar blieben.

„Erinnerst du dich noch“, fragte ich Jean, „wie du hier nach Orchideen gesucht und eine Kanonenkugel gefunden hast?“

Jean war an der Stelle über die Kugel gestolpert, wo sie vermutlich hundertdreißig Jahre gelegen hatte.

„Ja, aber sie war zu schwer zum Tragen und ich habe sie einfach liegenlassen.“

Endlich rafften wir uns auf und marschierten den *kadirími* hinunter. Dann führte unser Weg die Schlucht hinunter, unter der neuen Brücke hindurch und weiter zum Meer. Es war anstrengend, aber die Szenerie in der Schlucht war atemberaubend. Manchmal gab es einen Pfad über Schotter, manchmal mussten wir über große Felsen klettern. Es war ein majestätischer, ehrfurchtgebietender Ort. Die Wände der Schlucht ragten hoch über uns auf, und an manchen Stellen wuchsen Bäume mehr oder weniger horizontal aus der Felswand heraus. Manchmal wurde die Schlucht einige Dutzend Meter breit, dann verengte sie sich wieder bedrohlich. Doch anders als die Samariá-Schlucht mit den hunderten Touristen, war die Arádhena-Schlucht extrem friedlich, und außer unserer kleinen Gruppe gab es in ihren Tiefen keine anderen Lebewesen, Ziegen, Raben und Schmetterlinge ausgenommen.

Wir wussten, dass der Weg durch Schlucht früher als eine Nervenprobe für Wanderer galt, denn an einer Stelle musste man eine über zehn Meter steil abfallende Felswand am Seil überwinden. Aber jetzt waren Metallleitern an der Felswand angebracht worden, die auch weniger versierten Wanderern wie uns den Abstieg ermöglichten. Als wir sahen, wie steil die Felswand tatsächlich abfiel, ließen mich meine Nerven fast im Stich, doch ich beruhigte mich mit dem gewohnten Mantra: Es gibt keinen Grund, warum man hinunterfallen sollte. Und außerdem hatte Barbayánnis zugesagt, uns am Ausgang der Schlucht mit seinem Taxiboot abzuholen – also waren wir gezwungen weiterzugehen.

Ich stieg als erster vorsichtig die Leiter hinunter und hielt auf jeder Sprosse an, um sicherzugehen, dass ich einen guten Stand hatte. Besonders beängstigend war die Stelle, wo man von der ersten kurzen Leiter auf eine längere umsteigen musste. Auch Jean war besorgt, weil ihre Beine kürzer waren als meine und sie sich etwas strecken musste, aber schließlich schafften es alle. Bald danach machte die Schlucht einen Bogen von etwa 45 Grad nach Süden. Dort machten wir Halt, um etwas zu trinken, Brot, Käse, Oliven und Orangen zu essen und uns gegenseitig zu unserem Mut zu gratulieren.

Als wir aufbrachen, stellten wir fest, dass der Pfad voll in der Sonne lag und noch unwegsamer geworden war. Wir mussten uns stellenweise durch Unterholz kämpfen, und der Pfad war steil und voller Felsbrocken. Plötzlich hörten wir ein lautes Gepolter hinter uns. Wir drehten uns alle um. Es schien sich in Zeitlupe abzuspielen, aber was wir sahen, gefiel uns ganz und gar nicht. Irgendetwas – wahrscheinlich eine Ziege – hatte eine Lawine aus Steinen und Geröll losgetreten. Ungefähr hundert Meter entfernt kamen diese Steine kaskadenartig die Talsohle entlang auf uns zu. Zuerst erschien die Situation nicht gefährlich, denn die Steine rollten nicht schnell und mir schien, dass sie uns nicht erreichen würden. Aber während wir sie beobachteten, brachte das Gewicht der Steine einen Felsen in Bewegung, und der kam bedeutend schneller den Hang herunter auf uns zu.

Einige aus unserer Gruppe waren am Rand der Schlucht gelaufen, wo es etwas Schatten gab, und waren dort außer Gefahr. Aber wir in der Mitte der Schlucht hatten gerade noch Zeit, uns hinter einen großen Felsen zu ducken, bevor der Felsbrocken genau hinter uns landete, dann mit großer Geschwindigkeit über unsere Köpfe hinweg sprang und unterhalb von uns zum Halten kam. Das war knapp. Der Felsen hätte uns töten können.

Ohne dass jemand etwas sagte, setzten sich alle auf die herumliegenden Felsbrocken, atmeten tief durch und tranken einen Schluck Wasser. Als wir schließlich das nachdenkliche Schweigen brachen, beglückwünschten wir uns wieder, aber diesmal, weil wir etwas sehr viel Gefährlicheres als einen Abstieg über eine Leiter überlebt hatten.

Als wir nach Stunden endlich den Ausgang der Schlucht erreichten, erhitzt und müde, voll Freude und im Gefühl, etwas geschafft zu haben, waren wir am Mármara-Strand, Marble Beach, warfen die verschwitzte Kleidung und die Schuhe ab und stürzten uns ins Wasser. Das Meer war klar und kühl, und als wir am Ufer entlang schwammen, waren die Marmorfelsen unter und neben uns zu sehen, die dem Strand seinen Namen gegeben haben.

Erfrischt und wieder angezogen lagen wir auf den glatten Felsen, als Barbayánnis mit seinem Taxiboot um die Landzunge kam, um uns abzuholen. Als wir gerade dabei waren ins Boot zu klettern, schoss ein blau und orange schillernder Eisvogel mit seinem typischen klagenden Pfeifen an uns vorbei.

Auf dem Rückweg schwärmten wir von unserer wunderbaren Wanderung. Barbayánnis konnte das Vergnügen an solchen Aktivitäten nicht recht nachvollziehen, denn er hatte als junger Mann zu viele solcher Wanderungen barfuß und schwer beladen machen müssen, nicht zum Vergnügen, sondern aus wirtschaftlicher Notwendigkeit. Aber er gab zu, dass die Landschaft schön war, vor allem wenn man Zeit hatte anzuhalten und sie sich anzuschauen.

Er hatte für uns auch gute Neuigkeiten.

„Erinnert ihr euch an das junge Paar, das durchgebrannt ist? Sie sind zurück." Sie hatten geheiratet, und wenn auch die Beziehung zum Vater des Mädchens noch für eine Weile schwierig war, nach der Geburt des ersten Enkelkindes gab er nach, und die jungen Leute waren jetzt wieder zurück in Chóra Sfakíon.

Am Abend aßen wir mit guten Appetit und schliefen tief und fest. Unsere Beine waren ein bisschen steif, aber am nächsten Morgen fühlten wir uns überraschenderweise so gut, dass wir den zweiten Teil der Expedition angehen konnten. Wir fanden eine frühe Mitfahrgelegenheit zurück zur Brücke und machten uns, diesmal nur wir zwei, auf den Weg zu unserem nächsten Ziel, Aghios Yánnis. Wir hatten eine genaue Vorstellung davon, wie lange wir dazu brauchen würden – bei einem Hirten hatten wir uns danach erkundigt und seine Angaben verdoppelt – und wir dachten, dass wir es bis zum Kaffee am späten Vormittag schaffen würden.

Es war ein langer Weg in der Sonne auf dem schmalen aber gut zu erkennenden Pfad von Arádhena her. Am westlichen Ende des Dorfes kamen wir an kreisförmigen Dreschplätzen vorbei, die mit Steinen eingefasst waren, wo vor vierzig Jahren noch Maultiere Stunde um Stunde Holzschlitten mit eingesetzten scharfen Steinen im Kreis zogen. Der Weg stieg stetig an, und zu unserer Linken konnten wir den Ausgang der Arádhena-Schlucht und das Meer dahinter sehen.

Auf dem Weg, erzählte ich Jean, was ich über eine Gruppe Menschen gehört hatte, die einmal unter weniger schönen Umständen auf diesem Pfad unterwegs waren. Während des griechischen Unabhängigkeitskrieges hatte eine Einheit ägyptisch-osmanischer Truppen unter Hussein Bey eine große Gruppe Frauen und Kinder verfolgt, die versuchten, in Begleitung von 32 Männern in der Samariá-

Schlucht Zuflucht vor den türkischen Rachefeldzügen zu finden. Bei Aghios Yánnis war den Männer nichts anderes übrig geblieben, als sich zu stellen und zu kämpfen. Sie waren hoffnungslos unterlegen und wurden alle getötet, doch dank ihrer Tapferkeit hatten die Frauen und Kinder Zeit genug, sich vor der Umklammerung durch die Türken in die Sicherheit der Samariá-Schlucht zu retten.

Als wir endlich in Aghios Yánnis ankamen, versperrte ein großes Gatter uns den Weg, das wohl Ziegen und Schafe am Weglaufen hindern sollte. Auf einer kleinen Anhöhe gleich dahinter gab es ein Kafenion. Wir passierten das Tor, machten es sorgfältig wieder hinter uns zu und gingen erwartungsfroh hinauf zu dem Kafenion. Leider hatte es geschlossen, und wir mussten den Gedanken an den späten Vormittagskaffee aufgeben. Beim Blick durch die Fenster konnten wir an der Wand eine Weltkarte sehen und eine Tafel. Es war wohl nicht immer ein Kafenion gewesen.

Wir folgten dem Weg weiter bis zum Dorf und fanden bestätigt, was Andréas uns gesagt hatte, nämlich: *dort ist nicht viel.* Aghios Yánnis war ein Weiler ohne Mitte, bestand nur aus Olivenhainen, kleinen Feldern und Häusern, die über die grünen Hügel unterhalb der Ausläufer des Páchnes verstreut lagen, aber die Kulisse war herrlich. Nach Westen hin sah man die Samariá-Schlucht und die Gebirgskette.

Obwohl das Dorf sehr hoch lag, auf etwa 780 Metern, war diese Bergsiedlung wohl schon immer das ganze Jahr über bewohnt. Pashley hatte eines Frühlings eine Gruppe Frauen aus Aghios Yánnis getroffen, die im Tiefland in der Region Sélino über Winter Oliven gepflückt hatten und bald in die Sfakía zurückkehren wollten, um Ostern zu feiern. Wie er annahm, waren sie dazu gezwungen, weil die Türken nach der Rebellion von 1821 die Olivenbäume in der Sfakiá zerstört hatten. Er war verzaubert von einem sfakiotischen Mädchen, *dessen Gesichtszüge engelhafter waren*, als er es *jemals gesehen hatte.*

Auf einer kleinen Wiese machten wir eine kurze Rast

und marschierten dann auf dem unwegsamen Pfad, den der Postbote im Winter nahm etwa eine Stunde in südlicher Richtung zum *kadirími*, der hinunter nach Aghios Pávlos führt. Keine einzige Wolke war am Himmel, und wir waren froh, dass wir genügend Wasser dabei hatten. Ein oder zwei Mal nahmen wir die falsche Abzweigung, aber schließlich erreichten wir den Rand der Klippe, etwa 600 Meter über dem Meer. Wir ruhten uns auf einem Felsen aus und bestaunten eine der herrlichsten Aussichten, die wir je gesehen hatten.

Weit draußen auf dem Meer, hinter ein paar Frachtschiffen, die in Richtung Osten unterwegs waren, lag Gávdos mit ihrer kleinen Nachbarinsel Gavdopoúla. Und tief unter uns konnten wir den Ausgang der Samariá-Schlucht, Aghia Rouméli und die winzig klein wirkende Fähre am Quai sehen. Und darunter konnten wir die Halbinsel am südwestlichsten Ende von Kreta ganz deutlich erkennen, wo das Dorf Paleóchora in der Sonne schimmerte.

„Wir müssen nochmal hierher kommen", sagte Jean. In schweigender Zufriedenheit verspeisten wir unser Picknick und genossen die Aussicht.

Wir wollten unbedingt die Liste der Bergdörfer vervollständigen, die wir in der Sfakia erkunden wollten und machten uns auf den Weg nach Kalí Lákki. Wir fuhren nach Imbros hinauf, und ohne große Schwierigkeiten fanden wir den Pfad hinter einer der kleinen Kirchen – Katsouloyánnis' Beschreibung war eindeutig. Wir fuhren Richtung Westen weiter hinauf in die Berge, langsam und vorsichtig, denn der Pfad war eher für die Pick-Up der Schäfer geeignet als für einen Mietwagen. Nach etwa dreißig Minuten Fahrerei und besorgt, wie man uns wohl bei der Mietwagenfirma empfangen würde, wenn wir etwas an dem Auto kaputt machten, beschlossen wir, das Auto stehen zu lassen. Den Rest des Weges, falls wir ihn denn finden, würden wir zu Fuß zurücklegen müssen, ohnehin hatte man uns gesagt, dass der letzte Teil des Weges ein einfacher Fußpfad war.

Kaum unterwegs, waren wir umgeben von Bergnebel. Wir hörten einen Hirtenhund bellen, und Schafe tauchten geisterhaft im Nebel auf und verschwanden wieder. Wir konnten nur hoffen, dass wir uns nicht verirrten.

Der Pfad stieg etwa eine Stunde leicht an. Dann wendete er sich plötzlich abwärts, der Nebel lichtete sich und die Sonne kam heraus. Wir glaubten in der Ferne hinter einigen Bäumen eine Hütte zu erkennen. Wir waren erleichtert. Der Pfad führte an der Hütte vorbei zu einer Art Senke, und wir begriffen, dass wir am Ziel waren. Kalí Lákki bedeutet *gute Mulde*, und dort lag sie – genau unter uns.

Wir liefen die Böschung hinunter und standen gebannt mitten in der Mulde. Es war ein ungemein friedlicher und schöner Ort. Eine kleine Ansammlung weit auseinander stehender verfallener Häuser schmiegte sich in die fruchtbare nach Süden gewandte Mulde. Sie waren um eine grasbewachsene flache Mitte herum gebaut, die von Blumen bedeckt war, mit einzelnen Laubbäumen dazwischen. Wir setzten uns ins moosige Gras, lehnten uns an einen Baum und holten unser Picknick heraus. Von hier konnten wir einen Pfad erkennen, der in südlicher Richtung zu einer Schlucht führte. Das musste die Strecke sein, auf der die Menschen früher mit ihren Maultieren und Eseln ankamen.

„Was für ein Jammer, dass sie alle gegangen sind," sagte ich.

„Wer?"

„Die Menschen, die an diesem idyllischen Ort gelebt haben."

„Ja, aber bedenke, uns mag er idyllisch erscheinen, aber für die Menschen, die hier den ganzen Sommer über lebten, war das nicht unbedingt so."

Wir saßen ganz allein in dieser Mulde in den Weißen Bergen, lehnten an unserem Baum und stellten uns vor, wie die kleine Katína während der langen Sommertage ihrer

Kindheit, weit weg vom Meer und ihren Freunden, tapfer versuchte Gefallen am Leben hier zu finden.

Der Senat

Nachdem wir eine ganze Reihe Herbstaufenthalte überstanden hatten, beschlossen wir, auch einmal kurze Winterferien in Chóra Sfakíon zu machen, um festzustellen, ob wir aus genügend hartem sfakiotischem Holz geschnitzt waren.

Andréas war bereit, Zimmer Nummer zwei für uns wieder zu öffnen, wenn wir für die Reinigung selbst sorgten. Wir kamen am 2. Januar mit dem Taxi an. Kurz vor Imbros trafen wir auf ein paar Jungen vom Ort, die uns in ihrem Pick-Up entgegenkamen. Im Sommer hätten sie uns im Vorbeifahren fröhlich zugewinkt. Doch heute hielten sie das Taxi an, stiegen aus und begrüßten uns mit kräftigem Händeschütteln und Umarmung. Touristen waren im Winter kein gewöhnlicher Anblick.

„*Panayía mou* haben die sich gefreut, euch zu sehen!“, rief der Taxifahrer aus, als wir weiterfuhren.

Wir kamen zu spät, um die Kartenspiele noch erleben zu können, an denen sich die Männer an Neujahr eifrig beteiligten und bei denen enorme Summen den Besitzer wechselten und dessen Glück für den Rest des Jahres begünstigten. Dieses Jahr hatte ein junger Mann mit seinem Gewinn schon einen Flug nach New York gebucht.

Auch die spannenden Feiern in der Silvesternacht hatten wir verpasst, die in diesem Jahr etwas ganz Besonderes gewesen sein sollen. Es war der Brauch, dass ein bestimmter Bursche Punkt Mitternacht Dynamit in den Hafen wirft, und so das Neue Jahr mit einem großen Knall und einer in den Himmel schießenden Fontäne beginnt. In diesem Jahr hatte er sich etwas verrechnet. Entweder hatte er zuviel

Dynamit genommen oder es war explodiert, bevor es das Wasser erreichte. Andréas erzählte uns mit großer Lebhaftigkeit, dass die Explosion so stark war, dass alle Fensterscheiben entlang der Uferstraße zerbrachen – jede einzelne! Glücklicherweise wurde niemand von umherfliegenden Glassplittern verletzt. Und der junge Mann bezahlte alle Reparaturen, die der Glaser aus einem Nachbardorf bereits ausgeführt hat.

Doch zum Glück waren wir noch früh genug, um die Ankunft von jemande so wichtigem wie dem Erzbischof von Spili mitzubekommen, der am 6. Januar, dem Festtag des heiligen Theophanos, das Wasser segnete im Gedenken an die Taufe Christi im Jordan. Unser Freund Yórghos erklärte uns, dass es Brauch war, dass der Erzbischof in seiner prächtigen Robe am Hafen ein Kreuz ins Wasser warf, nachdem er es gesegnet hatte. Die Jungen tauchten dann danach und wetteiferten darin, das Kreuz als Erster heraufzuholen. Für den Fall, dass die Taucher nicht in der Lage waren es heraufzuholen oder weil die See zu rau war, wurde das Kreuz an einer langen Schnur befestigt. Es war Sitte, dass derjenige, der das Kreuz fand, das Privileg hatte, es nacheinander in die Häuser zu tragen. Die Bewohner konnten es dann küssen und den Kreuzträger für sein Privileg bezahlen.

Dieses Jahr stand der Erzbischof beim Drehkran, mit dem die Fischer ihre kleinen Boote aus dem Hafen zogen, stimmte ein paar Gebete an, besprengte die versammelte Gesellschaft mit Weihwasser und machte sich bereit, das Kreuz ins Wasser zu werfen. Er war von vielen Gläubigen umgeben, darunter ganz vorne Jungen und junge Männer in Badehosen – bereit hineinzuspringen und zu tauchen, um das Kreuz zu gewinnen. Normalerweise gehen Sfakioten nach Mitte September nicht mehr schwimmen, deshalb war es erstaunlich, wie viele bereit waren, sich im Januar ins Wasser zu stürzen, auch wenn es ein warmer und sonniger Tag war.

Unter den Gläubigen am Kran stand ein großer junger Mann, der als *Nagel* bekannt war. Er hatte eine Lederjakke an, graue Hosen und schwarze Schuhe. Wir sahen vom Balkon von Zimmer Nummer zwei aus zu, wie der Priester das Kreuz hin und her zu schwingen begann und es dann ins Wasser warf. Nagel zog lässig seine Jacke aus, reichte sie jemanden neben ihm, und als das Kreuz endlich geworfen wurde, tauchte er in Kleidern und Schuhen in das Hafenbecken. Er schwamm schneller als die anderen, die von seinem Trick überrumpelt waren, und hielt als er wieder auftauchte das Kreuz triumphierend hoch. Er zog sich unter allgemeinem Applaus auf die Hafenmauer hoch, tropfnass und grinsend. Die anderen Jungen schnappten ihre Handtücher und gingen nach Hause und bewunderten Nagels List eher, als sie sich darüber ärgerten. Nagel stolzierte davon, um die Kleider zu wechseln, bevor er mit seiner Runde durch das Dorf begann.

Allgemein war es überaus ruhig in Chóra Sfakíon. Ich hatte das brandneue Buch über die Schlacht von Kreta von Antony Beevor dabei, und ich stellte fest, dass ich mehr als genug Zeit hatte, darin zu lesen. Das Wetter war während unseres Aufenthaltes ausnahmslos schön. Im Rest von Europa herrschte Frost; und sogar in Chaniá war es kalt und regnerisch. Aber Chóra Sfakíon hat ein eigenes Mikroklima: im Norden geschützt durch die Weißen Berge und im Süden offen für die milden Winde und die warme Strömung aus Nordafrika.

Andréas hatte seine Lederjacke an, als wir draußen in der Sonne saßen und Kaffee tranken, und Yannis hatte die Scheiben an seinem Allrad-Fahrzeug geschlossen, und abgesehen von der völligen Abwesenheit von Touristen waren das die einzigen Anzeichen dafür, dass es Winter war. Natürlich wurde es abends früher dunkel als im Sommer, aber das Meer war nicht viel kälter als im Oktober, und Jean ging jeden Nachmittag schwimmen. Wir wanderten einmal nach Yorýtsi und mehrmals nach Ilingas, wo wir ganz alleine am Strand in der Sonne saßen.

Wir konnten sogar draußen frühstücken. Und jeden Morgen kam der smarte graue Kater, dem der Hafen zu gehören schien, auf seinem Inspektionsgang vorbei, um nachzusehen, ob alles in Ordnung war und hielt mit hocherhobenem Schwanz an, um uns hallo zu sagen. Mittags aßen wir ebenfalls draußen, doch das Abendessen nahmen wir drinnen in der Gesellschaft der Männer aus dem Dorf ein, die sich zum Trinken und zum Kartenspielen hier versammelt hatten. Das war sehr gut für unser Griechisch – wie es schien, mochte außerhalb der Saison niemand Englisch sprechen.

An den meisten Tagen kam Damoulís zu Andréas herunter, um sich mit den alten Seemännern zum morgendlichen Kaffee zu treffen. Manchmal sahen wir sie alle schweigend beisammen sitzen, mit dem Rücken zum Meer. Doch häufiger unterhielten sie sich lebhaft. Auch wenn sie sich jeden Morgen sahen, an Gesprächsstoff fehlte es ihnen nie.

Eines Morgens kamen wir an dem Tisch vorbei, an dem Damoulís, Barbayánnis – der in diesem Winter nicht in die USA gegangen war – Manoússos, Stélios und Andréas beisammen saßen, als ihr Gespräch gerade verstummt war. In gewohnt selbstironischer Weise rief Andréas aus:

„Sieh her, hier sind wir – die Dorf-*yerousía.*"

Später schlug ich das Wort in meinem Wörterbuch nach. Umgangssprachlich bedeutet es *alte Knacker*. Aber es hat auch einen formellen Sinn – es bedeutet Senat oder Stammesälteste. Wir fanden, das war angemessen.

Ich nahm die häufige Anwesenheit der alten Männern zum Anlass, so viel zu lernen wie ich konnte. Jeden Tag stellte ich indirekte Fragen über Politik, Geschichte und Bräuche. Und ich wollte all diese Kriege und Schlachten endlich in die richtige Reihenfolge bekommen. Wohin man auch geht in der Sfakiá, sagte ich eines Tages, begegnet man Denkmälern und Gedenkstätten und Statuen und Tafeln, die an die Aufstände und Rebellionen und Revolten der Kreter gegen die Türken erinnern. Denn ich hatte noch nicht herausgefunden, was passiert war oder wann genau und warum es passiert war, außer von den Denkmälern und Gedenkstätten und Statuen und Tafeln genau dort, wo es passiert war.

Damoulís erklärte mir, dass es neben den unzähligen kleinen Rebellionen drei große Aufstände gegeben hat, die ich mir einprägen solle, bevor ich mir etwas zusammenreime. Der erste war der von Dhaskaloyánnis im Jahr 1770 angeführte Aufstand.

„Der hat hier in der Sfakiá begonnen", sagte er, „in Komitádhes."

Der zweite war der griechische Unabhängigkeitskrieg, der 1821 begann und wie der Aufstand von 1770 dauerhafte und unselige wirtschaftliche Konsequenzen hatte.

„Den haben sie auch in Komitádhes angefangen", sagte Damoulís.

Der dritte war der kretische Aufstand von 1866.

„Der fing auch in der Sfakiá an."

Eine Gruppe von Kretern hatte sich im August 1866 in Askífou versammelt, den Zusammenschluss von Kreta und Griechenland erklärt und einen bewaffneten Aufstand begonnen. Das war der letzte große Aufstand der Sfakioten gegen die Türken, und er endete wie üblich in einer glorreichen Niederlage. Im Oktober mussten die Sfakioten die Kapitulationserklärung unterzeichnen, wieder in Komitádhes, bei der Panaghí-Thimianí-Kirche.

Dort gibt es kein Denkmal, keine Gedenkstätte, keine Statue, keine Tafel, die daran erinnert.

„Selbst wenn Kreta fast 700 Jahre unter fremder Herrschaft stand", sagte ich zu Damoulís, „war das doch wohl kaum die Schuld der Sfakioten, oder?"

„Wir haben unser Bestes getan", sagte er ernst.

Die erfolglose Revolte von 1866 könnte dazu beigetragen haben, die Befreiung Kretas im Jahr 1898 zu beschleunigen, als es unter dem Schutz der Großmächte autonom und 1913 ein Teil von Griechenland wurde.

Wir saßen eine Weile schweigend da. Ein Fischer zockelte in einem Auto vorbei, das er schon etwa zwanzig Jahre hatte. Die rechte Seitentür fehlte, und die Motorhaube hielt ein Stück Schnur unten. Er winkte uns im Vorbeifahren zu, parkte am Ende des Hafens und schloss die rostige Fahrertür sehr vorsichtig. Er sprang auf die untere Hafenmauer und verschwand in seinem *kaíki*.

„Wir hatten hier zu viele verdammte Kriege", sagte Barbayánnis. „Und keiner davon hat uns irgendwie genutzt."

Die anderen nickten.

„Du hättest uns 1945 sehen sollen – Junge was waren wir hungrig."

Fleisch war in Chóra Sfakíon schon immer ziemlich rar und wurde nur bei besonderen Anlässen gegessen – uns war aufgefallen, dass die älteren Sfakioten Vegetarier mit totaler Verwunderung betrachteten. Aber nach der britischen Evakuierung waren kaum noch Tiere übrig. Es gab keine Milch. Die Deutschen ließen die Leute nicht fischen, und zudem hatten die Briten 1941 die meisten Boote mitgenommen oder zerstört. Die Sfakioten aßen wenn sie Glück hatten Schnecken und *chórta* – wildes Gemüse.

„Es ist eine Sache, zum Vergnügen Schnecken zu sammeln", sagte Barbayánnis zu Jean, „und sie mit einer leckeren Soße zu essen. Aber es ist eine ganz andere, wenn dein Leben davon abhängt. Und ansonsten gab es nur *chórta*."

Das Wort *chórto* bedeutet Gras, aber der Plural *chórta* wird meist für das wilde essbare Gemüse verwendet, das an bestimmten Plätzen in bestimmten Höhenlagen nah am Boden wächst, und auch nur zu bestimmten Jahreszeiten. Es gibt viele Sorten, manche ähneln im Geschmack Spinat, andere mehr Löwenzahn, und heute sind die häufigsten Sorten bei Touristen wie Kretern in den Restaurants sehr beliebt – gekocht und mit Olivenöl und etwas Zitrone serviert. Doch die seltensten und teuersten Arten landen selten in Restaurants, und das Wissen darüber, wo man sie findet, ist ein kostbares Gut. Alte Frauen, ganz in Schwarz, klettern in den Schluchten hinauf, und am Wochenende kann man sogar städtische Kreter sehen, die ihr Auto am Straßenrand abstellen und die Hügel nach ihrer Lieblingsdelikatesse absuchen.

„Während der Besetzung war das eine andere Sache", meinte Barbayánnis. „Das Leben oder zumindest die Gesundheit hing davon ab, ob man *chórta* fand. Und ein anderes großes Problem war, dass wir kein Brot hatten – du weißt ja, dass wir zu jeder Mahlzeit Brot essen."

Die Menschen waren gezwungen, Brot aus Mehl zu machen, das aus einer Mischung aus ein wenig Gerste und Eicheln der Steineiche bestand oder aus gemahlenem Johannisbrot – die Bäume wuchsen im Dorf. Das schlechteste Brot war aus sogenanntem fauligen Reis. Das war Reis, der aus dem Frachtraum eines britischen Schiffes stammte, das im Hafen von Soúdha versenkt worden war. Das Brot roch selbst aus der Ferne widerlich.

„Die schlimmste Zeit", fuhr Barbayánnis fort, „war der Sommer im Jahr 1942. Ein paar Leute sind tatsächlich verhungert."

Der junge Barbayánnis hatte sich an den deutschen Kommandanten gewandt.

„Ich habe diesen Typen um die Erlaubnis gebeten, mit meinem Vater nach Mátala zu gehen. Wir dachten, das es dort Nahrung für uns gibt."

Das Gebiet um Mátala, die Küste hinunter Richtung Osten, war nicht von den Deutschen überfallen oder von den Briten verwüstet worden und war ebener und fruchtbarer – nicht nur Steine wie in der Sfakiá. Es war einzig mit dem Boot zu erreichen. Etwa siebzig Kilometer waren es hin und zurück, und die einzige Antriebsart, die erlaubt war, war Rudern – und das bei sengender Sommerhitze. Der Kommandant stellte ihm eine Reiseerlaubnis aus. Um zu verhindern, dass auf sie geschossen wurde, mussten Barbayánnis und sein Vater bei den deutschen Garnisonen entlang der Küste nachweisen, dass sie die Erlaubnis hatten, mit dem Boot unterwegs zu sein. Und es war ihnen nicht erlaubt, bei Nacht unterwegs zu sein.

Die erste Nacht schliefen sie bei Aghía Ghalíni in ihrem Boot, nach Mátala kamen sie am zweiten Tag. Sie hatten kein Geld.

„Niemand hatte Geld", sagte Barbayánnis.

Sie hatten etwas Goldschmuck von Barbayánnis' Mutter dabei, den sie eintauschen wollten. Das war, wie sich herausstellte gar nicht notwendig. Wie uns früher gesagt worden war, besaß Barbayánnis Vater, Kapitän Pávlos, vor dem Krieg ein Handelsschiff, einen Segler, mit dem er regelmäßig an der ganzen Südküste von Kreta und bis nach Piräus unterwegs war. Er kannte viele Leute in Mátala, und was noch wichtiger war: er war der *síntechnos* einer Familie in einem Dorf oberhalb von Mátala namens Pitsídhia. Pávlos war der Pate eines der Kinder dieser Familie, und so bestand eine dauerhafte Beziehung nicht nur mit dem Kind, sondern auch mit den Eltern und der übrigen Familie.

Als sich herumsprach, dass Kapitän Pávlos gekommen war wegen Nahrung für das hungernde Volk der Sfakiá, wurden Pferde von Pitsídhia heruntergeschickt und Barbayánnis und sein Vater zum Dorf eskortiert. Sie wurden mit enormen Mengen Nahrung beschenkt, die sie mit zurücknehmen sollten, und so war ihr Boot am nächsten Tag bis an das Dollbord mit Kartoffeln, Mehl und allen Sorten Gemüse beladen.

„Das Boot war so schwer, dass wir, glaube ich, nur etwa zwei Kilometer in der Stunde schafften. Wir haben vier Tage gebraucht – vier heiße Tage! – für die Fahrt zurück. Und das Boot hatte ein Leck."

Die zweite Nacht machten sie Halt in Aghía Ghalíni, wo Kapitän Pávlos auch ein *síntechnos* war. Auch dort bekamen sie Nahrung – mehr, als sie im Boot unterbringen konnten, und mussten wohl oder übel einiges zurücklassen.

„Nach unserer Rückkehr“, erzählte Barbayánnis, „musste ich wieder zum deutschen Kommandanten gehen und ihn um die Erlaubnis für Agia Ghalíni bitten. Ich sagte ihm, dass ich eine zweite Ladung Nahrungsmittel holen wolle, bevor sie schlecht würde.“

Er bekam die Erlaubnis. Die zweite mörderische Rudertour unternahm er allein.

„Und gegen Ende des Krieges“, fuhr er fort, als die anderen Männer zustimmend nickten, „herrschte große Not und es gab immer noch nicht viel zu essen. Ich lief barfuß, barfuß! – ich hatte keine Schuhe – nach Anópoli. Mindestens dreißig mal bin ich gelaufen. Mindestens! Auf dem Rücken hatte ich eine Menge Fische. Die tauschte ich gegen Mehl und Gemüse. Und nach Askífou bin ich auch gelaufen. Es war hart. Hart.“

„Und wie war es, als der Krieg zu Ende war?“

„Weißt du, wir mussten ja nicht bis zum Ende des Krieges warten. Die deutschen Soldaten zogen im September 1944 aus dem Dorf ab. Sie zogen sich in das Gebiet um Chaniá zurück. Darum konnten wir wieder anfangen zu fischen. Im Grunde war der Krieg für uns im Dezember 1944 vorbei, als eure Marine“ – er sah mich an – „uns regelmäßig von Ägypten aus mit Lebensmitteln versorgte.“ Sie haben auch deutsche Gefangene mitgenommen, die die *andártes* – die Guerillakämpfer – gefangen genommen hatten. Wir hatten gut durchgehalten.“

„Antony Beevor schreibt“, ergänzte ich, „dass *wenige andere Bevölkerungsgruppen im besetzten Europa eine solche Einheit im Angesicht der Unterdrückung bewiesen* hatten.“

„Ja, das kann man so sagen, meinte Barbayánnis zustimmend.

Während der deutschen Besetzung wurden von einer kleinen Gruppe der *British Special Operations Executive* aus den Weißen Bergen heraus Widerstandsaktivitäten koordiniert. Kretische Partisanen und britische Geheimagenten landeten mit U-Booten an der Küste unterhalb von Chóra Sfakíon in Rodhákino, und diese U-Boote evakuierten noch bis 1943 fliehende Soldaten, denen es gelungen war, der Gefangennahme durch die Deutschen zu entgehen.

Eine Guerillagruppe war eine Zeitlang in der schönen Talsenke bei Kalí Lákki stationiert. Sfakiotische Männer, viele von ihnen Schäfer, waren an den Widerstandsaktivitäten beteiligt. Die Funkstation bei Akonés wurde im Juli 1943 von Sfakioten unter Manoússos Kelaïdhís angegriffen.

Nach solchen Aktionen kam es oft zu schlimmen Vergeltungsmaßnahmen. Menschen wurden als Geiseln genommen und manche sogar nach Deutschland verschleppt. 1942 haben die Deutschen Kallikrátis bis auf die Grundmauern niedergebrannt und auf dem Rückweg Asféndou geplündert. 1943 wurde Kallikrátis noch einmal angegriffen. Männer, die Waffen trugen, wurden auf der Stelle getötet oder später hingerichtet.

Als der Krieg sich dem Ende zuneigte, wurde mehr und mehr offen Widerstand geleistet. Im November 1944 gab es südlich von Chaniá eine Feldschlacht, bei der eine sfakiotische Einheit die volle Wucht des Kampfes abbekam und ein Man aus Kallikrátis und ein Mann aus Imbros getötet wurden.

„Wie war es denn, als der Krieg endlich vorüber war?“, fragte ich. „Was ist mit dem griechischen Bürgerkrieg?“

Unsere Freunde meinten einstimmig:

„Damit hatten wir hier nichts zu tun.“

Und das war das Ende von diesem Gespräch.

Unsere Abreise aus Chóra Sfakíon am Ende dieser kurzen Winterferien war ziemlich traumatisch, letztendlich aber auch ganz erfreulich. Sie ließ uns glauben – ob richtig oder falsch –, dass wir noch etwas mehr als bisher schon Teil des gesellschaftlichen Lebens im Dorf geworden waren.

Wir verließen Chóra Sfakíon mit dem Taxi, das ein junger Mann namens Kóstas fuhr. Als er bei Andréas' Taverne ankam, um uns abzuholen, sagte er uns, dass jemand aus Thólos angerufen und um eine Mitfahrgelegenheit nach Chaniá gebeten habe.

„Es macht euch doch nichts aus, wenn er mit uns fährt, oder?", fragte Kóstas.

Er erwartete auf diese Frage offensichtlich ein Nein als Antwort, und wir kannten den Mann und hatten nichts dagegen.

Ich wollte bei Andréas für das Zimmer bezahlen. Er tat so, als ob er ärgerlich sei.

„Habe ich euch nicht gesagt", sagte er ablehnend, „dass ihr das Zimmer außerhalb der Saison jederzeit umsonst haben könnt?"

Kóstas fuhr los, und als wir oben auf dem Berg um die Kurve bogen, stand da tatsächlich der Mann auf der Straße. Er schwitzte und wirkte etwas verlegen.

„Würde es euch etwas ausmachen, zu meinem Haus hochzufahren?", fragte er nervös. „Ich muss noch etwas holen, bevor wir losfahren."

Kóstas seufzte und bog auf die kleine Straße ab, die nach Thólos führte. Als wir am Haus ankamen, ging der Mann hinein und erschien zu unserer völligen Überraschung mit einem kleinen Koffer und mit seiner offensichtlich hochschwangeren Frau.

„Ihre Fruchtblase ist geplatzt!", rief er ängstlich mit flehendem Blick. „Wir müssen sie nach Chaniá ins Krankenhaus bringen!"

Die letzten Schwangerschaftswochen verbringen die Frauen aus Chóra Sfakíon meist in Chaniá, um dem Krankenhaus näher zu sein als 65 lange kurvige Kilometer durch die Berge, wenn ihre Zeit kam. Entweder kam das Kind früher als erwartet oder der Mann hatte es versäumt, rechtzeitig die nötigen Vorbereitungen zu treffen. Kóstas war für die letztere Erklärung.

„*Ti mou kánis*?! Was tut ihr mir an?!", rief er. „Ich muss

diese Leute zum Flughafen bringen! Wenn sie ihr Flugzeug verpassen, habe ich ein riesiges Problem!"

Es war ein Gebrülle und ein Gestikulieren zwischen dem beiden Männern, doch wir haben kaum etwas davon verstanden. Währenddessen schleppte sich die Frau zum Auto. Jean rutschte auf dem Rücksitz zur Seite, und die arme Frau schob sich langsam und vorsichtig ganz ruhig neben sie. Ihr Mann und Kóstas stritten immer noch. Am Ende musste Kóstas nachgeben. Sein Dilemma war eindeutig. Er hatte den Auftrag, diese Ausländer pünktlich zum Flughafen zu bringen, und schließlich waren sie es, die zahlten. Aber seine gesellschaftliche Situation war auch klar. Im ländlichen Kreta hatte was gesellschaftliche Verpflichtungen anging immer die Familie Priorität, dann kamen die Freunde und die Dorfgemeinschaft und zuletzt die Fremden. Wir waren zwar keine Fremden mehr, gehörten aber auch nicht zur Dorfgemeinschaft. Die ethische Situation war also unstrittig. Es gab Dinge, die waren wichtiger als ein verpasster Flug, und die sichere Ankunft eines neuen Menschenkindes in dieser Welt gehörte mit Sicherheit dazu.

Kóstas wendete eilig das Auto, der Mann warf den Koffer in den Gepäckraum, setzte sich neben seine Frau, und die bange Fahrt begann. Kóstas hörte schließlich auf damit, über seine Schulter zu brüllen und flüsterte stattdessen vor sich hin:

„*Ti mou kánis*?! Was habt ihr mir angetan?! Was tut ihr mir an?!"

Es war wenig Verkehr, doch Jean und mir wurde übel, weil Kóstas immer wieder ganz stark beschleunigte und dann wieder plötzlich abbremste. Er schien fürchterlich hin und her gerissen zu sein zwischen dem Wunsch, die werdende Mutter so schnell wie möglich aus dem Auto zu bekommen, bevor das Kind kam und der Angst, dass es die Geburt des Babys beschleunigen könnte, wenn er zu schnell auf der buckligen Straße fuhr. Besagte Person auf dem Rücksitz blieb ruhig und gefasst. Sie sagte kein Wort.

Wann immer ihr schwitzender, besorgter Mann, der fest ihre Hand umklammert hielt oder Jean sie fragte, ob es ihr gut geht, nickte sie nur.

Während das Taxi die lange Serpentinenstrecke nach Imbros hinaufkurvte, hatte ich jede Menge Bilder vor Augen. Vielleicht würde sie das Kind im Auto bekommen! Was müssten wir dann tun, um ihr zu helfen? War da nicht etwas mit kochendem Wasser? Wofür war das kochende Wasser eigentlich? Und wenn wir die Nordküste vor der Geburt erreichten, waren wir verpflichtet zuerst zum Krankenhaus zu fahren. Das könnte uns nochmal eine Stunde kosten, und wir waren jetzt schon zu spät … Wir würden unseren Flug auf jeden Fall verpassen. Und was würden wir dann tun? Wir müssten über Nacht in Athen bleiben und würden einen Tag später nach Hause kommen und die Arbeit eines ganzen Tages versäumen

Im Auto herrschte banges Schweigen, das alle dreißig Sekunden oder so von einem Zornesausbruch von Kóstas unterbrochen wurde, immer wenn ihm aufstieß, wie ungerecht das Schicksal ihn im Allgemeinen und diesen Ehemann im Besonderen behandelt.

Als unser Mercedes außerhalb von Imbros um eine Kurve fuhr, kam uns plötzlich ein leeres Taxi aus einem anderen sfakiotischen Dorf entgegen. Kóstas reagierte sofort und genial. Wie ein Rennfahrer stieg er voll auf die Bremse, rutschte vorsätzlich über den Schotter und drehte unser Auto so, dass die Straße völlig blockiert war. Wir hatten ein, zwei bange Sekunden, denn wir wussten, dass der andere Taxifahrer berüchtigt war für seine erhebliche Kurzsichtigkeit. Zum Glück war ihm aber genauso klar wie uns, dass er anhalten musste, und er kam schlitternd zum Stehen. Beide Fahrer und der werdende Vater stiegen aus. Wieder gab es viel Gebrüll und Gestikulieren. Gewiss hatte der andere Taxifahrer anderes vorgehabt an diesem Tag, als zurück nach Chaniá zu fahren mit einer Frau, die jeden Moment in seinem Auto niederkommen konnte.

Die Männer waren so in ihre Streiterei vertieft, dass sie nicht merkten, wie unsere schwangere Mitreisende sich langsam aus dem Auto herausschob, ihre Tasche aus dem Kofferraum holte, ruhig zu dem anderen Taxi ging und sich auf die Rückbang legte. Es dauerte einen Moment, bis die Männer realisierten, wo sie war. Es war ein *fait accompli.* Kóstas rannte zurück zu unserem Taxi und ließ einen tiefen Seufzer los als wir davonrasten. Da wurden wir auch schon in einer Staubwolke von dem anderen Taxi überholt, das an uns vorbeiraste, um noch rechtzeitig das Krankenhaus zu erreichen. Wir konnten sehen, wie der Fahrer aufgeregt mit den Händen gestikulierte – Kóstas hatte nicht das Monopol, den unglückseligen Ehemann zu beschimpfen.

Wir schafften unser Flugzeug gerade noch. Und das andere Taxi, wie wir später erfuhren, erreichte das Krankenhaus im letzten Augenblick.

Zu Hause las ich das Buch von Beevor zu Ende und sah mir noch ein paar andere Texte über die Nachkriegsjahre auf Kreta an. Wie unsere Freunde im *Senat* gesagt hatten, war der Insel ein Großteil des schrecklichen griechischen Bürgerkrieges zwischen der Regierung der Monarchisten und der rechten Gruppierungen und den Guerillakämpfern der Kommunisten und anderer linker Gruppen erspart geblieben, der auf dem Festland von 1946 bis 1949 andauerte.

Ein Grund, warum die Insel verschont geblieben ist, war, dass die Kreter traditionell liberale Republikaner und somit sowohl antikommunistisch als auch antimonarchistisch waren. Ein weiter Grund mochte der Waffenstillstand gewesen sein, der auf Betreiben des britischen Widerstandsführers Xan Fielding zwischen der kretischen ELAS (die linksgerichtete nationale Volksbefreiungsarmee) und der nationalistischen Rechten in den Weißen Bergen südlich von Chaniá unterzeichnet worden war – an dem Tag, an dem ich im November 1943 geboren wurde, wie ich erfreut feststellte.

Aber es war nicht ganz so friedvoll vonstatten gegangen, wie unsere alten Freunde uns das glauben machen wollten. Noch für mehrere Jahre nach der deutschen Kapitulation hatte die ELAS mehrere hundert Mann in und um die Samariá-Schlucht stationiert, von denen viele tapfer gegen die Deutschen Widerstand geleistet hatten. 1948 rückte die Armee der griechischen Regierung von beiden Seiten der Schlucht aus gleichzeitig vor, in der Gewissheit, die ELAS *andártes* oder Guerillas in der Falle zu haben. Doch die meisten nutzten ihre Ortskenntnis und entkamen über die schwindelerregend steilen Klippen zu beiden Seiten der Schlucht in die Weißen Bergen. Noch für einige Monate blieben *andártes* oben in den Bergen in Mourí, Aghios Yánnis und Asféndou, jedoch waren es vermutlich nie mehr als drei Dutzend. Ein paar *andártes* wurden bei Polizeiaktionen getötet, und viele ergaben sich oder gingen nach Hause.

Der sfakiotische Historiker Yeronimákis erzählt die Geschichte, wie mindestens einmal in seiner Gegenwart ein kommunistischer Guerilla aus den Bergen herunterkam zu seinen Freunden in Vouvás, die beim Wein saßen, einige davon als Rechte bekannt. Sie unterhielten sich freundschaftlich bei ein paar Gläsern Wein, und dann ging er zurück in die Berge.

Beevor berichtet auch, dass zwei *andártes* sich bis 1974 in den Weißen Bergen versteckt hielten, bis der Sturz der Militärdiktatur sie dazu brachte, herunterzukommen. Sie hatten als Vogelfreie mehr als 25 Jahre in den sfakiotischen Bergen verbracht.

Schlimmer als Murmansk

Im folgenden Jahr, ermutigt durch die Erinnerung an jene sonnigen Tage im Januar, beschlossen wir den Grad unserer Sfakiá-Sucht bei einem ausgedehnten Winterbesuch zu testen. Wir fühlten uns jetzt fast zu Hause in Chóra Sfakíon, und es schien, als hätten wir ein gewisses Quantum an gesellschaftlicher Integration erreicht, die sich vielleicht noch weiter verstärken und uns helfen würde, die Monate vor Beginn der Touristensaison zu überstehen. Ich nahm ein unbezahltes Urlaubssemester.

Wir kamen Anfang Februar an. Pandelís holte uns mit dem Taxi am Flughafen in Chaniá ab. Wir fuhren die übliche Strecke über Soúdha, wir waren nur ein wenig überrascht, als er an der Abzweigung nach Vrísses nach rechts fuhr, statt nach Süden zum Pass hin. Wir wussten aus früherer Erfahrung, dass die Taxifahrer wegen der Abgeschiedenheit von Chóra Sfakíon der Dorfgemeinschaft oft kleine Extrafahrten erweisen mussten – obgleich der Transport schwangerer Frauen zur Klinik normalerweise kein Teil dieser Pflichten war. Manchmal kamen Leute zum Fahrer gerannt, wenn das Taxi dabei war, Chóra Sfakíon zu verlassen, wenn sie ein Rezept hatten, das eingelöst oder einen Film, der entwickelt werden musste oder frische Milch brauchten für ihre Kinder. Manche baten sogar darum, so mitgenommen zu werden. Wir fanden, dass es ein interessantes Konzept war, um kostenlose Mitfahrgelegenheit in einem Taxi nachzusuchen.

Diese kleinen Gefälligkeiten bedeuteten nicht selten einen Umweg für den Fahrer und seine Passagiere, und wir waren daran gewöhnt.

„Wo fahren wir denn heute noch hin?“, fragten wir. „Für wen müssen wir diesmal eine Besorgung machen?!“

„Oh“, sagte Pandelís, „wisst ihr das nicht? Wir machen keine Besorgung. Wir fahren diese Strecke, weil wir nicht über Askífou und Imbros fahren können.“

„Warum nicht?“

„Weil die Straße blockiert ist.“

„Blockiert? Wodurch?“

Er lachte. „Schnee natürlich!“

Schnee! Diese Möglichkeit hatten wir nicht in Betracht gezogen. Natürlich hatten wir im Frühling in den Bergen Schnee gesehen, aber der Gedanke, dass es so tief herunter und so viel schneien könnte, um eine Straße unpassierbar zu machen, der war uns nicht gekommen. Wir hatten vergessen was Pashley schreibt – *wenn die Leute oben in der Sfakiá blieben, wären sie durch den Schnee für mehrere Wochen in ihren Häusern eingesperrt.* Wie Pandelís sagte, war das Wetter in diesem Jahr anders als sonst. Zum ersten Mal seit Menschengedenken hatte es auch in Chóra Sfakíon geschneit – sogar am Meer! Die Kinder waren begeistert, denn die meisten hatten noch nie Schnee erlebt.

Jetzt mussten wir ostwärts nach Rhétimno fahren, über den viel niedrigeren Pass im Süden dieser Stadt, der zur Küste hinunter führt und dann über Frangokástello zurück durch die Dörfer im Osten der Sfakiá.

In Chóra Sfakíon war von Schnee nichts mehr zu sehen. Er war nicht lange liegen geblieben.

„Wir haben gehört, bei euch hat es geschneit!“, sagte Jean zu Andréas bei der Begrüßung.

„Oh ja!“, sagte er grinsend. „Es war sehr schlimm – schlimmer als Murmansk. Er ist mindestens eine Stunde lang liegen geblieben.“

Andréas’ Taverne war eigentlich nicht geöffnet im Winter. Aber er hatte sich wieder einmal freundlicherweise bereiterklärt, uns Zimmer Nummer 2 zu überlassen, unter der Bedingung, dass wir uns um alles selbst kümmern, bis die Saison beginnt; ab dann könnten wir auch mit dem Bezahlen beginnen.

Wir trugen unsere Taschen die Treppen hoch, schlossen die Tür auf, warfen unsere Sachen aufs Bett und gingen sofort hinaus auf den Balkon. Der Hafen lag völlig verlassen da; keine Menschenseele war zu sehen. Das Einzige, was sich bewegte, waren Möwen, die über dem Meer ihre Kreise zogen.

Wir waren nicht überrascht von diesem Mangel an Aktivität. Barbayánnis hatte uns einmal vom Winter in Chóra Sfakíon erzählt.

„Wenn du in der Winterzeit eine Kalaschnikow nimmst", sagte er kopfschüttelnd, „und machst so" – er drehte sich langsam um 360 Grad und tat, als ob er das ganze Dorf mit Kugeln überziehen würde – „triffst du keinen – *nicht einen*!"

Wir gingen um die Ecke und schauten hinauf zu den Weißen Bergen. Sie leuchteten grün! Die verdorrte braungelbe Landschaft vom vergangenen Herbst hatten Winterregen und Schneeschmelze verwandelt. Die Steine waren natürlich immer noch vorherrschend, aber dieses frische Grün übertraf noch das Grün des Frühlings.

Wir gingen zurück ins Zimmer. Es war seit Oktober unbewohnt und es war bitterkalt. Es gab keine Heizung, und die Marmorfliesen, die den Raum im Sommer angenehm kühl hielten, waren unangenehm für die bloßen Füße. Damit hatten wir nicht gerechnet!

Am Abend entdeckten wir, dass alle öffentlichen Räume in Chóra Sfakíon gleich kalt waren, außer einer einzigen der wenigen Tavernen, die geöffnet waren, wo man einen Petroleumofen aufgestellt hatte. Wir beschlossen selbstverständlich, dort zu essen. Wir wählten den Tisch, der dem Ofen am nächsten stand, doch bevor wir uns setzen konnten, mussten wir die graue Katze von einem Stuhl verscheuchen.

Als es Zeit war, schlafen zu gehen, hatte Jean die brillante Idee, die Bettlaken mit dem Fön vorzuwärmen.

Die nächsten Tage verbrachten wir die meiste Zeit so nah an dem Ofen in der Taverne wie wir konnten. Man konnte immer genau sagen, in welcher Reihenfolge die Gäste hereingekommen waren – die letzten saßen am weitesten weg von der Wärme.

Während der nächsten vierzehn Tage erhielt der Haarfön nach und nach seine ursprüngliche Bestimmung zurück, und ich begann ohne meine Wollmütze zu schlafen. Der Petroleumofen war nur noch abends in Betrieb, und wir begannen unseren Morgenkaffee draußen in der Sonne zu genießen. Manchmal stieß Katsouloyánnis zu uns, der früher dran war als in den Sommermonaten, weil seine Schafe auf den niedriger gelegenen Hängen grasten, näher an Chóra Sfakíon. Barbayánnis war für ein paar Monate auf und davon nach Amerika, doch Manoússos ging jeden Tag fischen und – ein herzerfreuender Anblick – Andréas war auch draußen mit seinem kleinen Boot, mit seinen Netzen und Angelruten und Schnüren. Während der Saison hatte er nie Zeit, sich auf diese Weise zu erholen.

So war in Chóra Sfakíon also tatsächlich Winter; und im allgemeinen dauerte er alles in allem zwei Wochen.

Nach Lawrence Durrel ist das größte Problem in griechischen Dörfern die Langeweile. In diesem Winter begannen wir zu verstehen, was er damit meinte. Das interessanteste Ereignis für einige Wochen war unsere Ankunft. Und daran hatte sich jeder schnell gewöhnt, wir eingeschlossen.

Aber mitunter, nur gelegentlich, geschah etwas. Eines Abends saßen wir beim Ofen in der Taverne und schauten zum Fenster hinaus, während ein paar Männer aus dem Dorf sich ein amerikanisches Action-Video auf dem großen Fernsehbildschirm ansahen. Plötzlich sahen wir in der Ferne undeutliche dunkle Schatten, die auf der Hafenpromenade langsam näher kamen. Es waren etwa ein halbes Dutzend, die immer wieder aus dem Blickfeld verschwanden und immer wieder auftauchten. Sie bewegten sich langsam und lautlos, schienen mehr zu gleiten als zu gehen und kamen langsam näher. Schließlich wurde die Tavernentür aufgestoßen und die rätselhafte Gruppe kam herein. An der Art wie sie sich bewegten war zu erkennen, dass es junge Leute waren, aber man konnte unmöglich sagen, ob es Männer oder Frauen waren. Sie waren von Kopf bis Fuß in weite schwarze Gewänder gehüllt, einschließlich der Handschuhe; die Gesichter waren hinter sehr bunten fratzenhaften Masken verborgen und ihre Köpfe mit Kapuzen bedeckt. Sie blieben völlig und unheimlich still. Einer kam an unseren Tisch und schob sein (oder ihr) Gesicht unangenehm dicht an unseres heran. Einige Männer in der Taverne begann zu rufen.

„Das da ist Kóstas!“, brüllte einer.

„Das kann nicht sein“, kam die Antwort, „er ist nicht groß genug!“

„Das bist du doch, Kósta, oder?“, rief der erste Mann wieder. Die Gestalt, auf die er zeigte, verharrte und sah ihn an, gab sich aber nicht zu erkennen. Die makabren Gestalten huschten durch die Taverne, nahmen Dinge in die Hand und untersuchten sie, beugten sich über die Schultern der Gäste, starrten sie durch ihre Masken an, und sahen ziemlich bedrohlich aus. Die Taverne war ein einziges Gebrüll und Gelächter, doch die Gestalten blieben die ganze Zeit völlig still. Schließlich öffnete eine die Tür, und alle glitten schweigend wieder hinaus in die Dunkelheit.

„Was war denn das?,“ fragten wir gleichzeitig.

„Es ist Karneval. Das machen wir immer an Karneval.“

„Aber wer war das?“

Die versammelte Gesellschaft zuckte mit den Schultern.

„Darum geht es ja“, sagten sie, „man kann es nicht sagen.“

Am nächsten Tag, einem Sonntag, fragten wir verschiedene junge Leute, ob sie es waren, die wir am Abend zuvor in der Taverne gesehen hatten. Alle lächelten und zogen die Augenbrauen verneinend hoch.

Am Montag entdeckte Jean, dass viele Schulmädchen Kostüme trugen, und sie fragte María, was los sei. Sie sagte, dass die Grundschulkinder an Karneval alle kostümiert in die Schule gehen, und so ging Jean mit ihr und nahm ihre Kamera mit. Unterwegs fragte María, ob wir am nächsten

Tag zu den Karnevalsfeiern nach Rethimno fahren wollten, und Jean sagte, sie würde das mit mir besprechen. Die Kostüme der Schulkinder ähnelten überhaupt nicht den gruseligen Gewändern von Samstagabend – die Jungen waren als Clown und Pirat verkleide, die Mädchen hatten japanische Kimonos an – und die Lehrer freuten sich sehr darüber, dass die Schüler fotografiert wurden.

Dienstags kam María gleich nach dem Frühstück, um noch einmal zu fragen, ob wir nach Rethimno fahren wollten.

„Da ist der große Karnevalsumzug!"

Die Kinder hatten einen Tag schulfrei.

„Vielleicht", sagte ich. Ich litt schon an Trägheit, wie sie ein längerer Winteraufenthalt in Chóra Sfakíon so mit sich bringt – je länger man dort war, desto weniger wollte man weg.

María fuhr fort: „Mama und ich wollen gerne hin, aber Papa hat zu viel zu tun."

Aha! Das bedeutete, dass sie nur nach Rethimno kommen konnten, wenn ich sie mit Andréas' Auto dorthin fuhr. Und María wollte den Umzug unbedingt sehen – in ihren großen braunen Augen stand ein beredtes, stummes Flehen. Jean war auch begeistert von dem Gedanken, den Umzug zu sehen. Und wir wussten, dass Rethimno einer der wenigen Orte in Griechenland war, wo der Beginn der Fastenzeit ganz groß gefeiert wurde.

„Einverstanden", sagte ich, „wir würden sehr gerne hingehen!"

So fuhren wir los. Ich war noch nie mit Andréas' Auto gefahren, und ich war mir nicht sicher, ob ich gleichzeitig fahren und mich Griechisch unterhalten konnte, aber da Jean den Großteil der Unterhaltung bestritt, kam ich ganz gut klar. Ich notierte mir in Gedanken, den Kollegen, die Sprachen unterrichteten, eine Art Fremdsprachen-Fahrtest mit gesonderten Noten für Sprechen, Verstehen und Fahrtüchtigkeit als ein ausgezeichnetes neues Prüfverfahren vorzuschlagen.

In Imbros und Askífou lag noch immer etwas Schnee am Straßenrand, aber es war ein Genuss, bei kaum Verkehr über den Pass zu fahren, in dem sicheren Wissen, dass uns keine Touristenbusse entgegenkommen.

Als wir dann endlich in Réthimno ankamen, war es ein Schock, wieder auf Straßenverkehr zu treffen und auf Ampeln. Aber ich hatte eine Art Erleuchtung. In dem ziemlichen Chaos des griechischen Stadtverkehrs mit dem Auto unterwegs zu sein, war für mich immer eine Herausforderung. Jetzt sagte Evangelía auch noch, sie sei sich nicht sicher, in welche Richtung wir an der nächsten Straßenkreuzung fahren müssten. Ich fühlte mich ziemlich gestresst, weil ich nicht wusste, ob ich mich an der Ampel rechts oder links einordnen sollte. In einem befreienden Geistesblitz wurde mir klar, dass ich nur auf der Linie in der Mitte zu fahren brauchte. An der roten Ampel stand ich auf beiden Spuren gleichzeitig. Die anderen Verkehrsteilnehmer scherten sich nicht darum. Einer stellte sich einfach links neben mich, der andere quetschte sich rechts neben mich. Als die Ampel auf Grün sprang und wir weiterfuhren, wusste Evangelía, wo wir waren und rief mir zu, links abzubiegen, was ich auch tat. Wenn man sich dazu entschlossen hat, ein Teil davon zu werden, dann konnte ein Verkehrschaos befreiend und entspannend sein, statt stressig und erschreckend.

Parken war ein ernstes Problem, denn die bunt geschmückte Stadt war brechend voll. Aber schließlich fanden wir doch einen Platz, wo wir das Auto abstellen konnten und machten uns auf den Weg in die Richtung, woher der Lärm kam. María quietschte vor Vergnügen, als sie die vielen Menschen sah, die sich durch die Straßen drängten und die Musik hörte – teils kretische, teils athenische – die von allen Seiten zu kommen schien.

Evangelía kaufte María einen mit Helium gefüllten Delphin-Ballon. Ich fragte Jean, ob sie auch einen haben möchte, und sie zögerte ein bisschen, bevor sie ablehnte.

Wir drängelten uns durch die Zuschauer, bis wir an der Hauptstraße eine Stelle fanden, wo auch kleine Menschen (das heißt, fast wir alle) den Umzug gut sehen konnten. Schließlich kam die Musik näher, und die Festwagen mit den bunt kostümierten Gestalten und Tanzgruppen fuhren an uns vorüber.

Wie die geheimnisvollen Besucher in der Taverne, waren auch hier viele so gut verkleidet, dass man unmöglich feststellen konnte, wie alt oder welchen Geschlechts sie waren. María hüpfte vor Begeisterung auf und ab und klatschte in die Hände. Es war eine absolut unmilitärische Parade, voller Durcheinander und vergnüglicher Unordnung. Zwischen den Wagen spazierten Kreter in ihrer Alltagskleidung und winkten ihren Freunden in der Menge zu. Aus welchem Grund sie an dem Umzug teilnahmen statt zuzusehen, war uns nicht klar, aber sie hatten ihren Spaß dabei – auch die kleinen Jungen, die um den Zug herumwuselten.

Es war ein sonniger und warmer Tag, und ich zog meine Jacke aus. Es war kaum zu glauben, dass es Februar war. Mit jedem Tag erschien uns unsere Idee besser und besser, einen Teil des Winters auf Kreta zu verbringen.

Schließlich waren der Lärm und die Menschenmengen sogar María zuviel, und wir fanden, dass es Zeit war zu gehen. Wir suchten uns langsam unseren Weg durch die Menge zurück zum Auto und den Weg nach Hause. Evangelía hatte etwas zu essen dabei, um uns auf der Fahrt bei Kräften zu halten.

Ich fragte Evangelía, ob es ihr recht sei, wenn wir *den anderen Weg* zurück nähmen – den Weg über die Südküstenstraße, den wir mit Pandelís hergekommen waren. Der Gedanke, durch Skalotí zu kommen, schien sie zu freuen und wir fuhren Richtung Süden.

Der Sonnenuntergang an der Küste war eine Mischung aus Rot und Orange. Die Sonne verschwand zu dieser Jahreszeit im Meer und nicht hinter den Bergen. Die Kirche oberhalb von Chóra Sfakíon war als Silhouette vor der flammend roten Bucht zu erkennen, und ich hielt an, damit Jean diesen atemberaubenden Anblick fotografieren konnte. Als wir in Ombrósyalos ankamen, war es schon dunkel. María war auf dem Rücksitz eingeschlafen. Wir fuhren weiter zu Andréas' leerer Taverne, ohne dass wir einer Menschenseele begegneten.

Im Laufe der nächsten Wochen gelang es Jean, sich selbst zu beschäftigen und sich nützlich zu machen. Ein Hotel hatte den Besitzer gewechselt, und da wir mit dem Paar gut befreundet waren, das es übernahm, half sie beim Großreinemachen in der Küche. Ich saß auf unserem Balkon in der Sonne und warf ab und zu einen Blick in gelehrte Wälzer, die ich dummerweise mitgebracht hatte, doch viel öfter sah ich zu dem Hotel hinüber und fragte mich, wie um alles in der Welt es den Frauen gelang, mit denen Jean arbeitete, in die Kühlvitrinen zu kriechen, um sie zu putzen. Aber ich war auch nicht völlig nutzlos – ich bot Andréas an, seine Speisekarte in Englisch, Französisch und Deutsch zu übersetzen und fing gleich damit an.

Beide fanden wir noch hinreichend Zeit, nur dazusitzen, nachzudenken, zu beobachten und kleine Entdeckungen zu machen. In den vielen Stunde und Tagen in der Taverne, dicht an den Ofen gedrängt während der ersten beiden Wochen und später dann in der Sonne faulenzend, gelang es uns, eine bestimmte lokale Verhaltensweise zu enträtseln – es ist peinlich zuzugeben, dass wir dazu nicht früher in der Lage waren.

Es gibt in der anthropologischen Literatur einen bekannten Artikel mit dem Titel *How to ask for a drink in Subanun* (Wie fragt man auf Subanun nach etwas zu trinken). Der Autor Charles O. Frake schreibt, wenn jemand eine Zeitlang mit dem Volk der Subanun auf den Philippinen gelebt hat und klug genug war, ihre Sprache verstehen zu lernen und es sogar geschafft hat, einen Satz zu formulieren, der sich übersetzen ließe mit: Kann ich bitte etwas zu trinken bekommen?, wären alle erfreut und stolz, dass er sich die Mühe gemacht hat, ihre Sprache zu lernen. Sie würden seine Sprachkenntnisse loben und ihn zu seinem Fleiß und Erfolg beglückwünschen. Doch etwas zu trinken bekäme er nicht, denn das geht nicht so.

Im Laufe der Jahre hatten wir eine ähnliche anthropologische Erfahrung in Chóra Sfakíon gemacht, doch war unser Problem, wie man ein Getränk für jemand anderen bestellt. Bei verschiedenen Gelegenheiten hatten wir versucht, Leuten aus dem Dorf in einer Taverne ein Getränk auszugeben. Meistens waren diese Versuche kläglich gescheitert oder uns wurden stattdessen zwei Mal so viele Getränke spendiert wie wir hatten ausgeben können. (Der Anthropologe Sean Damer hat einen wissenschaftlichen Artikel verfasst mit dem schönen Titel *Legless in Sfakiá*, Betrunken in der Sfakiá, der erklärt, warum uns das passierte, aber leider kamen wir erst Jahre später dahinter.)

Nach vielen Stunden genauer Beobachtung fanden wir heraus, wie die Regeln sind. Wenn jemand in eine Taverne kam, konnte jeder Gast dem Kellner oder Wirt zurufen, dem Neuankömmling einen auszugeben – *Kérase ton Andréa*!, Gib Andréas einen aus!, konnte man rufen. Das konnte zum Wettkampf ausarten – wenn mehr Personen dem Neuankömmling einen ausgeben wollten, gab es freundliche Auseinandersetzungen darüber, wer das größere Recht dazu hatte und weshalb. Das konnte dazu führen, dass man sich gegenseitig die Geldscheine zurück in die Hemdtaschen stopfte. Wenn der Wirt oder Kellner an diesem Wettkampf teilnahm, dann war natürlich er es, der gewann. Der Neuankömmling konnte die Einladung auf keinen Fall ablehnen – weil derjenige, der das Getränk ausgab, vor ihm da war, war er in der Rolle des Gastgebers. Normalerweise erwidert der Neuankömmling diese Einladung nicht sofort. Er würde anderen Neuankömmlingen ein Getränk zu spendieren versuchen.

Es befriedigte uns, als wir das herausgefunden hatten, dass wir, wenn wir die einzigen Gäste in der Taverne waren – und vormittags um zehn Uhr war das häufig der Fall –, dem Wirt erfolgreich zurufen konnten, der Gruppe Männer, die gerade hereinkam, auf unsere Kosten ein Getränk auszugeben. Besser gesagt, *ich* konnte rufen – Frauen tun so etwas nicht, und Geld in Blusen zu stopfen wäre natürlich auch unziemlich. Wir hatten das Freihalten nach der Regel geschafft, obwohl wir doch Fremde waren, ohne dass jemand den leichtesten Einwand dagegen hatte. Wir hatten das völlig irrationale Gefühl, mit diesem kleinen Erfolg einen großen Sieg errungen zu haben.

Der Anthropologe Michael Herzfeld berichtet, dass in der Gegend um Sitía im Osten von Kreta die Tieflandbewohner von den Bergdorfbewohnern verachtet werden, weil sie *eine umgekehrte Form der Kafenion-Etikette* haben – wenn sie in ein *kafenío* kommen oder in eine Taverne, spendieren sie denen Getränke, die schon dort sitzen! Diese Umkehrung war natürlich einer unserer Fehler gewesen.

Eine weitere Entdeckung, die wir machten war, dass es schon früh am Tag mit dem Trinken losgehen konnte, wenn es nicht viel zu tun gab. Einheimischer Rotwein und Speck wurden zum Frühstück schon wärmstens empfohlen.

Ich habe ein Problem

Unser langer Winteraufenthalt sollte bis nach Ostern dauern – bis nach dem griechischen Osterfest. Das griechisch-orthodoxe Osterfest ist nur ab und zu zur selben Zeit wie das katholische/protestantische. Es ist niemals vor dem westlichen Osterfest und manchmal erst Anfang Mai.

Die Urlaubssaison beginnt auf Kreta etwa eine Woche vor dem westlichen Osterfest, denn dann haben die Nordeuropäer Ferien. Wer in der Tourismusbranche arbeitete, bedauerten es immer, wenn im Westen Ostern früh lag, weil das bedeutete, dass dann ihre Winterpause viel kürzer war.

Der Auftakt zum griechischen Osterfest war in Chóra Sfakíon die Rückkehr der Schafe von Gavdopoúla, der kleinen Insel westlich von Gávdos. Anders als auf Gávdos, das manchmal bis zu dreißig ganzjährige Bewohner hat, lebt dort niemand. Im Winter war sie von Schafen bewohnt und im Sommer von Moskitos. Die Familie, der die Insel gehörte, brachte ihre Schafe im Herbst mit dem Boot hinüber und ließ sie dort zum Grasen. Es gab während der Wintermonate immer genügend natürliches Futter und Wasser für sie.

Im Frühjahr war dann das Problem, die Schafe und die neuen Lämmer zurück in die Sfakiá zu bringen. Dieses Jahr hatte man ein größeres Fischerboot zusammen mit einem größeren Fischer dafür gechartert. Dieses *kaíki* vollgestopft mit Schafen in den Hafen einlaufen zu sehen, war wirklich etwas Besonderes. Die Schafe sprangen eines nach dem anderen ans Ufer oder wurden geworfen. Dort drängten sie sich verschreckt aneinander und dann blökend mitten durch Ombrósyalos, vorbei an den Läden und Tavernen und zu den Lastwagen, die auf der *platéia* warteten. Ein Lamm war ins Wasser gefallen und von einem Schäfer mit dem Hirtenstab gerettet worden. Ein kleines Touristenmädchen war so besorgt, dass sie ihr Badetuch holte, das Lamm darin einwickelte und festhielt, bis es warm und trocken war.

Andréas hatte jetzt jeden Tag zu tun, um seinen Betrieb für den Saisonbeginn vorzubereiten. Eines Tages sagten wir zu ihm, dass wir sicher bald wieder in seiner Taverne frühstücken könnten.

„Tja, ich weiß nicht. Ich habe ein Problem“, seufzte er.

„Wirklich?“

„Es sind die Oliven“, sagte er.

„Was genau ist denn das Problem?“

Das Problem war, dass von Andréas drei Söhnen Yórghos seinen Militärdienst ableistete und der jüngste, Yánnis, mit Grippe im Bett lag. Die Familie wollte unbedingt die Taverne eröffnen, denn es waren schon Touristen gekommen, doch sie mussten auch die Oliven einsammeln, weil sie das Öl für das Restaurant und für Zuhause brauchten. Dazu benötigte man mindestens zwei Leute. Man hatte ihnen schon einen Termin für die Olivenpresse zugeteilt, und bis dahin mussten sie alle Oliven eingesammelt haben. Olivenbäume tragen nur jedes zweite Jahr gut, und dieses Jahr sollte die Ernte gut werden …

„Das ist doch kein Problem", sagte Jean forschfröhlich. „Wir helfen euch bei der Olivenernte."

Andréas lächelte nachsichtig. Manólis brach in schallendes Gelächter aus.

„*Ihr* könnt uns nicht dabei helfen", antwortete er. „Das ist richtig harte Arbeit! Sie ist sehr schwer! Unsere Olivenbäume stehen in unwegsamem und hügeligem Gelände und weitab von der Straße. Das ist keine Arbeit für Frauen!"

Ich machte mir nicht die Mühe, darauf hinzuweisen, dass ich keine Frau war. Die Botschaft war klar und deutlich: Schmächtige Wissenschaftler waren ebenfalls ausgeschlossen.

„In Ordnung", schlug Jean vor, „in dem Fall können Andréas und Manólis die Oliven sammeln gehen und wir zwei übernehmen die Taverne!"

Es herrschte Schweigen. Keiner lächelte oder brach in Gelächter aus. Ich war besorgt. Andréas blickte nachdenklich drein. Dann nickte er langsam mit dem Kopf.

Wir setzten uns und machten einen Plan. Andréas würde jeden Abend, wenn die Männer von den Olivenhainen zurück waren, Gerichte für den nächsten Tag vorbereiten, wie seine berühmten *moussakás*, und in den Kühlschrank stellen. Jean würde tagsüber als Kellnerin arbeiten, und ich würde mich um die Rechnungen und die Zimmervermietung kümmern. Evangelía konnte in der vorderen Küche arbeiten, die vorbereiteten Mahlzeiten heiß machen und sich, wenn gewünscht, um warmes Frühstück kümmern und auch um Bestellungen mit gegrilltem Fleisch oder Fisch zum Mittagessen. Das Mädchen, das in der hinteren Küche half, würde wie immer die Salate anrichten. Abends konnten Andréas und Manólis, müde wie sie sein würden, wieder übernehmen, und alles würde wie üblich weitergehen.

„Wann fangen wir an?", fragte Jean.

„Morgen."

Am nächsten Morgen wurde ich unsanft wacht gerüttelt. Zuerst dachte ich, dass Jean sehr entschlossen war, mich rechtzeitig zu wecken. Ich setzte mich entrüstet im Bett auf, nur um festzustellen, dass sie gerade selbst wach wurde.

„Das ist ein Erdbeben", rief sie. Das Rütteln und Rumpeln war bald vorüber, aber es hatte dafür gesorgt, dass wir frisch und früh auf waren und bereit für unsere ersten Gäste.

Wir zogen uns fescher an als gewöhnlich und gingen hinunter, um unsere Pflicht zu tun. Der hübsche graue Kater, der meint, der Hafen gehöre ihm, hieß eine kleine Gruppe Touristen, die früh auf den Beinen waren, in seinem Revier willkommen. Frühling lag in der Luft. Im Hafen waren keine Wellen zu sehen.

„Das Meer schläft", bemerkte Andréas.

Ich hätte auch gern noch geschlafen.

„Das war ein Erdbeben, oder?", fragte ich.

„Ja", meinte Manólis nebenbei. „Das passiert manchmal." Er hatte offensichtlich Wichtigeres im Kopf.

Die Männer fuhren los zu den Oliven. Evangelía war in der Küche beschäftigt. Wir saßen am Tisch bei der Tür in Erwartung der Gäste und tranken Kaffee.

Zum Glück waren die ersten Kunden Touristen. Bei Touristen konnte man meist sicher sein, dass sie dabei blieben, wenn sie etwas bestellt hatten. Griechen und Israelis, darin waren sich die hiesigen Kellner einig, neigten dazu, ihre Meinung zu ändern oder weitere Bestellungen nachzurufen.

Ebenfalls zum Glück waren die ersten Bestellungen nur Kaffee auf europäische Art und Brot mit Butter und Marmelade. (Während der nächsten paar Tage lernte Jean durch Ausprobieren, wie man griechischen Kaffee macht, was sie ziemlich stresste und die Gäste zweifellos auch.)

In den ländlichen Gegenden Kretas arbeiten Frauen nie als Kellnerin, und Jean war eine Ausnahme. Aber sie passte perfekt in diese Rolle in ihrer weißen Bluse, der schwarzen Hose, die sie zufällig dabei hatte und dem adrett hochgesteckten Haar. Als sie zwischen der vorderen Küche und den Tischen an der Hafenseite hin und her flitzte, riefen ihr die Kellner von anderen Restaurants an der Uferstraße zu: „Mach langsamer, Dzin – du lässt uns faul aussehen!"

Dann kam unser großer Moment:

„Ein einfaches Omelett!", rief Jean.

„*Mia omelétta skéti*!", gab ich an Evangelía in der Küche weiter.

Sie sah erschrocken aus.

„Oh", rief sie ängstlich. Ihr war etwas eingefallen.

„Was ist los?", fragte ich.

„Ich weiß nicht, wie man den Gasherd anmacht!"

Ich muss nicht betonen, dass ich es genauso wenig wusste. Evangelía rief den Nachbarn aus der Taverne nebenan zu Hilfe. Er lächelte ironisch über die Hilfestellung, die er der Konkurrenz gab, aber er zündete den Herd bereitwillig und ohne Probleme an.

„Lasst ihn nicht ausgehen", rief er über die Schulter, als er zurück in seine eigene Küche eilte. (Wir mussten seine Hilfe an diesem Tag nur noch drei Mal in Anspruch nehmen.)

Als das Omelett fertig war, holte ich es aus der Küche und Jean servierte es gewandt dem Touristen, der es bestellt hatte. Er machte ihr ein Kompliment über ihr ausgezeichnetes Englisch. Sie lächelte höflich.

Nachdem der Gast sein Frühstück beendet hatte, präsentierte ich ihm die Rechnung und er zählte langsam und sorgfältig die genaue Anzahl Scheine und Münzen ab, bis zur letzten Drachme.

Sfakioten finden solches Verhalten amüsant. Es erinnerte mich an ein rassistisches viktorianisches Witzbuch, das ich als Kind las. Es hieß *Scotch Humour*, kostete elf Pence, und einen halben und in den mit Schottenstoff bezogenen Buchdeckel war ein halber Penny eingenäht, so konnte der Käufer mit einem Shilling bezahlen und bekam das richtige Wechselgeld heraus. In einem der Witze antwortete ein Mann aus Aberdeen, der im Laden gefragt wurde, ob das Wechselgeld stimme: „Ja, aber nur gerade so."

Sfakioten runden immer auf, wenn sie im Restaurant bezahlen, ein eigentliches Trinkgeld geben sie nicht. Und nicht selten runden sie ab, wenn sie etwas verkaufen, ähnlich den neuseeländischen Taxifahrern. In Pandelís' Supermarkt hatten wir einmal für, sagen wir, 2080 Drachmen eingekauft, nur um zu erleben, dass die 80 Drachmen einfach weggewischt wurden, etwas, das unserer Erfahrung nach beim englischen Supermarkt Tesco's nicht vorkam.

Die Leute hier machten sich auch darüber lustig, wenn Touristen sich die Kosten für das Essen zu teilen versuchten und oft minutenlang kompliziert kopfrechneten oder, bei jüngeren Touristen, ihre Taschenrechner hervorholten. Nicht, dass man hier schneller im Bezahlen war, aber es war einfach Brauch, dass eine Person, fast immer ein Mann, für alle zahlt und man oft viel Zeit damit verbrachte, sich darüber zu streiten, wer das sein sollte, oft schreiend und sich gegenseitig Geld in die Hemdtaschen stopfend.

Nach einer Pause kam unser nächster großer Moment:

„Fünfmal Eier mit Speck – und die Leute haben es eilig, sie müssen die Fähre bekommen!"

Ich nahm die Bestellung auf, doch das hatte wenig Sinn,

denn Evangelía hatte ihre Lesebrille vergessen. Deshalb rief ich die Bestellung in meinem besten Griechisch in die Küche.

„Und bitte so schnell du kannst!“, fügte ich hinzu.

Es kam keine Antwort. Ich steckte den Kopf durch die Tür. Evangelía war nicht da. Ich fühlte mich nicht in der Lage, fünfmal Eier mit Speck auf Restaurantniveau zuzubereiten, und Jean war zu beschäftigt damit, Kaffee, Joghurt und Brot mit Butter und Marmelade zu servieren und wusste auch nicht, wo Evangelía war.

Ich würde gerne behaupten, dass ich keinen Moment in Panik war, doch es war mir ganz und gar nicht klar, was ich tun sollte. Ich rannte zum nächsten Restaurant.

„Habt ihr Evangelía gesehen?“, rief ich.

„Sie ist vorhin vorbeigekommen“, kam die Antwort.

Der Bürgermeister saß vor seiner Taverne.

„Evangelía?“, fragte ich hoffnungsvoll. Er deutete in die Richtung, in die ich lief.

„Evangelía ist da lang gelaufen“, riefen die Jungen bei der nächsten Taverne.

Ich bog in die Straße ab, die hinter den Häusern verlief. In der Bäckerei hatten sie sie nicht gesehen.

Da hörte ich ihre Stimme. Sie hatte die Pause im Restaurant genutzt, um zum Supermarkt zu laufen und einzukaufen, was wir für diesen Tag brauchen würden.

„Ich habe dem Mädchen in der hinteren Küche gesagt, wo ich hingehe“, antwortete sie, als ich sagte, dass ich nicht gewusst hätte, wo sie war. Leider war die Nachricht nicht weitergegeben worden.

Während Evangelías Abwesenheit hatte Jean den Gästen wieder und wieder versichert, dass sie ihr Frühstück bekommen, und glücklicherweise haben sie das auch, und sie erreichten sogar noch rechtzeitig die Fähre.

Dieses Mal hatte Jean ihnen die Rechnung gebracht und ein dickes Trinkgeld bekommen. Danach versuchte sie, mich nicht mehr in die Nähe der Tische zu lassen. Ich saß vor der Küche, versuchte so gut es ging wie der Wirt auszusehen, addierte Rechnungen, servierte Essen, wenn Jean zu beschäftigt war, gab Wechselgeld heraus, reichte Bestellungen weiter und stellte sicher, dass das richtige Essen an den richtigen Tisch ging.

Mehrfach fragten Touristen nach einem Zimmer, und ich zeigte ihnen was frei war. Ich hatte Andréas versäumt zu fragen, wie viel er dieses Jahr für eine Übernachtung berechnet, also nannte ich einen Schätzpreis. Die ersten Touristen akzeptierten den Preis ohne zu zögern, so dass ich ihn beim nächsten Mal verdoppelte, und zu meiner Freude wurde auch das akzeptiert. Ich hoffte, dass die beiden Parteien nicht miteinander über den Übernachtungspreis sprechen würden.

Mitten am Nachmittag kamen wir zu dem Schluss, dass das Betreiben einer Taverne keine Arbeit für unerfahrene Touristen mittleren Alters ist. Jean ärgerte sich darüber, wie oft sie in die Küche kam und sich nicht daran erinnern konnte, ob die Bestellung für zwei Kaffee und ein Bier oder zwei Bier und einen Kaffee war und welche Art von Kaffee es sein sollte. Sie verwendete auch viel Zeit darauf, Auskunft über Boote, Wanderwege, Strände und so weiter zu geben, was immer in der Bemerkung mündete, wie glücklich dieses Restaurant sich schätzen könne, sie als Mitarbeiterin zu haben. Wir aßen mit Evangelía und María rst spät zu Mittag, wenn die Touristen weniger wurden. Und um achtzehn Uhr waren wir so erschöpft und froh, dass die Olivenpflücker zurückkehrten.

Alles in allem halfen wir nur vier Tage, die Taverne zu betreiben. Es schien uns wie ein ganzer Monat, doch wir hatten auch Spaß dabei. Manoússos half uns, indem er seine Tasse selbst wegräumte. Damoulís half uns, indem er nicht auf seinen gewohnten Kaffee vorbeikam. Und Barbayánnis, gerade aus den USA zurück, lächelte uns ermutigend zu und nickte jedes Mal, wenn er vorbeiging.

Es gab 101 Kirchen in Chóra Sfakíon, hatte man uns gesagt. Die meisten davon waren sehr kleine Kapellen, die Familien gehörten, die sie eventuell einmal im Jahr öffneten, am Tag des Heiligen, dem sie gewidmet war. Und keiner hatte es je geschafft, alle 101 ausfindig zu machen.

Chóra Sfakíon konnte sich auch rühmen, zwei große Kirchen zu haben, die regelmäßig genutzt wurden. Eine war in Thólos, nicht weit oberhalb von Mesochóri, die andere in Ombrósyalos, in der Nebenstraße. In der Kirche in Thólos wurde das wichtigste religiöse Fest des Jahres gefeiert – Ostern. In den Tagen vor Karfreitag, nachdem wir unsere Mithilfe in der Taverne beendet hatten, ging Jean hinauf zur Kirche, um den jungen Frauen und Mädchen zu helfen, die den *Epitáfios* vorbereiteten. Jean hatte das schon einige Male gemacht und wusste besser was zu tun war als manche der Mädchen. Der *Epitáfios* ist die blumengeschmückte symbolische Totenbahre Christi, die am Abend des Karfreitag in einer feierlichen Lichterprozession durch Chóra Sfakíon getragen wird. Es war Aufgabe der Mädchen, Blumen so an die Bahre zu heften, dass sie völlig damit bedeckt war – eine schwierige Arbeit, bei der man ein Auge für Farben und Muster haben und vorausschauend planen musste, was den jüngeren Mädchen manchmal fehlte – Jean hatte gelernt, immer Nähnadeln dabeizuhaben.

Das Osterfest war ein großes Ereignis, und fast ganz Chóra Sfakíon nahm daran teil, auch einige Touristen. Der Gottesdienst wurde vor Mitternacht am Ostersamstag gefeiert. Die Kirche war keinesfalls groß genug für die gesamte Gemeinde. Deshalb war es ganz gut, dass die meisten Männer die Ikone küssten und eine Kerze kauften und dann draußen unter den Bäumen blieben und rauchten, während die meisten Frauen drinnen blieben und der Liturgie lauschten. Jean und ich standen draußen bei den Männern. Von den jungen Kellnern begrüßten viele Jean lächelnd als neues Mitglied in ihrer Gilde.

Der Höhepunkt war um Mitternacht, als der Priester verkündete: *Christos anesti*, Christus ist auferstanden. Die kleinen Jungen hatten schon ungeduldig auf diesen Moment gewartet, um draußen mit dem Seil die Glocke läuten zu können und darauf, dass hinter der Kirche der Holzstoß angezündet wird. Das Holz für das Feuer war schon Wochen vorher von den Jungen von Thólos gesammelt worden. Auf diesem Scheiterhaufen saß eine Judas-Figur mit einer Schlinge um den Hals: Judas sollte verbrannt werden.

Die ganze Szenerie erinnerte mich stark an die *Guy-Fawkes*-Nacht in Britannien, außer dass dort kein Feuerwerk gezündet wird, sondern Pistolenschüsse knallen. Zur Feier dieses wichtigsten der christlichen Feste wurde mit Gewehren in die Luft geschossen. Wir hatten in Chóra Sfakíon schon an vielen solchen Feiern teilgenommen und wussten, was uns erwartete. Wir standen immer so weit weg wie möglich von den Männern, die eine Waffe hatten, doch mancher Tourist war irritiert und wie betäubt von den enorm lauten Gewehrschüssen. Dann gaben sich alle die Hand und tauschten die altbekannten Worte aus: Der Herr ist auferstanden! – Er ist wahrhaftig auferstanden!

Dann ging oder fuhr die Gemeinde zurück nach Hause, mit einer Kerze, die an der Osterkerze in der Kirche entzündet worden war, oder an einer Kerze, die an der Kerze in der Kirche entzündet worden war … Es sollte Glück bringen, wenn man die Kerze brennend nach Hause brachte, was durchaus eine große Leistung war, denn es war sehr windig. Als wir wieder unten an der Küste waren, machte Andréas mit der Kerzenflamme ein *Rußkreuz* auf die Unterseite des Türrahmens vom Haupteingang zu seiner Taverne.

Dann waren wir bei der Familie eingeladen, mit die traditionelle *mayirítsa,* Innereien-Kräutersuppe, mit ihnen zu teilen, die Evangelía vorbereitet hatte. Damit wurde das Fasten gebrochen, an das sich die Frömmeren in der Dorfgemeinschaft, uns ausgeschlossen, zunehmend strenger hielten, je näher Ostern kam. Die Frömmsten unter ihnen, meistens Frauen, verzichteten sogar auf Brot und Öl in der letzten Woche, aßen vor allem Gemüse und Reis.

Am nächsten Tag beteiligten sich alle am traditionellen Ostersonntagessen, am Spieß gebratenes Lamm. Und dann am Nachmittag waren die Jungen von Ombrósyalos mit dem Feuer an der Reihe – im Anschluss an einen Gottesdienst auch für die Kinder, die noch zu klein waren, um am Mitternachtsgottesdienst teilzunehmen. Die Rivalität zwischen den zwei Gruppen Jungen war so groß, dass viele Jungen aus Ombrósyalos die ganze Nacht wach geblieben waren – und uns mit ihrem Schwatzen wach gehalten hatten –, um ihr Lagerfeuer und ihren Judas zu beschützen. Sie wollten so verhindern, dass sich Jungen aus Thólos herunter schleichen, das Feuer vorzeitig entzünden und ihnen den Spaß verderben. An diesem Judas steckten Drachmenscheine von geringem Wert, die die dreißig Silberlinge symbolisieren sollten. Bei dieser mehr an Kindern ausgerichteten Feier gab es keine Gewehrschüsse, dafür hatten die Jungen Luftballons in die Ärmel und Hosenbeine der Puppe gesteckt, die entsprechend knallten, als Judas verbrannte.

Eine Woche danach war es für uns Zeit, Chóra Sfakíon zu verlassen. Ich bat Andréas um die Rechnung für unser Zimmer.

„Wie viele Nächte wart ihr hier?“, fragte er.

„Sechsundfünfzig, zweiundvierzig bevor du das Hotel geöffnet hast und vierzehn nach Saisonbeginn.“

Er nahm einen Block und einen Stift heraus, verbrachte geraume Zeit mit Rechnerei und schrieb ein paar Zahlen auf. Dann schwenkte er mit einem Zwinkern die Rechnung vor meinen Augen. Darauf standen die Zahlen, die er notiert hatte: 0000,00.

Epilog – Du bist verrückt

Heute ist ein schöner später Septembernachmittag. Neil wird sich sehr über das Wetter freuen, wenn er morgen ankommt.

Ich bin am Hafen, wo der graue Kater immer noch das Sagen hat und sitze im *Patio* vor dem Hotel, in dem Neil und ich das erste Mal gewohnt haben, was länger her ist, als ich mich erinnern möchte. Das Hotel ist herausgeputzt und geschmackvoll modernisiert, hat Zimmer mit Bad und wird jetzt von Yórghos aus Komithádes sehr gut geführt. Es ist eine Spezialität von ihm, in sein kleines Boot zu springen, die *Vana*, mit hoher Geschwindigkeit aufs Meer hinauszufahren, den Fisch zu holen, der sich an seinen Angelschnüren gefangen hat, wieder zurückzubrausen, den Fisch zu säubern, zu kochen und den dankbaren Kunden zu servieren, und das alles innerhalb von etwa dreißig Minuten.

Gerade ist ein reizendes junges Mädchen an mir vorbeigehopst und hat mich freundlich angelacht. Sie wurde im Krankenhaus von Chaniá geboren, gänzlich wohlbehalten nach unserer abenteuerlichen Taxifahrt. Wann immer wir sie sehen, empfinden Jean und ich sie mit einem gewissen Besitzerstolz als *unser* Kind.

Vor kurzem war Andréas sehr krank und musste ins Krankenhaus. Sein Leben war eine Zeitlang in Gefahr, aber er hat sich wieder völlig erholt. (Barbayánnis nennt ihn immer noch Lazarus.) Er kam ziemlich dünn und pessimistischer Stimmung aus dem Krankenhaus zurück, und es brauchte einige Zeit, bis er seine alte robuste und heitere Art zurückerlangt hatte. Heute ist er sehr gute Laune. Er sagt, er habe seine Papiere *um acht Jahre verlängert* bekommen – ihm wurde eine neue Lebensfrist gegeben.

Von dort wo ich sitze, kann ich vier Leute namens Yórghos sehen, drei namens Níkos und zwei namens María. Ich kann auch Andréas' jüngsten Sohn Yánnis sehen, nun alt genug, die volle Verantwortung für das Geschäft zu tragen, der in seiner gewöhnt liebenswerten Art mit ein paar Gästen drüben bei der Taverne schwatzt. Und Damoulís' distinguiertes Profil ist in einem Kafenion unten am anderen Ende der Hafenstraße gerade noch zu erkennen. Barbayánnis und Manoússos sind mit ihren Booten draußen.

Ich warte darauf, dass Jean und María von ihrem Tagesausflug nach Gávdos zurückkommen. Jean hat zwar ihren Fotoapparat mitgenommen, aber ich hoffe, dass ich mit meiner Behauptung Recht habe, dass Gávdos im September kein Platz für Lupinen ist. In unseren Alben zu Hause haben wir seitenweise Bilder von Lupinen, aber nur auf einem ist ein Esel dabei. Ich persönlich kann keinen Unterschied zwischen den Lupinen von 1982 und denen von 1991 erkennen, aber anscheinend ist das perfekte Lupinenfeld-Foto noch nicht dabei, und danach trachten wir noch.

María ist noch nie auf Gávdos gewesen. Sie hat es fast an jedem Tag ihres Lebens gesehen, außer wenn das Wetter so gut war, dass ein Hitzeschleier über dem Meer lag. Aber sie war nie dort. Sogar heute war Andréas nicht allzu begeistert davon, sie gehen zu lassen. Was ist, wenn es eine *fourtoúna* gibt, einen Sturm, und das Boot heute Abend nicht zurückkommen kann? Aber er ist ein alter Seemann, und er weiß ganz genau, dass es heute keine *fourtoúna* geben wird. Evangelía hat ihm gut zugeredet. Jedenfalls habe ich gerade ihr Schiff am Horizont entdeckt, die laute aber sehr schnelle *Sélino*.

Ich habe für heute Abend eine Flasche griechischen Sekt gekauft – *sampánya*. Damit wird Marías erster Besuch auf Gávdos gefeiert, und auch die für mich ganz erstaunliche Tatsache, dass dies mein fünfzigster Besuch in Chóra Sfakíon ist.

„*Ise trozós, Píter*!", sagen sie hier, „du bist verrückt." Aber ich glaube, sie freuen sich über das, was meine und Jeans Rückfälligkeit für die Anziehungskraft ihrer Heimat bedeuten. Sie lächeln uns zu und sagen: „Jetzt seid ihr *Sfakianí*."

Wir wissen, dass wir das nicht wirklich sind. Jean kann

wunderschön sfakiotische Tänze tanzen und sieht auch griechisch aus. Doch selbst wenn ich gut 1,80 Meter groß bin – oder war –, ist es mir nie gelungen, mich mit der Würde zu bewegen, die Sfakioten eigen ist. Ich habe auch nie ein Gewehr getragen, kann nicht viel weiter als bis Thólos laufen ohne müde zu werden und habe immer noch nicht gelernt *préfa* zu spielen. Aber wir tun unser Bestes.

Leider ist Stélios nicht mehr bei uns. Seine alten Freunde vermissen ihn wirklich sehr. Das Werk seines Sohnes Pávlos im Hafen jedoch ist noch da – jeder nennt es *Stélios' Stufen.*

Während Andréas im Krankenhaus war, schien er eine Nahtoderfahrung gemacht zu haben. Er träumte, dass er langsam eine Treppe mit zehn Stufen hinunter stieg. Als er gerade die letzte Stufe hinunter gehen wollte, warf er einen Blick zurück über seine Schulter. Er sah seine Familie zu ihm hinunterschauen, drehte sich um und stieg die Treppe wieder hinauf.

Er erzählte Manoússos von diesem Traum.

„Hast du Stélios da unten gesehen?“, fragte Manoússos ihn.

Leider liegt auch Katsouloyánnis jetzt auf dem Friedhof der Hauptkirche in Thólos. Wir gehen oft hin, um mit ihm zu reden, und den Blumen nach auf seinem Grab machen das viele Menschen.

Ich denke, wenn die Frauen gleich ihren *sampánya* genießen, will ich Andréas zu überreden versuchen, zu Ehren des Andenkens unserer alten Freunde ein Glas *tsikoudhiá* mit mir zu trinken.

Die griechische Phonetik

Die griechischen Wörter und Namen in diesem Buch wurden vom griechischen Alphabet ins römische Alphabet übertragen. Ich bin dabei nicht ganz konsequent vorgegangen, aber in den meisten Fällen habe ich mich für die folgenden Formen entschieden.

Ausgesprochen wird

ou	wie das deutsche u
dh	wie das stimmhafte englische th in *this*
th	wie das stimmlose englische th in *thistle*
gh	ist die weichere Version des ch in *nach*, mehr ein abgeschwächtes hartes g
s	wie ein stimmloses ss

Wörter mit Vokalen, die einen Akzent haben (á, é, í, ó, ú), werden auf der Silbe betont, die diesen Vokal enthält, so unwahrscheinlich das nicht Griechisch Sprechenden auch erscheinen mag. Bei Chaniá liegt die Betonung auf dem A am Ende, bei Réthymno auf dem E.

Bei Ortsnamen werden auch andere Transkriptionen verwendet. Chaniá zum Beispiel erscheint auch als Hania oder Xania oder Khania oder als das ursprüngliche venezianische Canea, Loutró erscheint als Lutro und Iráklio sowohl in der altgriechischen Form Heraklion als auch in der altenglischen Form Candea. Ein Ortsname ohne Akzent wird auf dem Anfangsbuchstaben betont, wie bei Imbros.

Von Sfakioten gesprochene Wörter sind übertragen in deren Dialekt und Aussprache.

Danksagung

Dieses Buch hätte ich nicht schreiben können ohne die Hilfe, den Rat, die Hinweise und die Freundschaft der nachstehend genannten Personen, die jedoch keinesfalls verantwortlich gemacht werden dürfen für Verunglücktes, für Ungenauigkeiten oder wenn der Phantasie Flügel wuchsen: Dhimitris Alexiou, Koula Skarlou Alexiou, Enam Al-Wer, Yánnis A. Braoudhákis, Yánnis E. Braoudhákis, George Dalidakis, Andréas Fasoulákis, Yánnis Fasoulákis, Yoánna Douroudoú Ktistáki, Yórghos Likoyannákis, Sophia Maggeláki, Damoulís Perrákis, Yórghos Perrákis, Deborah Tannen, Yánnis Tsardhís.

Ich bin auch sehr dankbar für den Rat und die Hilfe bei den diversen Fassungen des Buches von Neil Brummage, Yvonne Dröschel, Jan Terje Faarlund, Jacek Fabiszak, Alessandra Franzen, Paul Garfield, Tom Geddes, Carol Geddes, Doug Howes, Maxine Kolioveta, Wiltrud Klundt, Tony Mortimer, Roelof Overmeer, Yórghos Perrákis, John Sandford, Sue Sandford, Jürg Schwyter, Barbara Seidlhofer, St John Skilton, Simon Stutz, Hettie Trudgill, Stephen Trudgill, Henry Widdowson and Dubravka Yarwood.

Jean Hannah gilt mein ganz besonderer Dank. Während ich dieses Buch geschrieben habe, hat sie mir mit ihrer enorm konstruktiven Kritik und ihrem Rat geholfen. Unermüdlich und einfühlsam hat sie meine Sprache präzisiert; der englische Untertitel stammt von ihr; und zu dem Wesentlichen dieser Arbeit hat sie Ideen, Einsichten, Erinnerungen beigetragen, sogar ganze Abschnitte. Ohne sie hätte ich die Sfakiá nicht so erlebt, wie ich sie erlebt habe und dieses Buch nicht so geschrieben, wie ich es geschrieben habe. Wir nennen dieses Buch immer *unser Buch*, und es gehört ebenso ihr wie mir.

Reiseberichte aus Hellas 1

Michael Schnell:
Blaues Meer und hohe Berge
Unterwegs auf Kreta

151 Seiten
Zahlreiche Zeichnungen
ISBN 978-3-937108-17-9

Wandern, laufen, trekken – 23 Tage ist Michael Schnell unterwegs, allein, immer draußen in freier Natur, auch nachts. Von Kissamos im Nordwesten der Insel führt ihn ein atemberaubender Weg zwischen den Weißen Bergen und dem Libyschen Meer nach Triopetra, der Drei-Felsen-Bucht an der Südküste Kretas und von dort aus auf den höchsten Gebirgsstock der Insel, den Psiloritis. Er berichtet von seinen Zwiegesprächen mit Winden und Wettern, Bäumen und Bergen, Hunden und Hirschkäfern und von den oft erheiternden, oft auch nachdenklich stimmenden Begegnungen mit besonderen Menschen.

Michael Schnell erläuft sich die Insel bewußt als älterer Trekker. Anders als bei jungen Leuten soll ihm das Reiseabenteuer nicht Zukunft erschließen. Seine Reiseerlebnisse bringen Vergangenes zum Abschluß, weil sie längst bekannte Leit- oder auch Leidmotive des Lebens noch einmal ins Bewusstsein heben, damit ihre sinnstiftende Bedeutung für die eigene Biografie erkannt werde. Das erhöht das Identitätsgefühl und verschafft Lebenssicherheit und inneren Frieden.

Ein poetisches Reisejournal mit Zeichnungen des Autors

Reiseberichte aus Hellas 2

Agoritsa Bakodimou:
Ein Ort Anderswo
Auf der Suche nach dem
Glück des Reisens

77 Seiten
ISBN 978-3-937108-22-3

Agoritsa Bakodimous Traktat über das Reisen ist zugleich ein Urlaubsbuch und ein Buch zum ernsten Nachdenken. Die gewählten Reiseorte – Länder, Städte, Inseln, Flüsse – stehen dabei gar nicht so sehr im Vordergrund. Das Reisen wird begriffen als ein Eintauchen in das eigene Ich, als ein Prozeß der Selbsterkenntnis und der subjektiven Rekonstruktion. Indem wir reisen begeben wir uns zugleich auf die Suche nach verlorenen Teilen unseres Lebens, nach Antworten auf existentielle Fragen und nach der Entdeckung eines neuen, verborgenen Ichs.

„Ein reifes, originelles und gleichsam anregendes literarisches Zeugnis, das sich unbestritten unter jene Werke einreiht, die man immer wieder neu lesen möchte, um Aspekte zu entdecken, die einem während der ersten Lektüre auf Grund der erzählerischen Dichte möglicherweise entgangen sind."
Nikos Kounenis in der griechischen Zeitschrift I Avgi

Reiseberichte aus Hellas 4

Klaus Eckhardt:
Kreta – Der Autoreiseführer
Mit dem Auto durch Kreta.
Die 25 schönsten Rundtouren
auf der Insel

206 Seiten
ISBN 978-3-937108-28-5

Kreta – Der Autoreiseführer ist der ideale Begleiter für Kreta-Urlauber mit Mietwagen, die wissen wollen, wo auf der Insel es schön und interessant ist und vor allem, wie man am besten dorthin kommt.
Der neue Autoreiseführer ist der erste Rundtouren-Führer für Kreta. Der Vorteil der 25 ausgewählten Pkw-Touren: sie führen stets zum Ausgangspunkt zurück, und man hat die Wahl, vom beschriebenen Startort aus die Tour zu beginnen oder an dem Punkt auf der Strecke in sie einzusteigen, der dem eigenen Urlaubsdomizil am nächsten liegt.
Natürlich werden nicht nur die einzelnen Streckenabschnitte genau und verlässlich beschrieben und die Sehenswürdigkeiten, die ein Anhalten und Verweilen lohnen, der Autor spart auch nicht mit allgemeinen Hinweisen und Insider-Tipps zum Autofahren auf Kreta.

Klaus Eckhardt bereiste Kreta über 40 Jahre lang und war in dieser Zeit ca. 80.000 Kilometer mit dem Auto unterwegs – unfallfrei.

Reiseberichte aus Hellas 5

Paul Werner:
Inseln, Mythen und
Geschichte(n)
Auf der Solskin durch
griechische Gewässer

344 Seiten
ISBN 978-3-937108-35-3

Der Segeltörn auf der Solskin zu knapp 30 griechischen Inseln der Ionischen See und der Ägäis ist eine raumgreifende Reise über fast 1500 Seemeilen. Sie ist dazu eine Zeitreise durch die Mythologie und die Geschichte Griechenlands. In einem bunten Kaleidoskop von 42 Kapiteln erzahlt Paul Werner von Mythen und Legenden, von Persönlichkeiten und Episoden, die er bei seinen Streifzügen auf Hellas nassen Pfaden in den verborgenen Zeitkapseln auf den Inseln vorfindet. Homer, Demosthenes und die Sappho, Hippokrates, der Dr. House der Antike, die Archäologen Schliemann, Evans und Marinatos, die Minoische Katastrophe und der Attische Seebund, der Peloponnesische Krieg, die Balkankriege und der griechische Bürgerkrieg und vieles mehr sind Facetten einer humorigen und nachdenklichen Erzählung, die den Hellenen auf ihrem Weg folgt von der Antike zur modernen Nation.

Sedones 20

Karina Raeck (Hg.)
Andartis – Monument für den Frieden.
Krieg – Widerstand – Versöhnung

209 Seiten mit 130 Fotos
ISBN 978-3-937108-34-6

Andartis – so heißt das Gedenkzeichen, das die Berliner Künstlerin Karina Raeck im Ida-Gebirge zur Erinnerung an den kretischen Widerstandskampf gegen die deutsche Besatzung während des 2. Weltkrieges errichtete. Zwischen 1988 und 1991 baute sie in enger Zusammenarbeit mit den Bewohnern von Anogia aus etwa 5000 Felssteinen eine sich in die Ebene erstreckende menschliche Gestalt. Diese Landschaftsskulptur – der Partisan des Friedens – wurde als Symbol deutsch-griechischer Versöhnung unter Beteiligung der kretischen Bevölkerung am 23. Juni 1991 auf der Nida-Hochebene feierlich eingeweiht.

In ihrem Buch berichtet Karina Raeck über die Entstehung des Andartis; die Kulturjournalisten Stefanie Endlich und Rainer Höynk fragen nach der Darstellbarkeit von Krieg, Widerstand und Leid in der Kunst; die Historikerin Marlen von Xylander und der Historiker und Publizist Eberhard Rondholz informieren über den geschichtlichen Hintergrund der deutschen Besatzungsherrschaft und die Entwicklung des kretischen Widerstands; abschließend werden Zeitzeugenberichte, Risitika-Lieder und Volksdichtungen aus dem Andartiko dokumentiert.